천만 관객의 영화 천만 표의 정치

 C 카이로스총서40

천만 관객의 영화 천만 표의 정치

Films with 10 Million Viewers and Politics for 10 Million Voters

지은이 정병기
펴낸이 조정환
책임운영 신은주
편집 김정연
표지 디자인 조문영
홍보 김하은
프리뷰 유연주 · 이승민 · 한태준

펴낸곳 도서출판 갈무리 등록일 1994. 3. 3. 등록번호 제17-0161호
초판인쇄 2016년 8월 22일 초판발행 2016년 8월 28일
종이 화인페이퍼 인쇄 예원프린팅 라미네이팅 금성산업 제본 일진제책

주소 서울 마포구 동교로18길 9-13 [서교동 464-56]
전화 02-325-1485 팩스 02-325-1407
website http://galmuri.co.kr e-mail galmuri94@gmail.com

ISBN 978-89-6195-141-8 04300 / 978-89-86114-63-8 (세트)
도서분류 1. 영화 2. 정치학 3. 문화이론 4. 사회학 5. 미디어비평 6. 인문비평

값 19,000원

이 도서의 국립중앙도서관 출판예정도서목록(CIP)은 서지정보유통지원시스템 홈페이지(http://seoji.
nl.go.kr)와 국가자료공동목록시스템(http://www.nl.go.kr/kolisnet)에서 이용하실 수 있습니다.(CIP제
어번호: CIP2016018815)

천만 관객의 영화
천만 표의 정치

FILMS WITH
10 MILLION VIEWERS
AND POLITICS FOR
10 MILLION VOTERS

영화로 본
재현과 표현의 정치학

정병기 지음

갈무리

일러두기

1. 출전 표기와 참고문헌 정리는 필자의 저서 『사회과학 논문작성법』(서울대학교출판부, 2008)에서 제시한 방식을 따랐다.
2. 본문 중에서 책과 신문, 잡지 들의 제목은 겹낫표(『 』)를 사용했고, 영화 제목은 꺾쇠(< >)를 사용했다.

매해 1학기 초가 되면 새내기들이 찾아와 대학 신입생으로서 읽을 만한 책을 소개해 달라고 한다. 그러면 한 권을 추천하기보다 종이 한 장을 내민다. 그동안 강의를 하고 책을 읽으면서 추천 교양 도서로 정리해 놓은 분량이 4절지 한 장가량 되기 때문이다. 삼국지나 그리스 로마 신화를 비롯해 다양한 책들을 추천해 준다. 그러면서 가능하면 하루에 한 권씩을 읽으라고 꼭 권한다.

학생들은 놀라거나 웃는다. 어떻게 하루 한 권씩 읽느냐고. 그럴 때 한 권이라는 것은 만화든 소설이든 완결되는 이야기를 말하는 것이라고 대답해 준다. 완결된 이야기는 한 사람의 삶을 담은 것과 진배없기 때문이다. 그중 영화도 중요한 한 가지 추천 도서다. 예술로서의 가치도 있지만, 사회과학도로서나 한 인간으로서 유용한 간접 경험을 제공해 주기 때문이다. 영화 한 편을 보는 것은 소설 한 권을 읽는 것과 크게 다를 게 없다고 생각한다.

돌이켜 보면, 대학에서 영화를 주요 소재로 다루어 강

의한 지가 벌써 10년 가까이 되었거나 이미 10년이 넘었다. 2000년대 중반 서울대학교 강의교수로 재직할 때 영화 분석을 통해 사회과학 글쓰기를 가르친 것이 시작이었다. 2009년 영남대학교 정치외교학과로 옮긴 이후에도 〈정치의 논리와 수사〉라는 과목을 신설해 영화 분석을 통해 정치 현상을 분석하는 강의를 지속하고 있다.

이제 영화는 내게 떼려야 뗄 수 없는 연구 주제가 되었다. 영화를 분석하면서 달라진 것이 있다면, 예전처럼 영화를 편하게 볼 수 없다는 것이다. 영화를 볼 때면 분석하는 버릇이 저절로 발동하기 때문이다. 하지만 영화 속에서 정치를 보고 인생을 보는 기쁨을 경험한다. 때로는 영화를 통해 시적 발상을 떠올리기도 한다. 늦었지만 시인으로 등단하면서 영화는 또 다른 의미에서 중요한 동반자가 된 셈이다.

이 책은 그동안 영화를 대상으로 해온 강의와 연구의 결과물이다. 대부분 학술지에 발표한 논문들을 재구성한 것이지만, 단행본의 성격에 맞도록 체계를 새롭게 갖추었다. 다소 오래되어 시의에 맞지 않는 부분들을 수정하고 중복되는 내용을 삭제하며 형식을 통일하는 등 재구성하는 데 성의를 다했다.

달리 보면, 그동안 써온 영화 분석 논문들이 오히려 이 단행본을 위한 작업이었다고도 할 수 있다. 천만 이상의 관객을 동원한 영화들에 관심을 가지고 이 영화들을 분석함으로써 한국인들의 정치적 정서를 읽어보려는 욕심이 있었고, 그 작업을 하나씩 수행해 왔기 때문이다. 그리고 마지막으로 개별 논문들을 이론적으로 엮을 수 있는 담론 분석 논문을 집필했고, 그 결과물이 이 책의 2장을 차지하게 되었다.

또한 이 책은 영화 분석서만을 목표로 한 것은 아니다. 앞으로도 〈정치의 논리와 수사〉를 계속 강의할 것이고, 이 강의의 교재로 사용하려는 의도도 있다. "영화 분석과 사회과학 글쓰기:사회과학적 영화 분석의 요건과 특성"이라는 논문을 집필해 이 책의 마지막에 넣은 것도 그 의도에 따른 것이다. 이 논문은 비록 보론으로 배치했지만 강의 교재로 이용하려면 가장 먼저 다루는 것이 더 유용할 것이다. 필자도 실제로 그렇게 할 생각이다.

2장에 배치한 "정치적인 것의 영화적 재현과 표현, 그리고 재현과 표현의 정치학"은 다소 난해할 수 있다. 영화학과 사회 철학적 영화 분석에 일정하게 접해 본 독자들에게는 익숙하겠지만, 그렇지 못한 경우에는 이해하기가 쉽지 않을 것이다. 하지만 그럼에도 불구하고 영화 분석을 위한 이론적 배경을 갖추고 굳이 정치학적 관점에서 영화 분석을 수행한 이 책에 제대로 접근하기 위해서는 꼭 필요한 내용이다. 물론 개별 영화 분석에 더 관심이 있거나 개별 분석을 거친 후 이론적 접근을 시도하려는 독자들은 가장 마지막에 읽는 것도 나쁘지 않다.

필자는 영화학 전공자가 아닐뿐더러 등단 절차를 거친 영화평론가도 아니다. 정치학자로서 영화에 애정을 가지고 정치학적 시각에서 영화를 분석해 정치학 교육에 활용하려는 사람일 뿐이다. 영화에 조예가 깊은 분들에게 내놓기는 부끄럽지만, 영화를 사랑하는 정치학자가 있음을 가볍게 보지 말아 주기를 바랄 따름이다.

특히 빼놓지 말아야 할 인사가 있다. 부족한 이 책의 출간을 선뜻 결정해 주신 조정환 선생님께 깊은 감사의 말씀을 드린다. 그리고 촉박한 시간에도 불구하고 발간 작업을 말끔히 진행해 주신 신은주 운영책임 선생님, 김정연 편집부장님, 표지디자이너 조문영 님, 홍보담당 김하은 님 등 갈무리 활동가 여러분들께 감사드린다. 또한 부족한 글을 꼼꼼히 읽고 조언을 해주신 유연주, 이승민, 한태준 선생님에게도 고마움의 인사를 전한다. 이 분들의 수고와 배려가 없었다면, 이 책이 이처럼 수월하게 출간되지는 못했을 것이다.

끝으로 이 책에 실린 글들 중 학술지에 발표된 논문들의 그 출처를 미리 밝히면 다음과 같다.

"정치적인 것의 영화적 재현과 표현, 그리고 재현과 표현의 정치학,"『사고와 표현』 제9집 1호(2016).

"영화 〈변호인〉의 선택과 누락 그리고 공감의 정치학: 공감의 보수성과 민주주의의 보수성,"『경제와 사회』 통권 제106호(2015).

"생략된 세대의 정체성과 가부장주의 및 국가의 의미: 영화 〈국제시장〉의 재현과 표현,"『동향과 전망』 통권 제95호(2015).

"영화 〈암살〉에 나타난 민족주의의 성격과 보수-진보 대결 및 역사 청산,"『동향과 전망』 통권 제97호(2016).

"한국전쟁 영화에 나타난 국가관과 전쟁관: 〈포화 속으로〉와 〈고지전〉을 중심으로,"『국제정치논총』 제53집 4호(2013).

"영화 분석과 사회과학 글쓰기: 사회과학적 영화 분석의 요건과 특성,"『사고와 표현』 제8집 2호(2015).

2016년 6월

정병기

책머리에 5

1장   천만 관객 영화의 정치 사회적 의미 15

2장   정치 영화 그리고 재현과 표현의 정치학 27

정치적인 것의 영화적 재현과 재현의 정치학 29

정치 영화와 정치적인 것 29

정치 영화의 재현과 재현의 정치학 34

정치적인 것의 영화적 표현과 표현의 정치학 39

사건으로서의 정치 영화와 정치적인 것의 표현 39

사건으로서 정치 영화의 표현과 표현의 정치학 44

요약과 함의 49

3장   〈변호인〉: 공감과 민주주의의 보수성 55

분석 방법과 세부 질문 57

사회적 공포에 의한 수동적 공감과 소극적인 능동적 공감 62

저항의 누락과 타자화 및 수동적 공감의 표출과 재현 62

소극적인 능동적 공감의 재현과 표출 66

체제의 유지와 발전을 위한 적극적인 능동적 공감 72

영화 안에 재현된 적극적인 능동적 공감 72

영화 밖에 표출된 적극적인 능동적 공감 78

공감의 이반과 재편 및 보수성 83

공감의 이반과 재편 83

공감과 민주주의의 보수성 89

요약과 함의 92

4장 〈국제시장〉: 생략된 세대의 정체성과
가부장주의 및 국가의 의미 99

분석 방법과 세부 질문 101

생략된 세대의 유훈 인생과 분열된 자아 105

상실된 아버지와 유훈 인생 105

환경의 억압과 분열된 자아 113

생략된 세대에서 가부장주의와 국가의 의미 121

생존 방편으로서의 가부장주의 121

국가의 부재와 배경으로서의 대한민국 128

요약과 함의 134

5장 〈암살〉: 민족주의의 성격과 보수-진보 대결 및 역사 청산 141

분석 방법과 세부 질문 143

일본 제국주의 및 친일파에 대한 인식과 민족주의 146

반인륜적 파시즘적 일본 제국주의와 친일파 146

민족 자결에 입각한 합리적 인간적 민족주의 151

기억과 극복을 위한 역사 청산과 미래 전망 156

일제 강점기 역사의 청산 156

과거 극복과 미래 전망을 위한 역사 청산 163

요약과 함의 174

6장 〈베테랑〉: 가부장주의와 집단주의 및 대중의 불확실성 181

분석 방법과 세부 질문 182

어이와 상식 및 바람직한 사회상 185

재벌과 보통사람들의 대립 및 상식의 사회 185

보통사람들의 상식 및 범죄의 의미와 재구성 192

소영웅 가부장주의와 집단주의 및 대중의 불확실성 200

가족주의와 가부장주의 200

집단주의와 소영웅주의 및 대중의 불확실성 206

요약과 함의 215

7장 〈포화 속으로〉와 〈고지전〉: 국가관과 전쟁관의 변화 221

분석 방법과 세부 질문 223

한국전쟁 영화의 발전과 국가관 및 전쟁관의 변화 226

한국전쟁 영화의 발전 226

한국전쟁 영화에 나타난 국가관과 전쟁관의 역사적 변화 232

〈포화 속으로〉에 나타난 국가관과 전쟁관 238

침묵 속의 무능력한 국가 238

숙명으로서의 전쟁과 전쟁의 무의미성 244

〈고지전〉에 나타난 국가관과 전쟁관 248

능력 있는 좋은 정부를 요건으로 하는 교체 가능한 국가 248

적으로서의 전쟁과 전쟁의 참상 254

요약과 함의 259

8장 보론: 사회과학적 영화 분석의 성격과 방법 267

영화 분석의 사회과학적 성격 269

사회과학의 특성 269

영화 분석의 사회과학적 의미와 성격 272

사회과학 논문 작성을 위한 영화 분석 276

사회과학 논문의 특성과 요건 276

사회과학적 영화 분석의 요건과 특징 284

요약과 함의 295

후주 300

참고문헌 333

인명 찾아보기 347

용어 찾아보기 349

1장

천만 관객 영화의 정치 사회적 의미

우리나라에서도 천만 이상의 관객을 동원한 영화들이 많이 제작되었다. 2003년 12월에 제작된 〈실미도〉를 시작으로 이듬해 〈태극기 휘날리며〉로 이어진 천만 영화들은 2016년 3월 말 현재 총 13편이나 된다(홍콩과 공동 제작한 〈도둑들〉을 포함. 〈표 1〉 참조). 이것은 할리우드 영화(4편)에 비해 압도적으로 많은 숫자로서 우리 영화의 비약적 발전을 의미하는 것에 다름 아니다.

물론 한국 영화가 우리에게 더 익숙하다는 측면도 없지 않을 것이다. 하지만 과거 이른바 '방화'邦畵라고 하여 원래의 제 뜻('국산영화')과 달리 천대받던 시절에 비하면 심한 격세지감을 느끼지 않을 수 없다. 한국 영화의 성공에는 자국 영화를 사랑하는 국민들의 마음이 배어 있는 것도 사실이지만, 실제 우리 영화가 기술적으로나 예술적으로 크게 발전한 것은 부정할 수 없는 사실이다. 두말할 것 없이 실제 영화를 감상해보면 드러날 일이지만, 해외에 수출되는 영화가 늘어나는 것도 중요한 증거의 하나다.

영화의 기술적·예술적 측면을 거론하려면 그러한 측면에서 인정받는 작품들을 선택해야 한다. 하지만 이 책에서는 천만 이상의 관객을 동원한 영화에 주목한다. 그것은 이 책이 영화의 정치적·사회적 의미를 분석해 영화를 통해

<표 1> 관객수 천만 이상 영화 목록

순위	영화명	개봉일	관객수	국적	배급사
1	명량	2014-07-30	17,613,682	한국	씨제이이앤엠(주)
2	국제시장	2014-12-17	14,257,115	한국	씨제이이앤엠(주)
3	아바타	2009-12-17	13,624,328	미국	이십세기폭스코리아(주)
4	베테랑	2015-08-05	13,414,009	한국	씨제이이앤엠(주)
5	괴물	2006-07-27	13,019,740	한국	(주)쇼박스
6	도둑들	2012-07-25	12,983,330	한국/홍콩	(주)쇼박스
7	7번방의 선물	2013-01-23	12,811,206	한국	(주)넥스트엔터테인먼트월드(NEW)
8	암살	2015-07-22	12,705,700	한국	(주)쇼박스
9	광해, 왕이 된 남자	2012-09-13	12,319,542	한국	씨제이이앤엠(주)
10	왕의 남자	2005-12-29	12,302,831	한국	(주)시네마서비스
11	태극기 휘날리며	2004-02-05	11,746,135	한국	(주)쇼박스
12	해운대	2009-07-22	11,453,338	한국	씨제이엔터테인먼트
13	변호인	2013-12-18	11,374,610	한국	(주)넥스트엔터테인먼트월드(NEW)
14	실미도	2003-12-24	11,081,000	한국	(주)시네마서비스
15	어벤져스 : 에이지 오브 울트론	2015-04-23	10,494,499	미국	월트디즈니컴퍼니코리아(주)
16	겨울왕국	2014-01-16	10,296,101	미국	소니픽쳐스릴리징월트디즈니스튜디오스코리아(주)
17	인터스텔라	2014-11-06	10,275,484	미국/영국	워너브러더스 코리아(주)

출처: 영화진흥위원회 역대 박스오피스(공식통계 기준), 2016년 3월 31일 통계, 영화진흥위원회 홈페이지, http://www.kobis.or.kr/kobis/business/stat/offc/findFormerBoxOfficeList.do?loadEnd=0&searchType=search&sMultiMovieYn=&sRepNationCd=(검색일 : 2016.04.10).

한국의 정치와 사회를 읽어내고자 하기 때문이다.

　한국 정치에서 천만이라는 숫자는 매우 특별한 의미를 갖는다. 2012년 제18대 대선을 제외하면 1997년 제15대 대선 이후 역대 대선에서 1위 후보는 대개 1,000만을 조금 넘는 표를 얻었기 때문이다.[1] 제18대 대선은 경쟁력이 거의 없는 무소속 후보들을 제외하면 모든 정당들이 양대 진영으로 단일화를 이루었다는 점에서 예외적인 선거였다. 다른 역대 선거들에서처럼 경쟁력 있는 제3후보가 적어도 한 명이라도 출마한다면, 그 대선에서 1,000만이라는 숫자는 유효 투표의 약 3분의 1에 해당해 당선 확정에 근사한 수치다(제18대 대선 당시 총 유효 투표는 약 3,059만 표였다). 게다가 2005년 이후 천만 관객을 넘은 한국 영화들은 권력과 관련되는 내용을 다루었거나 그렇지 않을 경우에도 사회 부조리와 관련된 이슈들을 주로 다루었다.

　물론 한국 영화 산업의 왜곡된 구조를 볼 때 흥행이 관객이나 국민들의 정서를 그대로 대변한다고 보기는 어렵다. 수년 전부터 그 독과점 구조에 대한 논란이 다소 수그러들기는 했지만, 여전히 수직 계열화된 독과점 구조는 관객의 영화 선택권을 심하게 제약하고 영화의 다양성을 저해하고 있다는 지적이 대부분 사실로 인정되기 때문이다.

하지만 위에서 살펴본 천만이라는 숫자의 정치적 중요성을 볼 때, 영화 산업의 왜곡 효과가 주는 제약이 이 분석을 무용하게 만들 정도는 아니라고 할 수 있다.

일반적으로 영화는 대상을 재현하는represent 것으로 이해되거나 적어도 재현에서 시작하는 것으로 간주된다. 다시 말해 특정한 시대나 장소를 가능한 한 그대로 살려내어 스크린에서 재구성하거나 그러한 재구성으로부터 출발한다는 것이다. 공상 과학 영화나 판타지 영화일지라도 인간의 실제 삶과 본성에 기초해 상상의 세계를 펼쳐 낸다는 점에서 그 출발점은 마찬가지라고 할 수 있다.

하지만 한걸음 더 나아가면 영화는 표현하기express도 한다. 특히 관객은 영화를 통해 자신들을 표현한다.[2] 감독은 영화를 생산함으로써 사회를 재현하는 것에서 출발하지만, 관객은 영화를 소비함으로써 처음부터 표현한다는 것이다. 감독은 배우와 각종 도구 및 질료들을 지휘하고 조합하여 원하는 대상을 재현해 영화를 제작한다면, 관객은 제작된 영화를 감상하고 토론하며 때로는 그와 관련된 사회적 행동을 수행함으로써 자신들의 의사를 표현한다.

그러나 현대 사회의 매체들이 생산과 소비를 함께 수행하는 생비자prosumer [3]로 기능한다는 점을 고려할 때, 영화 자체도 이미 재현의 차원에 머물지 않는다. 관객이 영화를 통해 표현한다면, 사회적으로 소비되는 영화는 이미 표현의 단계에 들어선 것과 다를 바 없기 때문이다.

따라서 영화는 예술 작품이라는 차원을 넘어 한 시대의 문화적 사건으로서 재현의 수단임과 동시에 표현의 수단이 된다. 관객이 영화를 통해 자신들의 욕구와 의지를 표현한다면, 그 영화는 개봉 당시와 동일한 영향을 반복해서 미치지 않게 된다. 재현에서 출발하지만 이미 표현의 도가니에 휘말려 들기 때문이다. 물론 학술 연구의 결과나 다른 예술 작품들도 마찬가지일 수 있다. 하지만 대중 예술의 하나로서 영화는 대중과 더 직접적으로 대면한다는 점에서 학술 연구 결과나 다른 예술 작품에 비해 이러한 성격이 더욱 분명하게 드러난다.

여기에서 '사건'event, événement은 굳이 '역사적 사건'이나 '획기적 사건'과 같은 커다란 의미를 갖는 사건만을 말하는 것이 아니다.[4] 미미한 일일지라도 시간적 흐름이나 사회적 맥락에서 일정한 의미를 갖는다면 그것은 하나의 사건이 되고, 그것이 바로 이 책에서 말하는 사건이다.

영화를 하나의 사건이라고 본다면, 영화를 분석하는 것은 어떤 의미를 갖는가? 이정우 교수의 다음 얘기를 참조해 볼 만하다.

구조주의자들이 이야기하는 것처럼 사건들 뒤에는 분명 어떤 의미도 없다고 하자. 그렇다면 도대체 왜 우리는 늘 사건을 '해석'하려고 하는 것일까? 답은 간단하다. 이 해석의 행위는 사건 뒤에서 무엇인가를 발견하려고 하는 것이 아니다. 그것은 바로 그 사건에 연루된 사람들, 집단들의 '욕망과 권력의 놀이'(푸코)를 둘러싸고서 벌어진다. 의미는 사건 뒤에 있는 것이 아니라 바로 우리의 문화, 삶, 정치 속에 있다. 의미는 단순히 표상이나 표현에 관계되는 존재만은 아니다. 그것은 기본적으로 욕망과 권력에 관계된다. 그리고 욕망과 권력은 바로 이렇게 사건들의 계열화─의미─를 둘러싸고 벌어지는 드라마인 것이다.[5]

위 인용문에서 몇 가지 단어에 주의할 필요가 있다. 이정우 교수도 '해석'이라는 단어에 강조하는 의도로 작은따옴표를 사용했지만, 이 책에서 '해석'은 '분석'으로 이해하는 것이 유용하다. 영화라는 사건을 분석하는 것이 이 책의 목적이기 때문이다. 그리고 '표상'과 '표현'은 위 인용문에서 엄격히 분리해 사용하지는 않았지만, 이 책의 용례에 맞추어 읽으면 '재현'과 '표현'으로 보아도 무방하다. 위 인용문을 압축해서 말하면, 영화라는 사건을 분석하는 것은 의미를 찾는 일이지만, 그 의미는 영화의 내용이 아니라 영화를 둘러싼 사람들의 문화와 사회 속에 있다는 것이다. 그리고 그 문화와 사회는 기본적으로 욕망과 권력에 관계되며, 그렇기 때문에 그것은 곧 정치를 말하는 것이 된다. 이때 인용문 속의 '삶'과 '정치'는 사회를 뜻하는 것으로 보아야 하며, 이 책에서 말하는 정치는 욕망과 권력의 관계를 말한다.

따라서 이 책은 감독의 개성과 의도를 해석하려는 것이 아니라, 영화를 하나의 사건으로 간주해 분석함으로써 그 사건의 의미를 규명하려는 것이다. 비록 역사적으로 획기적 사건이 아닌 영화도 있지만, 하나의 문화적 사건으로 모든 영화는 각자의 의미를 가진다. 그래서 정도의 차이는 있겠지만, 모든 영화는 나름대로 분석의 가치를 갖는다.

하지만 이 책은 그중에서도 정치적으로 중요한 의미를 갖는 천만 이상의 관객을 동원한 영화를 중심으로 선별해 상대적으로 중요한 사건으로 간주할 만한 영화들만을 대상으로 한다. 물론 사회적 맥락에서 아직 그 의미가 현실화되지 못한 경우도 없지 않다. 그러나 이러한 영화들일지라도 비록 현실화되지는 않았지만 허구가 아니라 실재한다는 뜻에서 들뢰즈G. Deleuze가 말한 것처럼 언제라도 현실화될 수 있는 잠재태로 존재한다.[6] 따라서 이 책은 현실화되었거나 잠재적으로 실재하는 중요한 사건으로서 존재하는 천만 이상 관객 영화를 분석해 그 의미를 규명하고자 한다. 그 분석을 위한 이론적 배경은 2장에서 상세히 다룬다.

이 책이 대상으로 선택한 영화들은 2012년 대선 이후 흥행한 〈변호인〉, 〈국제시장〉, 〈암살〉, 〈베테랑〉과 〈고지전〉 및 〈포화 속으로〉이다. 〈변호인〉, 〈국제시장〉, 〈암살〉, 〈베테랑〉은 앞에서 설명한 취지에 따라 최근 국내에서 주요 이슈로 부각된 민족과 국가 및 민주주의와 재벌 문제들을 다룬 대표적 영화들이다. 그러므로 이 영화들은 현 체제의 정치 사회적 의미와 현 시기 유권자들의 정서를 잘 드러낼 것이라고 판단했다.

물론 〈명량〉과 〈7번방의 선물〉도 대표적 영화에 포함되고 역시 천만 이상의 관객을 동원했다. 하지만 〈명량〉은 다른 영화들에 비해 줄거리가 단순해 많은 의미를 함축하지 못했으며, 〈7번방의 선물〉은 정치적 의미가 약하다. 그래서 이 두 영화는 다른 영화들에서 그 의미를 충분히 다룰 수 있다고 보아 분석 대상에 포함시키지 않았다.

그런데 2012년 대선 이후 흥행한 영화들 중에서는 아쉽게도 전쟁을 다룬 영화가 없다. 〈명량〉도 전쟁을 다루었지만 현대의 전쟁관으로 연결하기에는 무리가 있다. 그리고 〈태극기 휘날리며〉가 유일하게 천만 이상 관객을 동원한 전쟁 영화지만 개봉한 지가 다소 오래되어 그 의미가 약하다. 따라서 비록 천만 이상의 관객을 동원하지는 못했지만 가장 최근에 개봉한 전쟁 영화인 〈고지전〉과 〈포화 속으로〉를 선정해 전쟁 및 남북 관계의 의미를 분석했다.

현대 사회는 원형과 복제의 구분이 없어지고 원형이 사라지거나 원형이 복제를 복제하고 복제가 새로운 원형으로 자리매김하거나 새로운 원형을 창출한다는 의미에서 시뮬라시옹 simulation의 세계다. 이제 표현은 영화와 예술, 현실이나 작가에 머물지 않고 재현과 복제까지 대상으로 한다. 따라서 영화는 그 자체로 표현임과 동시에, 굳이 원형과 복제라는 과거의 구분을 끌어들여 말하더라도 하나의 원형으로서의 사건이 된다.

영화를 문화적 사건이라고 한다면, 문화는 정치학적으로 볼 때 정치가 실현되고 정치적 의미가 발생하는 장場으로 이해된다.[1] 특히 정치 영화에서 문화적 사건은 정치적인 것을 재현하고 표현할 뿐만 아니라 그 자체로 하나의 원형과 다를 바 없는 실재하는 사건이 된다. 여기에서 '정치적인 것'이란 정치권력 관계와 직·간접적으로 연결된 것을 말하며, 정치 영화란 이러한 '정치적인 것'을 다룬 영화를 말한다. 이 개념들에 대해서는 아래에서 더 상세히 다룰 것이다.

이 논문이 관심을 갖는 주요 문제는 재현과 표현의 성격 변화가 민주주의를 비롯한 정치 관계에서 어떤 의미를 가지며 또 이 의미가 영화에서 어떻게 나타나는가이다. 그동안 촛불 시위 같은 대중 활동 등과 관련해 재현과 표현에 대한 논의들이 간간이 있어 온 것은 사실이다. 하지만 영화와 관련해 재현과 표현의 정치학을 논의한 사례는 거의 전무하다.

정치학자로서 영화에 관해 오랫동안 연구해온 학자로는 박종성 교수가 유일하며 매우 의미 있는 연구들을 수행해 왔다. 박종성 교수가 발표한 영화 관련 주요 저서는 1999년과 2008년에 각각 내놓은 『정치와 영화:영상의 지배전략과 권력의 계산』과 『씨네폴리틱스:영화는 다 정치적이다』이다.[2] 전자는 영화 작품들을 대상으로 권력 세계(특히 혁명, 정치, 성)에서 영화가 갖는 의미와 기능을 이론적·실증적으로 분석해 영화 정치학의 구축과 발전을 도모했으며, 후자는 작품보다는 감독에 더 많은 관심을 가지고 권력과 영화의 관계를 이론적·거시적으로 분석해 영화의 정치화와 정치의 영화화를 주장하며 영화에 대한 사회과학적 관심을 제고하고자 노력했다. 하지만 그도 재현과 표현의 문제에 대해서는 깊은 관심을 갖지 않았다.

한편 홍태영 교수가 재현에서 표현으로 옮겨가는 문화 공간의 변화를 정치학적으로 고찰해 표현의 정치학에 중요한 기여를 했다.[3] 그러나 이를 영화에 본격적으로 적용하지는 않았다. 따라서 그의 논의를 영화 분석에 활용하는 것은 유용하지만, 영화 분석 논의의 한 연구로 규정할 수는 없다.

이 장은 위의 연구들을 참조해 영화를 대상으로 재현과 표현의 정치학을 살펴보고자 한다. 분석할 세부 문제는 다음과 같다: ① 영화에서 정치적인 것은 어떻게 재현되는가? ② 이 재현은 정치학적으로 어떤 의미를 갖는가? ③ 영화는 정치적인 것을 어떻게 표현하며, 관객은 또 영화를 통해 정치적인 것을 어떻게 표현하는가? ④ 이 표현은 정치학적으로 어떤 의미를 갖는가?

이를 규명하기 위해 들뢰즈와 미트리J.Mitry를 비롯한 영화학자나 사회철학자들의 논의들을 중심으로 문헌 분석을 수행한다. 글의 구성은 문제 제기의 순서에 따라 다음 절에서 재현의 정치학을 먼저 다루고 이어지는 절에서 표현의 정치학을 다루는 방식으로 이루어진다. 정치 영화와 정치적인 것, 재현과 표현 등 주요 개념에 대해서도 해당되는 부분에서 정의한다.

정치적인 것의 영화적 재현과 재현의 정치학

정치 영화와 정치적인 것

박종성 교수는 주제 선정 방식과 스토리텔링 구조를 기준으로 정치 영화와 정치적 영화를 구분한다.[4] 그에 따르면, 정치 영화는 '정치권력을 둘러싸고 다투는 본격적 정치 관계의 틀과 규칙을 따르는 인간들의 문제를 오브제로 설정한 영화'이며, 정치적 영화는 '등장인물의 복합적 관계 구도 속에서 일정한 목표를 획득하기 위한 이용과 배신, 기대와 좌절이 반복되는 플롯을 활용하는 데 주안점을 두는 영화'를 말한다. 이러한 구분에 의하면 모든 정치 영화는 정치적 영화의 한 종류가 된다. 하지만 이 글에서 두 개념의 구분은 중요하지 않다. 다만 정치 영화의 개념을 수용하되 정치권력의 의미를 더 명확하게 드러내 정치 영화를 좀 더 폭넓은 범주에서 명료하게 정의한다.

우선 정치 영화는 '정치적인 것'을 주제나 오브제로 선택한 영화를 의미하는 것으로 규정하고, '정치적인 것'은 정치권력과 직·간접적으로 관련된 것으로 이해한다. 박종성 교수의 글에서 정치권력은 정치 영역에서 작용하는 권력이라는 느슨한 의미로 사용되면서도, 정치에 관해서는 국가 권력과 관련된 협소한 영역을 지칭하는 것으로 보인다. 하지만 이 글에서는 정치권력의 개념을 국가에 한정시키지 않고 권력 개념의 폭넓은 이해로부터 도출한다.

권력은 일반적으로 '타인의 행동에 영향을 미쳐 자신이 의도하는 결과를 얻는 능력'을 의미한다.[5] 러쎌B. Russell과 베버M. Weber의 개념에 근접한 이 정의에 따를 때, 권력은 인간 사회 전반에 걸쳐 적용되는 영향력influence으로서, 의도한 결과를 도출해낼 수 있는 능력임과 동시에[6] 사회적 관계에서 상대방의 반대나 저항에도 불구하고 자신의 의지를 관철시킬 수 있는 기회를 말한다.[7]

롱D. H. Wrong에 의하면, 이 권력은 네 가지로 분류된다.[8] ① 물리력과 정신력을 통한 강제력force, ② 은폐된 방식으로 의도를 관철시키는 영향력을 말하는 조종력manipulation, ③ 자발적 수용을 이끌어냄으로써 의도한 결과를 관철하는 설득력persuasion, ④ 위압coercion, 유인inducement, 정통성 legitimation, 권한competence, 개인 관계personal relation 등에 의해 의도한 결과를 관철하는 권위authority가 그것이다. 올슨 M. E. Olsen도 네 가지 권력 형태를 이야기한다.[9] 곧, ① 바라던 결과를 성취하기 위해 타인에게 의도적으로 행사하는 사회적 압력인 강제력force, ② 조직 사회 내에서 확립된 역할이나 기능을 실행하는 지배력domination, ③ 지시를 받아들일 수밖에 없는 사람들에게 지시를 내릴 수 있는 권리인 권위authority, ④ 특정 행위자에게 고유하게 체현된 영향력 행사 능력을 말하는 매력attraction이다.

이 구분들은 권력의 행사나 수용을 말하는 작동 방식에 따른 것이며, 주로 강제적인가 자발적인가의 문제로 수렴된다. 권력의 작동 방식은 권력의 형성 과정과도 연결된다. 룩스S. Lukes와 포기G. Poggi가 권력의 구조적 작동이나 제도적 작동에 관심을 보였는데, 이것은 권력의 구조적 형성 및 제도적 형성의 문제로 이해할 수 있다.[10] 물론 두 학자 사이에 일정한 차이가 없지는 않다. 일반적으로 구조적·제도적 차원에 주목한 포기와 달리, 룩스는 정치 체제 내에서 갈등 대상이 되는 이슈에 대해 결정을 내리거나 특정 의제를 배제할 수 있는 능력으로 권력을 규정하면서 구조화되고 문화적으로 의식화된 측면을 강조했기 때문이다. 하지만 이러한 세부적 차이에도 불구하고 룩스의 입장 역시 넓은 의미에서는 구조적·제도적 관점으로 수렴된다. 또한 두 입장은 공통적으로 권력의 정당성 문제로 연결되어, 구조적이든 제도적이든 법이나 공동 신념 혹은 자발적 동의가 주로 권력 정당성의 근원으로 거론된다.[11]

이 논의들을 한층 더 확장하면 권력은 비단 권력자와 비권력자 간 대립적 양자 관계가 아니라 사회 구성원 전체를 포괄하는 다자적 상호 영향 관계를 가정한다. 타인들과 결속하여 통일적으로 행동할 수 있는 능력으로 권력을 이해하는 아렌트[H. Arendt]의 공화주의 권력관은 이러한 맥락과 닿아 있다.[12] 또한 구성주의 이론이 행위자적[agential] 성격과 상호 주체적[intersubjective] 성격에 주목하고, 푸코[M. Foucault]가 권력 개념보다 권력 관계라는 개념을 사용하자고 제안한 것도 동일한 맥락이다.[13] 그 밖에 네트워크 이론도 권력 형성 과정과 다양한 권력 관계에 큰 관심을 가졌다.[14]

이 글에서 말하는 정치권력은 정치 영역에서 작동하는 위와 같이 확장된 의미의 권력을 의미한다. 이때 정치 영역은 한 국가 내에 한정되지 않고 다양한 국가 관계를 포괄하며, 반드시 국가와 관련되는 범주에 국한되지도 않는다. 하지만 국가로부터 너무 멀리 벗어나 개인들 간의 영향 관계로까지 확산되지는 않는다. 이때 가정도 현대 사회에서는 사적 영역에 해당하므로 개인 단위에 속한 것으로 본다. 따라서 이 글에서 말하는 정치 영역은 가정의 단위를 넘어서는 공동체의 차원에서 집단적 결정과 관련되는 범주로서 주로 공적 영역을 지칭한다. 그것은 사회, 경제, 문화 등 이른바 국가 기구와 관련되지 않은 분야들도 포괄한다. '정치적인 것'이란 이러한 의미에서 정치권력과 관련된 현상을 뜻한다.

　　재현representation은 아리스토텔레스의 미메시스mime-sis(그리스어로 '닮음'을 뜻함)를 번역한 라틴어 'reprae-sentare'(레프라에센타레)에서 파생되어 '다시re 앞에prae 내세운다 sentare'는 의미를 갖는다.[15] 정확히 말하면, 장 랄로 Jean Lallot가 아리스토텔레스의 미메시스를 불어의 '다시 제시함'이라는 동사의 명사형 혹은 연극에서 '상연'이라는 의미로 쓰이는 représentation(러프레장타시옹)으로 번역하면서 라틴어 유래를 갖게 된 것이다. 또한 독어로 이 단어는 Vorstellung(포어슈텔룽, 앞에 내세움)으로 번역되듯이 표상이나 모방과 유사한 뜻으로 해석된다.[16] 이러한 재현 개념은 실재의 반영, 매개의 과정, 재현됨 그 자체 중 어느 것에 초점을 두는가에 따라 세 가지 형태로 이해되어 왔다.[17]

　　먼저 실재의 반영에 초점을 두는 관점은 데카르트처럼 주체와 대상의 관계를 중시해 재현을 주체(실재)의 표상으로 이해한다. 이 관점에서 볼 때 재현은 모방에 가장 근접하는 것으로서 언제나 주체(실재)의 표준적 영역에 충실하다. 두 번째 매개 과정에 초점을 두는 관점에서는 매개 작업이 내포한 해석과 반성 및 내용이 중요하다. 여기에서 재현의 세계는 언어적으로 해석된 세계로서 실재에 대한 재인식과 관련된다. 그것은 이미지와 상징의 세계로서 '의지와 표상으로서의 세계'(아르투르 쇼펜하우어)다. 끝으로 '재현됨 그 자체'를 강조하는 세 번째 관점은 재현된 것보다 재현이 드러내는 제시의 내적 특성에 주목한다. 이때 재현은 표상보다는 제시로 이해되며 실재보다 상징을 중시한다. 이것은 정합성보다 상징 가치를 강조하므로 재현을 모방으로 보는 입장과 가장 멀리 떨어져 있다.

이러한 차이에도 불구하고 세 가지 재현 개념들은 '무엇을 의미하다'denote를 전제한다.[18] 곧, 재현하는 것은 재현되는 대상과 어떤 의미론적 관계를 갖는다는 것이다. 그래서 모방과 거리가 멀건 가깝건 재현은 들뢰즈가 본 것처럼 재현되는 실재에 대한 동일성을 벗어나지 않는다.[19] 들뢰즈에 따르면, 동일성에 의한 사유를 말하는 재현은 기존의 준거적 동일성을 유지하고 강화하는 방식으로 나타난다. 때문에 재현은 조직화되고 구조화된 권력의 형식이자 상투적이고 통례적인 드러냄과 다를 바 없으므로 권력의 정치학을 함의한다.[20]

영화와 같은 대중 예술에서 재현은 권력의 정치학을 더욱 첨예하게 표출한다.[21] 권력 주체는 자신의 권력을 감각적으로 과시하고자 하며 이를 통해 안정적 통치를 위한 정치적 감성들(예컨대 권위, 근엄함, 신성함, 카리스마, 위대함, 비범함, 관용, 부드러움, 자애로움 등)을 피치자들로부터 이끌어내려 하기 때문이다. 피치자 내부에서 복종의 심리를 만들어내는 심리적 원천들인 '상징적 자본'[22]을 보유한 권력 주체는 지배를 위한 물리력의 행사를 크게 필요로 하지 않는다는 면에서 예술을 통해 통치의 경제학을 구사할 수 있다. 예술은 그러한 정치적 목적을 실현하는 데 가장 효과적인 수단이다. 권력의 수단이 된 예술은 대중으로 하여금 권력에 대해 감동하고 열광하고 흥분하며 권력을 두려워하게 만든다.

정치학적·법학적으로 재현representation 개념은 대변·대표·대리로 해석된다. 이것은 국민의 대표를 통해 집합적 주권이 행사되는 정치인 대의 민주주의라는 근대 민주주의에서 가장 중요한 개념이다. 재현의 정치의 출발점은 합리적이고 이성적인 주체를 말하는 근대적인 데카르트적 주체의 탄생이다.[23] 특히 홉스Thomas Hobbes는 근대 국가권력의 기원을 개인에 두면서 개인과 국가 권력의 관계를 대표representation라는 개념을 통해 이해했다. 근대의 정치적 주체인 개인 및 그 집합체로서의 인민과 국가 권력의 관계가 대표라는 방식을 통해 동일시되는 것이다. 이때 대표(재현)되는 주체로서 인민은 단일성을 전제하며, 그로 인해 그들 중 적지 않은 주체들이 소외될 수밖에 없다. 마찬가지로 재현의 정치학으로 볼 때, 영화(특히 흥행 영화)는 관객과 대중을 단일한 존재로 가정하며 그에 대한 동일성으로 환원될 수 있는 대상들을 재현하는 것에 불과하다.

이러한 재현에 대한 비판은 재현에 선행하는 실재(원본)가 있다는 믿음의 거부에서 출발한다.[24] 특히 주목할 만한 보드리야르J. Baudrillard는 현대 사회에서 모방물이 아니라 원본을 갖지 않는 자립적 이미지로서 실재보다 더 실재 같은 초실재hyperreality를 발견하고 실재의 대체 이미지인 시뮬라크르simulacre로 규정하였다.[25] 보드리야르에게 현대는 '더 이상 실재와 교환되지 않으며 어느 곳에도 지시나 테두리가 없는 끝없는 순환 속에서 그 자체로 순환되는 시뮬라크르'의 시대인 시뮬라시옹 simulation의 시대다.[26] 시뮬라시옹의 세계는 실재가 기호들로 대체되어 결코 다시 생겨나지 않으므로 재현과 반대되는 탈재현의 세계이며 탈물질화의 세계다. 이 세계에서는 모든 실재가 무한한 복제 가능성과 교환 가능성에 따라 기호와 코드로 변할 뿐이어서 혁명이나 새로운 주체의 가능성이 존재하지 않는다. 침묵하는 다수로 특징되는 대중은 원자화되고 분자화된 타성적 존재로서 수동적 객체이며 그러한 의미에서 정치의 종말과 죽음을 상징한다.[27] 이러한 재현 비판에 값하는 것은 보드리야르의 허무주의적 전망이다.

반면 들뢰즈는 다른 길을 모색한다. 그는 동일성에 근거한 재현의 형식을 비판하며 차이와 생성의 정치를 추구한다.[28] 들뢰즈에게 시뮬라크르는 퇴락한 복사물이 아니라, 원본과 사본, 모델과 재생산을 동시에 부정하는 긍정적 잠재력을 숨기고 있는 것이다. 또한 재현은 탈재현을 통해 폐기해야 할 대상이 아니라, 버릴 것은 버리되 발전적인 부분은 발전시켜야 할 대상이다.

마찬가지로 대의 민주주의로 현상한 근대 민주주의가 많은 한계를 가지고 있지만, 그 한계가 근대성의 발원인 민주주의를 철폐해야 할 이유가 되는 것은 아니다. 이 한계는 극복을 통해 민주주의의 발전으로 나아가야 할 계기가 될 뿐이다. 재현의 정치는 역사 및 기억과 연결되며, 역사와 기억의 명제는 과거와 관련될 뿐 아니라 현재에 연결되며 미래를 포함한다.[29] 대중 예술인 영화는 재현에서 출발하지만 권력의 수단으로만 기능하지는 않으며 비민주적 권력의 한계를 극복할 수 있는 긍정적 잠재력도 보유하고 있다.

　재현의 정치학에서 문제는 '재현의 빈곤'만이 아니라 '빈곤의 재현'이기도 하다.[30] 이미 천만 영화가 속속 배출되는 우리 정치 영화들은 더 이상 재현이 부족한 것이 아니라 무엇을 재현하는가라는 문제에 봉착했다. 이것은 재현 체계의 폐지가 아니라 재현의 새로운 배치를 함께 고민해야 한다는 얘기다.[31] 이제 문화적 공간과 대중 정치의 공간에서는 '표현의 정치' 혹은 '표현의 정치학'이라는 개념이 대두되고 있다. 어떠한 매개나 대리 혹은 대표를 거치지 않고 자신들의 욕망과 의사를 직접 표출하려는 흐름이다. 표현의 정치학은 재현의 정치학을 전적으로 거부하지는 않지만, 적어도 그 문제적 핵심을 지양하는 것만은 분명하다.

정치적인 것의 영화적 표현과 표현의 정치학

사건으로서의 정치 영화와 정치적인 것의 표현

　표현expression으로서의 영화는 재현으로 출발했지만 더 이상 재현에 머물지 않는다. 작가로서 무엇인가를 재현했지만 일단 제작되어 상영되는 영화는 예술적 의미에서도 관객의 관람을 거치게 되면 더 이상 단순한 반복이 아니다. 상영되어 관객이 관람하는 영화는 들뢰즈적 의미에서 차이의 반복을 통해 다른 것으로 되는 새로운 생성의 과정에 들어간다. 물론 예술적으로도 영화는 감독의 무엇을 재현한 것이 아니라 자신의 예술적 욕망을 직접 표현한 것으로 볼 수 있다.[32] 하지만 그렇다 하더라도 감독과 관객을 매개하는 한, 영화는 재현의 범주를 벗어나지 못한다. 반면 감독이라는 주체를 분리하지 않고 영화의 일부로 포함시키거나 감독의 의도를 배제하고 영화 자체만을 상정하면, 영화는 매개체나 재현이 아니라 그 자체로 하나의 사건으로서 현실(실재)이 된다.

위의 '사건' 개념과 관련해서는 역사적인 큰 사건이 아니라 우주에서 일어나는 모든 사건이라고 규정한 들뢰즈의 시각을 굳이 언급할 필요가 없다.[33] 이 글에서 '사건'은 모방이 아니라 원본이나 실재와 다를 바 없는 현실이라는 의미이기 때문이다. 영화는 무엇을 재현하는 수단도 아닐뿐더러 재현의 수단인 매개체로 간주되지도 않는다는 것이다. 이때 영화는 관객과의 직접적인 관계 속에서 그 자체로 현실이 되며 사건이 된다. 〈변호인〉을 둘러싼 부림 사건 관계자들이 서로 공방을 벌이고 이를 통해 영화가 더욱 흥행하게 된 것이 그 대표적인 예다.[34] 또한 영화 자체가 내용을 두고 소송의 대상이 되거나 사회 운동의 일부로 제작되는 경우도 좋은 예가 된다.

한편 '표현' 개념에 대해서는 들뢰즈가 좋은 참조가 된다. 들뢰즈에 따르면, 동일성이 전제된 '재현'과 달리 '표현'은 잠재된 순수 차이가 현실화되는 생성의 과정을 의미하는 잠재성의 분화를 말한다.[35] 이때 분화differénciation란 잠재해 존재하는 차이가 구체적으로 현실화되는 것을 말하는 것에 다름 아니며, 잠재성은 허구인 가능성과 달리 현재와 공존하는 실재를 의미한다.

일반적으로 실재는 가능성을 닮았고 가능성이 실현된 것으로 이해하지만, 들뢰즈가 말하는 가능성은 실재와 반대되는 것으로 실재와 유사하도록 역투사하여 재구성해낸 허구, 다시 말해 모사하여 재현해낸 허구에 불과하다. 이와 달리 잠재성은 특정한 형태로 현실화되지는 않았지만 현재의 사태들에 영향을 미치는 '현실적이지 않으면서 실재적인 것'이다. 따라서 잠재성에서 현실이 되는 것은 모사가 아니라 원본적 차이의 생성이며, 일정한 시·공간적 조건에서 차이가 바로 '지금' '여기'에서 생성되는 창조의 과정이다. 그리고 이 과정이 들뢰즈가 말하는 '표현'이다.

이와 같이 영화를 현실로 보는 주장은 바쟁A. Bazin으로 부터 시작되었다. 그에 따르면, 영화 카메라가 어떠한 문화적 선입견도 없이 현실을 있는 그대로 기록하기 때문에 영화 이미지는 실재 그 자체를 알기 위한 가장 확실한 수단이라는 의미에서 '존재 발생적'ontogénétique이다. 그러므로 영화는 실재에 귀결되는 중립적인 성격을 갖는다. 하지만 이 시각은 여전히 수단이라는 관념을 벗어나지 않는다.[36]

미트리는 여기에서 한걸음 더 나아간다. 그는 영화 작품 속에서 영화 이미지를 통해 표출되는 사물은 단순한 실재 이상의 의미를 얻는다고 보았다.[37] 미트리에 따르면, 영화를 통해 보이는 사물은 실재의 차원뿐 아니라 본질의 차원과도 연결되며, 영화 이미지를 통해 하나의 순수한 잠재태로 제시된다. 이미지를 통한 사물의 지각에는 반드시 정신 작용이 개입되기 때문이다. 곧, 영상에 반영된 사물들을 넘어 그 본질을 발견하는 것은 영화 카메라가 아니라 관객의 정신이라는 것이다.

파솔리니P. P. Pasolini는 이 현상을 언어나 기호의 의미로 풀었다.[38] 그도 영화를 현실로 보았지만, 그것은 정확히 말하면 '현실을 통해 현실을 표현하는 언어'로서의 영화다. 다시 말해, '행위들로 쓰인 언어'이자 '세계의 시각적 존재들에

바탕을 두는 언어'다. 이것은 '현실로 쓰인 언어' 혹은 '현실이라는 말을 기록한 글'을 가리킨다. 하지만 그가 '현실' 자체라고 간주하는 영화는 한 편의 영화 작품인 필름이 아니라 영화 전체인 '시네마'를 가리킨다. 현실 그 자체인 시네마는 끊임없이 지속되고 있는 '무한 시퀀스 숏'과 같고, 필름은 그중 일부를 절단해 구성한 일시적 결과물과 같다. 따라서 파솔리니가 말하는 '현실로서의 영화'는 언어를 상정할 때에만 가능하며, 바로 그렇기 때문에 적어도 개별 영화 작품들은 재현의 범주를 벗어난다고 보기 어렵다.

그러나 들뢰즈는 영화를 언어나 기호로 보지 않았다. 들뢰즈에게서도 기호는 영화 이미지라는 물질에 새겨지고 내재된다. 하지만 다른 한편으로 영화 이미지는 그 자체로는 어떤 다른 이미지를 가리키는 이미지가 아니라 단지 현실의 대상들로 이루어진 물질이자 끊임없이 운동 중인 물질이다.[39] 이와 같이 영화 이미지를 실재의 재현이 아니라 실재의 연장된 부분이라고 보는 주장은 바쟁에서 시작해 들뢰즈에 와서 상당한 발전을 보았다. 이러한 시각은 영화가 현실에 개입하고 다시 현실이 영화를 규정해가는 상호 구성적 과정을 설명할 수 있는 단초를 열었다. 이것은 실재의 사건으로서 영화가 현실을 어떻게 표현하는가를 드러낼 수 있어 정치 영화가 정치적인 것을 표현하는 과정을 설명하는 표현의 정치학을 가능하게 한다.

사건으로서 정치 영화의 표현과 표현의 정치학

재현은 원본과 그 복사라는 점에서 다음 세 가지 측면을 함축한다.[40] 첫째, 재현하는 것과 재현되는 것의 분리로 일정한 거리가 게재되고, 둘째, 재현되는 실재 자체가 아니라 주어진 실재를 전사하고 복사하므로 부분만을 추출하고 선택하게 되며, 셋째, 있는 그대로가 아닌 것을 보여 줌으로써 환상적이 될 수밖에 없다. 그 결과 재현끼리도 관계를 맺는데, 총체에 활력을 불어넣기 위해 항상 어떤 스토리가 끼어들게 된다.

들뢰즈는 이러한 재현을 유용하게 비판하면서 리좀 rhyzome적 사유를 제시한다.[41] 끝없이 수평으로 뻗어가는 뿌리줄기를 말하는 리좀은 결국 자신(원본)에 해당하는 n이 사라지고 n-1만 존재하게 되는 상태까지 뻗어가므로 뿌리와 줄기가 구분되지 않는다. 이러한 리좀적 사유는 앞서 말한 표현과 표현의 정치학에 적절하다. 반면, 원본을 가정하는 재현은 이러한 리좀 모델이 아니라, 뿌리와 줄기가 엄격히 분리되고 뿌리에서 시작해 수직으로 뻗어가다 다시 뿌리로 회귀하는 수목樹木 모델이다.

하지만 리좀적 사유는 재현적 사유를 대체하거나 배제하지는 않는다. 두 모델이 상호 전이한다는 것까지 포함하는 것이 리좀적 사유다.[42] 리좀적 사유의 적은 재현적 사유 자체가 아니라 그 이원론이다. 재현적 사유가 리좀적 사유의 적이 되는 경우는 재현되는 것과 재현하는 것의 두 항을 전제하는 부분에 한정된다. 물론 이것은 재현적 사유의 본질에 해당한다. 하지만 본질을 부정한다고 해서 그 자체를 온전히 부정하는 것은 아니다. 이러한 점에서 리좀적 사유는 지양이라는 변증법적 사유와 연결된다(들뢰즈가 이에 동의하는가는 별개의 문제다). 리좀적 사유는 이원론적인 재현적 사유를 지양하되 새로운 배치를 통해 재현적 사유를 포괄하면서 극복한다.

영화가 표현의 과정이고 정치 영화가 표현의 정치학으로 설명될 때, 영화 자체가 현실로서의 사건이라고 앞서 말했다. 현실인 두 사건의 관계는 그중 어떤 것도 다른 것의 원본으로 가정하지 않는다. 곧 사건끼리의 관계는 원본과 사본의 관계가 될 수 없다는 얘기다. 설사 모방으로 벌어진 사건이라 할지라도 그것은 새로운 환경 속에서 일어난 또 하나의 현실인 새로운 사건일 뿐이다. 따라서 사건과 사건의 관계는 수직적이 아니라 수평적으로 뻗어 나가는 리좀적 관계다.

크리스테바 J. Kristeva의 '0/2'의 논리가 이러한 관계에 대한 매혹적인 비유다.[43] '0/2'의 논리는 0과 2 사이의 인터페이스를 아우르는 '연속성의 잠재력'Potenz der Kontinuität을 가정한다. 곧, 0을 지시하고 1을 내포하면서 2로 넘어간다는 것이다. 이때 '1'은 연속성의 잠재력에 내포된 언어적·정신적·사회적 금지 조항인 신·원칙·규율을 말한다. '0/2'의 논리는 '1'을 내포하고 초월해 포월包越하지만 '1'이라는 절대적 존재를 허락하지는 않는다. '1'은 주변의 존재와 표현적 다양성을 인정하지 않는 독재의 원칙이기 때문이다. '0/2'의 논리가 수용하는 표현적 다양성은 타자를 인정하고 자신도 타자의 하나로 사유하는 상생의 논리다.

민주주의를 주장할 때조차 민주주의가 '1'로 가정되는 절대적 전제가 되어서는 안 된다. 역설이지만 민주주의에 절대성을 부여하는 한, 그것은 이미 민주주의가 아니다. 민주주의는 여러 가지 형태로 존재하고 민주주의 자체에 대한 규정도 여러 가지가 있기 때문이다. 지젝S. Žižek에 따르면, '순수한' 민주주의는 가능하지 않다고 말하는 것으로도 충분하지 않다.[44] 점차 민주주의의 더 나은 발전에 의해 없어질지도 모르는 어떤 경험적 타성으로 인해 '순수한' 민주주의는 불가능하기 때문이다. 오히려 민주주의는 그 고유의 불가능성을 기초로 해서만 가능하며, 민주주의의 한계가 되는 환원 불가능한 '병적' 잔여가 민주주의의 긍정적 조건이 된다. 자신의 절대적 존재성조차 다양성 속에 녹아 끝없이 다양화되고 발전하는 속성 자체가 민주주의라는 역설이 여기에서 성립한다.

사실 대중 사회에서 민주주의는 재현 커뮤니케이션이 작동하는 대표적 사례다.[45] 대중 미디어mass media가 수많은 사회·정치적 사건들을 선택된 상징들로 재현함으로써 새로운 상징적 실재들을 생산하고 시민의 의식을 규정하는 시스템을 구축해 지배적 소통 체계로 자리잡았기 때문이다. 현실의 사건 자체가 아니라 현실의 사건을 매개하는 한, 영화도 이러한 대중 미디어의 기능으로부터 자유로울 수 없다. 다만 그 대립물로서 영화〈도가니〉나 다큐멘터리 영화에서 보는 것처럼 저항 매체의 수단으로 기능할 수 있을 뿐이다. 그러나 이 대립적인 경향도 재현 체계에 머무는 한, 지배적 소통체계를 전제하며 그 안에서 일탈적으로 균열을 내는 현상에 불과할 뿐이다.

하지만 재현 커뮤니케이션의 시·공간을 구성하던 기술

독점 시대는 이제 막을 내리고 있다.[46] 특히 디지털 인터페이스가 전통적 대중 커뮤니케이션mass communication 체계를 전복한다. 이 기술은 공간적 거리나 근접성에 의존하지 않고 분화된 시간에도 구속되지 않는 상호 작용을 허용하고 수월한 상호 참여를 가능하게 함으로써 사회 활동의 공간적 질서를 재구성한다. 그러한 의미에서 현대 세계의 시·공간은 재현의 시·공간이 아니라 표현의 시·공간이다. 하지만 한걸음 더 나아가면 이 표현의 시·공간은 단순한 기술 혹은 과학적 중립 지대가 아니라 정치적이고 전략적인 행위가 실행되는 역동적 시·공간임을 알 수 있다. 이것은 들뢰즈조차 소홀히 취급한 정치적 주체의 역능이 발화할 수 있는 시·공간임을 의미한다.[47] 2000년대 이후 인터넷을 통해 참여 정치와 사회적 동원이 활성화된 것이 좋은 예다.

영화도 정치적 주체로 활동하는 관객들의 역능이 표현되는 이러한 시·공간의 하나다.[48] 박태순이 표현의 시·공간으로서 현대 미디어가 갖는 성격을 논한 바 있는데, 이것은 영화에도 적용 가능하다. 곧, 관객들이 정치적 주체로서 구성한 표현의 시·공간들은 재현의 시·공간과 다음과 같은 점에서 다른 성격을 보여 준다. 첫째, 특정하게 계획되거나 획일화된 일정표로 짜이지 않은 정보들과 콘텐츠들이 제약 없이 수평적으로 자유롭게 소통된다. 둘째, 이용 주체들 간의 자연스러운 상호 교류와 강력한 자발적 의지에 의한 접속 및 참여 의지가 표출된다. 셋째, 이러한 활동들은 온라인상 행위뿐 아니라 오프라인상 신체적 활동으로도 나타난다. 따라서 정치 영화가 정치적 결집을 이루어내고 그 실천을 추동해 갈 수 있는 기회는 재현의 시·공간으로 작용하던 과거보다 표현의 시·공간으로 작용하는 최근에 더 넓고 강력하다.

요약과 함의

영화는 재현에서 출발하지만 재현에 머물지 않는다. 재현은 원본과 동일성을 전제하며 원본으로 회귀하려는 동일화 논리에 따라 모방을 추구한다. 영화도 기본적으로 이러한 재현의 도구로 출발했다. 하지만 대중 예술의 하나로서 영화는 대중 사회의 발전과 함께 재현을 지양하고 현실을 직접 드러내면서 그 자체로 실재하는 사건이 되는 표현으로 발전해 왔다.

특히 정치 영화는 초기에 재현이라는 지점에서 권력의

이데올로기적 수단이 되면서 권력의 정치학을 내면화했다. 하지만 그에 대한 반작용으로서 저항의 수단으로 기능하기도 했을 뿐 아니라 빈번히 천만 이상 관객을 동원하는 최근에 와서는 그 자체로 현실 속의 사건이 되었다. 이때 '사건'은 모방이 아니라 원본이나 실재와 다를 바 없는 현실이라는 의미를 갖는다.

이제 영화는 무엇을 재현하는 수단도 아닐뿐더러 재현의 수단인 단순한 매개체로 간주되지도 않는다. 현대 사회에서 영화는 관객과 직접 상호 작용하고 현실에 개입하며 다시 현실을 통해 규정됨으로써 그 자체로 현실이 되며 사건이 된다. 사건들 간의 관계는 원본과 사본의 수직적 관계가 아니라 수평적으로 뻗어 나가는 리좀적 관계다. 사건으로서의 영화가 현실 속의 다른 사건들과 갖는 관계도 이와 같은 리좀적 관계에 속한다.

정치학적으로 대변, 대표, 대리를 의미하는 재현은 대의 민주주의의 핵심 개념이다. 재현되는 주체인 인민은 단일성을 의미하는 동일성을 전제하며 대표나 대리를 통해 대변됨으로써 침묵하는 다수가 된다. 단일한 주권은 대표나 대리에게 자유 위임되어 대표나 대리는 더 이상 인민에 기속되지 않는다. 대표와 대리의 권력 행사는 언제나 주권자의 단일성으로 환원되지만, 그 단일성은 추상적이기 때문이다. 영화가 재현의 수단에 머물 때, 정치 영화는 이와 같이 침묵하는 다수의 의사를 반영한다는 추상적 논리를 내세우면서도 실질적으로는 언제나 권력의 정치를 표출하게 된다.

하지만 민주주의는 원본으로 상정되는 단일하고 순수한 이상 형태가 존재하지 않는다. 민주주의는 현실이고 현실에서 언제나 한계를 가지고 있으며, 이 한계는 곧 새로운 발전을 추동한다. 절대적 본질을 가정하지 않고 다양한 주체들로 이루어진 표현적 다양성을 허용하는 것이 민주주의라는 얘기다. 이러한 사회의 구성원들은 스스로의 타자성을 인정하고 타자의 주체성도 인정하므로 모든 주체가 타자이고 모든 타자가 주체이다.

대중 미디어도 더 이상 재현 커뮤니케이션의 시·공간을 구성하지 않는다. 현대 사회의 미디어는 시·공간적 한계에 구속받지 않고 다양한 주체들의 상호 작용과 참여를 가능하게 하는 표현의 시·공간으로 기능한다. 대중 예술인 영화도 이러한 미디어 발전으로부터 영향을 받았다. 그에 따라 영화는 정치적 주체로 활동하는 관객들의 역능이 표현되는 표현의 시·공간으로 발전했으며, 특히 정치 영화는 정치적 결집과 실천을 가능케 하는 더 넓고도 강력한 기회를 얻게 되었다.

하지만 표현의 정치학이 재현의 정치학을 온전히 배제하지는 않는다. 근대 민주주의의 발전이 탈근대 민주주의의 발전을 추동하듯이 재현의 정치학은 표현의 정치학을 추동할 수 있다. 재현의 정치학에서는 재현의 빈곤과 빈곤의 재현이 모두 문제다. 재현 체계의 폐지가 아니라 재현의 새로운 배치를 함께 고민해야 한다. 표현의 정치학은 재현의 정치가 가지고 있는 문제적 핵심을 지양하며 표현의 정치를 통한 리좀적 발전을 지향한다.

진한 감동을 주는 영화는 디테일에 충실하다. 영상image에서는 근거리 초점의 몽타주보다 원거리 초점의 미장센이 뛰어나고, 서사 narrative에서는 흥미로운 줄거리보다 세밀한 디제시스diegesis 49가 탁월하다. 그것은 영화가 표현하는 현실이 복잡하고 세밀하기 때문만은 아니다. 현실은 다양한 주체들과 사건들로 엮여 있을 뿐 아니라, 감독의 일방적 편집과 단일한 주제로 응축되고 동일화되는 스토리는 관객의 참여를 배제하기 때문이다. 사건으로서의 영화에서 현실 속의 주체인 관객은 영화를 통해 재현되거나 동원되는 대상이 아니라 자신을 표현하는 시·공간으로 영화를 인식하고 영화와 상호 작용한다.

영화 〈변호인〉은 2013년에 개봉했지만, 이 영화가 소재로 삼은 '부림 사건'의 대법원 판결은 2014년 9월 25일에 내려졌다. 피해자 전원(5명)이 무죄 판결을 받았지만, 영화 개봉 당시 이 사건은 관련자들의 유무죄를 다투고 진실 공방이 한창인 뜨거운 사건이었다.

물론 논란을 피해가기 위해 제작사는 한 인터뷰(『씨네21』)에서 〈변호인〉은 "보편적인 내용을 다룬 이야기"이므로 정치적으로만 해석하는 것은 "영화를 열심히 만든 스텝과 주인공 송우석에 대한 예의가 아니"라고 주장하기도 했다.[1] 하지만 아이러니하게도 이러한 부정이 이 영화의 정치적 성격을 오히려 부각시키는 것에 일조했다는 평가가 가능할 정도로 논란은 더 커졌다. 실제 이 영화는 노무현 전 대통령을 다루었을 뿐 아니라 '친노'가 화두가 된 대선을 치른 지 불과 1년 만에 개봉돼 정치적이 아니라고 할 수 없기 때문이었다.

〈변호인〉은 "노무현을 지우면 평범한 휴먼 드라마"[2]라는 판단은 이러한 점에서 옳기도 하며 옳지 않기도 하다. "장단점을 따지기보다 편한 마음으로……따뜻한 마음으로 보기만" 하라고 요구한 논평도 있었다.[3] 하지만 〈변호인〉이라는 영화는 휴먼 드라마임에는 틀림없으나 노무현을 지울 수 없으므로, '따뜻한 마음'만으로 볼 수 없는 영화적 내용과 시대적 상황이 존재했다. 영화를 '따뜻한 마음'으로 보지 못하는 '불편한 마음'이 집단적으로 존재하고 게다가 지배 이데올로기로 작동하고 있다면, '따뜻한 마음' 자체는 이미 대단히 정치적인 사건이 된다.

〈변호인〉은 흥행과 작품성에서 모두 크게 성공했는데, 〈명량〉이 파죽지세로 밀고 올라오기 전까지 역대 흥행 9위(2016년 3월 말 공식 통계상 관객 약 1,137만 명)[4]를 차지하고 2014년 청룡영화상 시상식에서 최우수작품상 등 4개 부분을 휩쓸어 한국 영화사에 새로운 장을 기록했다.

〈변호인〉의 흥행 요인 중 가장 중요한 것 하나는 휴먼 드라마가 역사적 실제와 이어져 현실을 안고 들어감으로써 디제시스가 확장되었다는 점이다. 개봉 당시 진행 중인 정치적 휴먼 드라마였기 때문에 흥행에 성공할 수 있었다는 얘기다. 영화 개봉 후 '부림 사건' 당사자들의 인터뷰와 항의들이 이어졌다는 사실도 이를 뒷받침한다.

이 영화는 지나간 역사를 재현하고 있지만, 그 재현은 영화의 안과 밖에서 동시에 이루어졌다. 영화 속의 1981년이 2013/14년이라는 개봉 시기의 관심과 요구를 투영한 시선들과 결합해 새로운 사회적·정치적 사건으로 재구성된 것이다.[5] 따라서 이 사건은 민주화 이후 한 세대 가까이 변화해온 한국인들의 정치적 정서를 읽어내는 데 매우 유용하다.

분석 방법과 세부 질문

영화 〈변호인〉을 두고 송경원은 이데올로기적 지향을 대신해 '상식'이라는 모호한 기준이 호소력 있게 다가오는 시대적 특수성을 이야기한다.[6] 또 남다은은 노무현을 상기하면서도 대통령이 된 이후의 노무현은 지워야 하는 기만적인 동요가 이 영화의 감흥을 배가시킨다고 보기도 한다.[7] 이러한 평가를 수용한다면, 관객을 현혹시키면서 반전 효과를 노린 흥행 요인이 〈변호인〉의 서사에 있다고 볼 수 있는가?

하지만 이 영화 안에 맥거핀[macguffin 8] 같은 것은 없다. 1980년대에 한정된 사건이 오늘날의 사건으로 연결되고, 주인공 송우석이라는 페르소나[persona 9]는 변호사 노무현을 말하지만 대통령 노무현과 무관할 수 없기 때문이다. 〈변호인〉에서 맥거핀이 있다면 오히려 영화 밖에 있는데, 비정

치성을 강조하는 제작사의 마케팅 전략이 그것이다.[10]

이 맥거핀을 피해 〈변호인〉을 올바로 이해하는 방법은 공감의 독해다. 이 영화가 (재판) 진행 중인 정치적 사건을 "불의에 분노하는 사람이라면 누구나 공감할 수 있는 비극적인 사건"으로 보고 "'누구나' 공감할 수 있는 방식으로 이야기하기 때문"이다.[11] 이 공감이 영화의 디제시스에 동의하는 사람에게는 직설적으로 나타나지만, 반대하는 사람에게는 역설적으로 나타날 뿐이다. 따라서 영화 〈변호인〉을 공감의 정치학으로 고찰함으로써 민주화 이후 변화해온 한국인들의 정치적 정서를 읽어낼 수 있다.

이와 같이 〈변호인〉은 영화 안에서나 밖에서나 '정치적'일 수밖에 없음에도 불구하고 정치적 관심의 대상은 되었지만 정치학적 관심의 대상은 되지 못했다. 예외적으로 영화학 분야에서 문관규의 논문[12]이 정치적 해석을 시도하기는 했지만 노무현이라는 정치인을 자연인 '송우석'으로 어떻게 성공적으로 담아냈는지에 중점을 둠으로써 영화 밖의 현상까지 담아내는 정치학적 해석으로 나아가지는 않았다. 이와 달리 공감의 정치학으로 접근하는 것은 영화 안의 재현과 영화 밖의 재현을 묶어낼 수 있는 유용한 방법이 될 수 있다.

<표 3-1> 지배 체제에 대한 공감

유형		주체	원인 혹은 목적
수동적 공감		피억압 계층	강압 통치에 따른 사회적 공포
능동적 공감	소극적 공감	지배 계층 주변부 (하위 지배 계층)	체제 편입 혹은 지분 유지 (비판 병행)
	적극적 공감	지배 계층과 그 하수인	체제 유지 및 옹호

이 글이 사용하는 공감의 정치학은 지배 체제에 대한 공감의 형태를 수동성과 능동성, 소극성과 적극성으로 나누어 고찰하는 한편, 영화에 대한 공감을 다시 초월, 열망, 페티시fetish로 구분해서 분석하는 것을 말한다(〈표 3-1〉 참조). 우선, 영화 안에서 지배 체제에 대한 공감을 분석하는 데 사용하는 공감을 수동적 공감과 능동적 공감으로 구분한 후 후자를 다시 소극적 공감과 적극적 공감으로 나누되, 능동적 공감들은 제목을 제외한 본문에서는 소극적 공감과 적극적 공감으로 줄여 사용한다. 수동적 공감은 강압 통치에 따른 사회적 공포로 인해 피억압 계층이 수동적으로 동의하는 태도를 말한다. 그리고 소극적(인 능동적) 공감은 비판적 입장을 가지면서도 체제에 편입하려 하거나 자신들의 지분을 유지하기 위해 체제에 저항하지 않고 소극적으로 동조하지만 스스로의 의사에 따라 능동적

으로 동조하는 지배층 주변부(하위 지배계층)의 태도를 의미한다. 반면, 적극적(인 능동적) 공감은 신념을 가지고 스스로 적극적으로 체제를 옹호하는 지배 계층의 일원이나 그 하수인들의 행태를 뜻한다.

영화 밖의 공감 형태를 분석하는 데에는 위와 같은 구분 외에 스테이시Stacey 13의 동일시 이론을 원용한다. 스테이시에 따르면, 영화에 대한 동일시는 초월적 동일시, 열망과 영감의 동일시, 영화 외적 동일시로 나타난다. 하지만 이때 동일시의 대상은 스테이시가 설정한 것과 달리 등장인물에 한정하지 않고 보드리Baudry 14가 설정한 것처럼 등장인물과 카메라를 모두 의미한다. 초월적 동일시는 영화 내용에 대한 일차적 동일시가 이루어지지만 일시적 판타지 자아가 형성될 뿐 관객은 곧 이를 벗어나 자신의 정체성을 유지하는 경우다. 열망과 영감의 동일시는 관객이 자신이 결코 등장인물처럼 되지 않을 것을 알면서도 전범role model 같은 뭔가 열망할 만한 것을 찾아 자신의 정체성에 부분적인 변화를 일으키는 태도를 말한다. 마지막으로 영화 외적 동일시는 다른 동일시들과 달리 등장인물에 대한 동일시의 환상을 가지고 영화 밖에서의 열정적인 물리적 행위 변화까지 동반하는데, 영화의 메시지를 통해 형성되거나 변화된 정체성이 모방과 같은 실질적 행동으로 나타나는 경우를 의미한다.

이 세 가지 동일시를 각각 〈표 3-2〉에서처럼 초월적 공감, 열망의 공감, 페티시적 공감으로 표현하되 각 공감의 중첩이 가능한 것으로 본다. 그중 페티시적 공감은 축어적 의미 그대로 영화 밖의 공감과 혼동되는 것을 피하기 위해 스테이시의 영화 외적 공감을 달리 표현한 것이다. 이 공감 형태들은 주로 영화 밖의 반응을 대상으로 하지만 필요한 경우에는 영화 안의 공감 형태에도 적용한다.

<표 3-2> 영화에 대한 공감

유형	영화에 대한 태도	관객의 정체성 변화	영향에 따른 행위
초월적 공감	일시적 판타지 자아 형성	유지	거의 불변
열망의 공감	열망 대상 모색	부분적 변화	전범(role model) 학습
페티시적 공감	적극적 공감	근본적 변화	모방

구체적으로 이 공감 현상들이 〈변호인〉의 안과 밖에서 어떻게 일어나고 어떤 의미를 갖는지를 분석한다. 기본적으로 이러한 공감은 〈변호인〉이 영화의 소재인 '부림 사건'과 이를 둘러싼 당시의 모습을 선택과 누락을 통해 2013/14년의 관객들에게 재현하는 과정에서 나타난다. 따

라서 그 선택과 누락을 함께 고찰함으로써, 재현과 공감을 통해 표출된 민주화 이후 한국인의 정치적 정서를 읽어낼 것이다.

사회적 공포에 의한 수동적 공감과 소극적인 능동적 공감

저항의 누락과 타자화 및 수동적 공감의 표출과 재현

〈변호인〉은 주인공 송우석이 압제에 침묵하고 자본주의에 물든 속물 변호사에서 인간의 가치를 추구하는 인권 변호사로 거듭나고 종국에는 민주 투사로 발전하는 에피파니Epiphany를 다루었다.[15] 여기에서 에피파니는 극 중 인물이 특정한 사건을 만나 자기 삶의 모순이나 욕구를 깨닫고 근본적인 변화를 겪는 것을 말하는데, 그 에피파니의 계기가 되는 사건이 가족처럼 지내던 단골 국밥집의 아들이 연루된 '부독연' 사건이다. 이것은 영화의 안과 밖에서 모두가 인정하듯이 1981년 당시의 '부림 사건'과 노무현 변호사를 재현했다.

당시의 시대적 배경은 신군부가 정권을 장악한 이른바

'한국적 자본주의 후기'였다. 한국적 자본주의의 전기가 경제 개발과 체제 안정화를 위해 시민 사회 영역의 자율성을 대부분 희생해야 했던 제3/4공화국의 자본주의 형성기를 말한다면, 그 후기는 대학과 문화 부문의 자율화와 개방 경제의 추구 등 일정한 자유화 조치를 동반한 제5공화국의 맹아적 신자유주의[16] 시기를 말한다.

물론 제5공화국에서 국가 개입을 축소하고 시장 기능을 더욱 촉진하는 방향으로 경제 정책이 수정된 것은 사실이다. 그러나 이 경제 정책도 결국 경제 관료들이 주도하는 크고 강한 정부에 의해 기업에 대한 정치·경제적 지배가 유지되면서 추진되었다. 그러므로 제5공화국은 시장으로부터 국가가 후퇴하는 '작고 강한 정부'를 의미하는 신자유주의로 온전히 전환한 것이 아니라 이후 전환을 위한 맹아를 배태한 것으로 보는 것이 더 적절하다.

이러한 특성에 따라 제5공화국 정권은 개발 독재의 억압 정치를 지속하면서도 상대적으로 군부 의존성을 약화시켜 신중간 계층과 부르주아 계급의 동의를 얻기 위해 지식인을 포섭하고 재벌의 강화를 도모했다. 그 결과 학벌이 사회 하부 문화의 중요한 요소를 이루고, 자본과 돈의 가치가 더욱 확대되었다.

동기회장으로 선출된 후 국밥집에 모여 앉은 송우석과 그의 상고 동기들: 송우석이 상고 출신으로 성공한 변호사가 된 것을 자랑하며 동기들이 그에게 축하와 찬사를 보낸다.

그에 대한 사회 구성원들의 반응은 크게 저항과 공감으로 표출되었다. 하지만 〈변호인〉에서 저항의 모습은 누락되거나 타자화되어 선택되었고 공감의 모습만 주체적 디제시스로 선택되었다. 이것은 한 속물 변호사가 체제 변혁적 사회주의 투사가 아니라 인권 변호사와 민주 투사로 거듭나는 에피파니를 그린다는 목적에 적합한 설정이었고, 이 설정은 재현의 대상인 영화 밖의 현실과도 부합했다. 목적의식적으로 체제에 저항한 적극적 저항은 배제된 채 부독연 사건이라는 소극적 저항이 에피파니의 계기적 사건으로 선택되었고, 이것은 체제에 대한 수동적 혹은 소극적 공감을 깨트리는 중요한 동기로 작용했다.

영화에서는 민중들의 모습이 자주 잡히지 않아 수동적 공감 태도는 명시적으로 드러나지 않는다. 민중들은 대개 수동적인 즉자적 존재들일 뿐이다. 국밥집 아들 박진우(임시완 분)의 야학 모임에서 교육의 대상으로 등장하는 것이 그나마 카메라가 오래 담은 영상이다. 그 밖에 민중으로 유추할 수 있는 다른 군상들은 국밥집에 2차를 하러 온 송우석 상고 동기들이다. 고등학교 졸업만으로는 학벌이라는 하부 문화에서 지배층에 편입하기 어렵기 때문이다.

하지만 이들은 야학 모임의 여공들보다는 정치 사회적 현실에 상대적으로 더 민감하게 반응할 수 있는 집단이다. 그럼에도 불구하고 그들 중 부산신보 정치부장(김승태 분)을 제외하면 송우석의 출세에 찬사를 보내고 그와 친구라는 사실을 통한 자신들의 위상 제고로 자위하는 모습을 보인다. 이러한 대응은 강압 통치에 따른 사회적 공포로 인해 무의식적으로 수동적 공감에 노출되었음을 의미한다.

여기에서 잠깐 부산신보 정치부장의 의미를 살펴보자. 그는 상고 출신이지만 대학에 진학해 기자가 된 인텔리겐차로서 잠재적 저항 상태에 잠복해 있으므로 즉자적 민중 집단으로부터 벗어난 존재다. 그래서 그는 송우석의 에피파니를 사회적으로 전달해 저항의 공감을 형성하는 매개 역할을 하는 데 한정된다. 영화의 디제시스에서 적극적 저항은 누락되어 잠재적 저항이 적극적 저항으로 전환하는 것도 선택되지 않았다(저항의 공감은 네 번째 절 '공감의 이반과 재편 및 보수성'에서 다룬다).

이러한 해석은 대학생 시위를 두고 오가는 논쟁을 통해 뒷받침된다. 송우석의 체제 공감 자세를 비판하는 부산신보 정치부장과 그의 '비겁한' 도피를 비난하는 송우석의 논쟁에서 다른 동기들은 침묵으로 일관하고 있기 때문이다. 이와 같은 수동적 공감은 비록 지배 계층에 대한 편입이나 모방을 시도하는 능동적 자세로 이어지지는 못하지만, 송우석 같은 성공한 친구를 통해 대리 만족함으로써 열망의 공감이 억제된 방식으로 반영된 것이라고 할 수있다.

소극적인 능동적 공감의 재현과 표출

속물 변호사 시절 송우석은 소극적 공감의 전형적인 태도를 보인다. 그는 사법고시에 합격했지만 대학을 졸업하지 못해 학벌이라는 하부 지배문화에 편입하지 못했다. 하지만 그에게 법치주의는 절대적이다. 법이 잘못된 것이

사법서사들이 부동산 등기 분야에 뛰어든 송우석을 규탄하며 그의 사무실 앞에서 시위한다.

아니라 그 법의 해석과 집행이 잘못된 것일 뿐이다. 그는 합법적 테두리 안에서 '학벌 열등감'을 극복하기 위해 판사를 그만두고 부를 추구한다.

이와 관련된 구체적 장면들을 보자. 법조계 내에서 자신의 '열등한' 위상을 파악한 송우석은 관례적으로 사법서사(법무사)들이 담당해 왔던 부동산 등기 분야에 뛰어들어 성공하고, 이 분야에서도 경쟁이 치열해지자 세법 분야로 전환한다. 이에 관해 박동호 사무장(오달수 분)과 얘기하고 있을 때 사무실 앞에 몰려든 사법서사들이 부동산 등기 분야에 뛰어든 송우석을 규탄하는 시위를 한다. 세법 분야로 전환하려 한다고 설명해 돌려보내자는 사무장의 제안을 거부하고 송우석은 자신은 법대로 했을 뿐이라고 항변하며 맞대응하러 나간다. 송우석이 시위대를 향해 아래층으로 내려가던 중 최루탄이 터지고 대학생으로 보이는 청년이 쫓겨 들어오다 송우석과 부딪히며 이어 중무장한 경찰이 들이닥치는 것으로 이 시퀀스가 정리된다.

이것은 이후 법치주의 테두리 내에서 살아가는 것조차 필연적으로 적극적 저항과 맞닥뜨릴 수밖에 없다는 것을 암시한다. 하지만 영화에서는 이 법치주의 태도가 법 자체의 오류를 지적하고 보안법 등 법체계 자체를 변혁하려는 저항으로 전환하는 것은 연출되지 않음으로써, 이후 송우석의 적극적 저항도 기성 질서의 법치주의 안에서 형성되는 것으로 연결된다. 이와 같은 법치주의 신봉 자세는 영화 곳곳에 산재해 있으며 마지막 공판 시퀀스에까지 이어진다.

또한 송우석은 TV에 나온 대학생 시위에 대해 "공부하기 싫어 지랄뱅이 떠는 것"으로 간주하며, 동기들에게나 박진우에게 '계란으로 바위 치기'의 비유를 들고 "세상은 데모로 바꿀 정도로 말랑말랑하지 않다."고 설파한다. 이것은 학벌 하부 문화에 대한 비판과 증오감을 가지고 있으면서도 그에 편입하려는 질시의 발로이기도 할 뿐 아니라, 억압 체제의 공고함에 수동적으로 대응하는 자세다. 하지만 이러한 자세는 다시 박진우에게 '공부 열심히 하라.'고 당부하고 자신은 부를 축적해서 지배 집단의 한 편을 차지하려는 행동으로 나타나 소극적 공감으로 연결된다. 이 소극적 공감은 비록 다른 방향으로 출구를 찾지만 기본적으로 지배 집단에 대한 열망의 공감을 의미한다.

김상필 변호사(정원중 분)를 비롯한 비판적 변호사 집단의 태도도 소극적 공감의 자세를 보인다. 김상필 변호사는 국보법의 근본적 문제를 인식하는 것처럼 보이지만, 이것도 역시 영화에서는 누락된다. 그를 비롯한 비판적 변호사 집단은 위헌적 실정법의 존재나 폐지 등에 대해서는 함구함으로써 '형량 싸움'에 매달려 타협을 모색한다. 송우석처럼 비주류적 편입을 추구한 것과 달리 이러한 대응은 주류 내에서 전개됨으로써 더욱 소극적으로 표출되는 열망의 공감이라고 할 수 있다.

영화 밖의 반응들 중 소극적 공감으로 볼 수 있는 것은 영화에 재현된 여성의 모습에 대한 반응이다. 〈변호인〉에서 여성의 모습은 일반 민중의 모습처럼 매우 수동적이며 즉자적이다. 이 영화에서 여성들은 '다방 레지'를 대신하는 역할로 채용된 변호사 사무실 비서 미스 문(차은재 분), 박진우 독서 모임의 사춘기 여학생 같은 공장 노동자들, 어려움이 닥치자 재판 포기를 호소하는 평범한 주부인 송우석 부인, 기타 동네 아줌마들이다.

1970/80년대의 현실에서 야학에 참여한 여성 노동자들은 노동운동에 참여해 적극적 저항을 보인 경우가 적지 않다. 그러나 이들조차 영화에서는 수동적이며 즉자적으로 묘사될 뿐이다. 〈변호인〉에서 이들은 야학에 참여함에도 불구하고 공부보다 박진우의 첫사랑에 더 관심을 가진 모습을 보인다. 박진우가 체포되려 하자 적극적으로 막아서지만, 이것도 첫사랑 이야기에 더 관심을 보이는 이전 장면을 고려하면 사춘기 여학생의 심리를 벗어나지 않는 것으로 해석된다. 판·검사, 변호사나 경찰, 신문기자들의 경우도 마찬가지다. 실제 1980년대에도 이미 이 분야에서 적지 않은 여성들이 사회 활동에 적극적으로 참여했다. 하지만 이 영화에서는 이들을 영상에 담아내지 못했거나 담아내지 않았다. 이것은 이 영화 자체가 가부장적 권위주의에 소극적으로나마 공감하고 있음을 의미한다.

예외적으로 적극적 행동을 보이는 여성은 국밥집 주인인 박진우 어머니다. 하지만 그의 존재도 최순애라는 시나리오상 이름이 분명히 존재함에도 불구하고 영화 안에서는 그저 '아지매'로 호명될 뿐이며, 그 적극성은 오로지 진우의 어머니로서 행동할 때에 국한된다. 국밥집 주인으로서 그는 송우석에게 훈훈한 인정을 베푸는데, 그것은 가족적 분위기를 조성하기 위한 장치로서 송우석을 큰아들의 위상으로 자리매김하고 최순애를 송우석에게도 자애로운 어머니 같은 인물로 설정한 결과다.

여성에 대한 이러한 묘사를 두고 〈변호인〉의 가부장주의를 지적한 논자는 문관규가 거의 유일하다. 하지만 그가 언급한 '가부장적 코드'는 "위기의 가족 구성원을 구하기 위해 나서는 가부장"적 코드를 의미하며, "가족 구성원에 의한 가족의 구원 노력과 해결이라는 가족이데올로기 공식으로 관객과 소통하고 있"음을 밝히는 데 머문다.[17] 다시 말해, 가부장적 권위주의의 문제로 연결되지는 않았다.

그와 달리 이 글에서 지적하는 것은 〈변호인〉이 가부장적 권위주의를 전제하고 있고 관객들은 이러한 전제에 의구심을 품지 않는다는 점이다. 〈변호인〉에 나타나는 이러한 여성 모습 재현이 영화의 가부장적 권위주의에 대한 영화의 공감이라면, '부림 사건' 상징성과 노무현 상징성에 대한 영화 밖의 뜨거운 논란과 달리 여성 모습 재현에 대한 논란이 부재한 것은 가부장적 권위주의에 대한 영화 밖 반응의 소극적 공감에 다름 아니다.

체제의 유지와 발전을 위한 적극적인 능동적 공감

영화 안에 재현된 적극적인 능동적 공감

적극적 공감은 영화 안에서 가장 많이 재현되었을 뿐 아니라 영화 밖에서도 가장 많이 표출되었다. 그만큼 이 영화의 디제시스가 논쟁적이었기 때문이다. 따라서 적극적 공감은 영화 안의 재현과 영화 밖의 표출로 나누어 살펴본다.

기성 질서에 대한 적극적 공감은 영화 안에서 주로 지배 계층과 지배 계층 편입에 성공한 주변부 집단에서 나타나며, 영화 밖에서는 디제시스에 대해 '역설'逆說로 표출된다. 이때 역설은 '모순을 일으키기는 하지만 그 속에 중요한 진리가 함축되어 있는' 논리학적 개념이 아니라 '어떤 주의나 주장에 반대되는 이론이나 말'이라는 일반적 개념으로 사용한다. 그리고 역설적 표출은 영화의 핵심 디제시스는 인정하면서도 그 의미는 반대하거나 반대로 해석하는 경우를 지칭한다.

〈변호인〉에서 이들은 체제 옹호적 법조인과 관변 연구소 및 경찰과 대기업 혹은 재벌로 구성되며, 구체적으로 판사(재판장, 송영창 분), 강 검사(조민기 분), 차동영 경감(곽

도원 분)과 내외정책연구소 수석연구원(박수영 분), 해동건설 후계자 이창준(류수영 분) 그리고 학벌 체제를 옹호하는 기득권 변호사들과 속물 세법 변호사로 성공한 송우석으로 나타난다.

우선 권위주의적 태도로 재판을 운영하며 재판 전에 해동건설 영입 문제의 뒷배를 봐준다는 언질로 송우석을 회유하려는 판사와 부독연 사건을 지휘하며 국보법으로 처벌하려고 혈안이 되어 있는 강 검사는 권력의 시녀로 기능한 당시 사법부와 검찰의 전형을 유감없이 보여 준다. 또한 용공 조작의 하수인으로서 아무런 거리낌이나 학자적 탐구 없이 권력자들의 지시대로 '불온서적'을 선정해온 내외정책연구소 연구원도 이러한 적극적 공감의 집단에 속한다. 이들은 비판적 속내를 가지고 있으면서도 사회적 공포로 인해 겉으로만 순종하는 수동적 혹은 소극적 공감이 아니라 신념을 가지고 체제 유지를 꾀하는 적극적 공감을 보인다.

특히 차동영 경감을 통해 이러한 공감은 신념의 형성 과정과 함께 잘 드러난다. 차동영 경감은 부독연 사건의 용공 조작을 지시 받고 "얘네들 진짜 빨갱이면 대한민국은 망한 것"이라고 언급하며 조작의 진실을 알고 있음을 드러

차동영 경감이 송우석을 폭행하다 국기 하강 식 애국가가 울리자 국기배례를
한다.

낸다. 하지만 '범죄를 예방하는 게 경찰'이라는 것이 아버지
의 소신이었고 그 아버지가 6·25 때 학살당했다고 첨언함
으로써 조작을 통해서라도 사회주의를 예방하는 것은 정
당하다는 논리를 내비친다. 이때 그에게 사회주의는 범죄
와 다를 바 없다.

　이것은 그가 박진우 고문 장소를 찾아 조사하던 송우
석을 발견하고 폭행하는 장면에서도 잘 나타난다. 차동영
경감은 송우석을 밖으로 내몰았을 때 마침 저녁 국기 하강
식 애국가가 울려 퍼지자 행동을 멈추고 국기에 대한 경례
자세를 취한다. 그리고 애국가가 끝나자 대한민국은 휴전
중이며 자신 같은 경찰이 빨갱이들을 잡아주니까 국민들

이 편히 살고 있다는 것을 강조하며, 자신의 행위는 곧 애국이라고 설파한다.[18] 이러한 사고와 행태는 재판 시퀀스에서도 이어지며, 특히 증인 채택에 난색을 보이는 판사와 검사의 우려에도 불구하고 스스로 증인으로 나서기까지 한다. 신념에 찬 적극적 공감의 이마고imago라고 할 수 있다.

해동건설의 후계자 이창준은 군부 권위주의에 대한 부르주아의 사고와 행태를 재현한다. 그는 학벌 문화의 상층을 이룬 권위주의적 변호사들보다 상고 출신이지만 세법에 밝고 사법서사의 일까지 마다하지 않는 송우석을 고문 변호사로 영입하려 한다. 과거와 달리 1980년대의 부르주아들은 강압적인 권위주의 군사 정권보다 시장 질서에 더욱 전문적인 능력을 갖추되 부리기 쉬운 시장형 관리자 정부를 선호한다. 하지만 군부 정권에 대한 그들의 태도는 이중적으로 합리화된다.

부독연 사건에 적극적으로 매달리는 송우석을 설득하는 이창준의 대사에 따르면, 그는 미국 민주주의를 숭배하며 이 민주주의가 한국에도 도입되기를 간절히 바란다. 또한 쿠데타 군부 세력은 미국식 민주주의를 수용하려 하지 않을 뿐 아니라 말로 해서는 설득이 불가능하므로 민주화는 부르주아 중산층이 강제하는 시민 혁명을 통할 수밖에 없다고 본다. 그런데 이 시민 혁명은 국민 소득이 세 배는 더 올라야 가능하다고 주장한다. 그의 주장은 유럽식 민주주의가 아니라 미국식 민주주의가 도입되어야 하며 그것도 경제 발전을 기반으로 해야 가능하다는 입장으로서, 경제가 발전하면 민주주의도 발전한다는 전형적인 근대화 논리에 기반을 두고 있다.

근대화 이론은 서구 산업 국가가 정치적 저발전 국가에 산업 사회의 정치 발전을 전파해 이 국가를 근대화시킨다는 이론이다. 제2차 대전 이후 신생 독립국 등 제3세계에 대한 원조 경제와 독재 정권 지원을 통해 확립된 신제국주의 질서를 합리화하는 논리라고 할 수 있다. 특히 미국이 원조 경제를 제공함에 따라 경제 후진국의 독재 정권은 미국식 민주주의로 상징되는, 대기업 및 재벌이 시장을 장악하고 부르주아 중산층이 주축이 되는 부르주아 민주주의 질서를 이룩하기 위해 필연적인 일시적 혹은 과도기적 체제로서 개발 독재라는 이름으로 정당화된다.

단순한 근대화 논리가 아니라 민주주의를 추구하고 시민 혁명의 필요성을 인정한다는 점에서 이창준의 사고는 제3/4공화국의 한국적 민주주의 형성기가 아니라 제5공화국의 신자유주의 배태기에 부합한다. 만일 〈변호인〉이 제

3/4공화국을 배경으로 하는 영화라면 이창준의 사고와 태도는 공감의 이반 과정으로 볼 수 있지만, 제5공화국을 배경으로 하는 영화이므로 적극적 공감의 한 부류로 보는 것이 적절하다.

변호사 집단들도 기본적으로는 기득권 계층에 속한다. 하지만 적어도 당시에는 판·검사들과 달리 법조계 내의 권력 경쟁에서 패배한 사람들이 큰 비중을 차지한다는 점에서 지배 계층의 주변부일 경우도 적지 않다. 그 여부는 다시 학벌이라는 하부 문화에 의해 판단된다. 유수한 대학 출신의 경우에는 변호사로 개업하더라도 지배 계층의 일원으로 남지만, 송우석 같은 고졸 출신인 경우에는 주변부로 남는다. 따라서 송우석을 폄하하던 변호사들은 학벌 체제를 옹호함으로써 지배 체제에 대한 적극적인 열망의 공감을 표출하는 집단이다.

송우석의 경우도 세법 변호사로 성공한 후에는 소극적 공감에서 적극적 공감으로 이전한다. 그 재현은 호화 요트 논란에 대한 해명을 통해 나타난다. 곧, 김상필 변호사가 찾아온 요트 정박장에서 송우석은 요트 선수가 되어 국가대표로서 국가에 기여하려 한다고 진술한다. 그에게는 학벌 열등감을 극복하고 속물 세법 변호사로 성공한 주변부

기득권 계층의 결핍을 보상할 다른 방편이 필요했다. 그것이 자신도 지배 체제에 기여할 만한 인물이라는 점을 드러내려는 적극적 공감의 행태로 나타난 것이다.

영화 밖에 표출된 적극적인 능동적 공감

〈변호인〉을 둘러싼 영화 밖의 적극적 공감은 영화에서 누락된 집단들에게는 초월적 공감을 일으키고, 선택된 집단들에게는 열망의 공감과 페티시적 공감으로 나타났다. 그리고 선택된 집단들 중 영화 안에서 극복 대상으로 표현된 집단의 공감은 역설로 현상했다.

우선 역설적 공감부터 살펴보면, 1981년 당시 부림 사건 담당 판사와 검사의 반응이 대표적이다. 서석구 당시 판사는 『한국논단』을 통해 〈변호인〉을 "운동권 부림 사건과 노무현 전 대통령을 우상화하여 친노 세력의 화려한 부활을 노리는 정치 선동 영화"라고 규정하면서 스탈린과 히틀러 등이 영화를 이용해 체제 우상화를 한 것에 비유하기까지 했다.[19] 게다가 "노무현은 북한의 변호인"이며 "북한의 대변인 노릇을 했다고 자처"했다고 폄훼했다. 또한 당시 수사 검사였던 고영주 변호사는 『조선일보』와 인터뷰하면서 고문 사실을 부정하고 국보법 위반에 대해 유죄 판단을 내린 항소심을 강조했다.[20] 하지만 다른 한편으로는 최근 사법부가 용공 조작 사건들에 대해 무죄 판결을 내리는 것을 두고 "사법부의 좌경화도 심각한 문제"라고 언급하기도 했다.

히틀러 같은 파시즘 체제와 민주화된 한국의 2013/14년 체제를 비교하고 노무현 정권의 민주주의 체제를 북한의 유기체적 전체주의 체제와 동일시하는 논리의 비약은 영화 〈변호인〉을 중대한 정치적 사건으로 보고 가상을 현실 세계로 끌어와 반응하는 페티시적 공감이 역설로 표출된 사례다. 고영주 전 검사도 민주화된 이후 공중의 감시 속에 상당할 정도로 투명해진 재판을 통해 사실로 확인된 내용조차 거부하고 자신에게 불리한 재판은 '좌경화'란 이름으로 범죄시함으로써 동일한 역설적 페티시 공감을 보였다. 그의 논리에 따르면, 지난 9월 25일 국보법 위반까지 무죄를 선고한 대법원도 좌경화되었을 뿐 아니라,[21] 당시 계엄법 위반 혐의에 대해 무죄를 선고한 항소심 법정도 국보법 위반을 유죄로 판단한 법정과 동일한 법정이었음에도 불구하고 범죄적 좌경 집단이라는 모순이 생겨난다.

'부림 사건'의 피해자들과 친노 세력 및 자유주의적 진보 진영은 영화의 디제시스와 송우석 페르소나에 직설적 공감을 표시했다. 당시 문재인 대통령 후보와 많은 민주당 정치인들을 비롯해 1,000만이 넘는 사람들이 영화관을 찾았다는 사실이 이 영화의 정치적 의미와 그에 대한 사회적 공감이 얼마나 컸는가를 여실히 증명한다. 문재인 후보의 지지율이 박근혜 후보의 신승을 가져온 48.0%였다는 점까지 고려하면 그 사회적 공감도는 더욱 높아진다.

또한 다른 한편으로 적어도 공표된 영화의 의도대로라면, 많은 사람들의 적극적 공감은 "정치인 노무현을 지우고 자연인 노무현만 영화 속의 송우석으로 가공"된, "하고자 하는 일을 온갖 장애에도 불구하고 반드시 이루어내는 전형적인 영화적 주인공"인 송우석에 대한 공감이었다.[22] 더 나아가 직설적 공감의 이유 중에는 영화가 묘사한 인권적·법치주의적 정의에 대한 감동이 아니라 "대학에 안 가도 사회 주류가 될 수 있었던 시대, 개인의 노력으로 계층 이동이 가능했던 시대, 남이 기피하는 위험을 감수하면 대가가 넉넉했던 시대에 대한 향수"가 눈물샘을 자극한 것이 중요했다는 지적도 가능하다.[23] 그 시기가 독재자가 다스리던 민주주의의 암흑기였다는 것이 이들에게는 우연일 뿐이다. 하지만 학벌 사회에 대한 송우석의 비판이 영화 전반부의 중요한 메시지의 하나일 뿐 아니라 부독연 사건의 용공 조작이 영화 전체의 핵심적 오브제로 작용한다는 점을 볼 때 이러한 주장은 크게 약화된다.

영화에서 누락된 집단들은 진보적 좌파로 분류되는 사회주의적 진보 진영이다. 이들은 〈변호인〉이 1980년대와 '부림 사건'을 재현하는 방식과 내용을 비판하며, 영화가 재현하는 진실과 전달하는 메시지가 일부는 옳지만 극복해야 할 대상이라고 보는 초월적 공감을 보인다. 우선, 실제 '부림 사건'으로 체포된 당사자들은 당시 노무현 변호사를 따끔하게 가르치기도 한 담대함을 갖추었는데, 영화에서는 박진우로 대표되는 부독연 사건의 당사자들이 고문에 희생당하는 순진한 학생으로 축소되었다고 비판한다.[24] 곧, 1980년대 학생 운동의 결연함이나 단호한 주장 혹은 진취적인 사상적 모색은 사라지고, "아무것도 모르는 순박한 사람들"의 이야기로 왜곡되었다는 것이다.

이들은 '순수한 국민'을 가정한 "양민 이데올로기"의 "정치 신파"적 재현 방식에 불편해한다.[25] 〈변호인〉은 선거철만 되면 강력한 힘을 발휘하는 '민주 대 반민주' 구도에 편승하고 철저하게 탈정치성에 기반을 두어 1980년대를 재구성한 영화라고 보기 때문이다. 더 구체적으로 〈변호인〉은 2013/14년의 정치적 정서도 '자유 민주주의'나 '애국'과 엉켜 있는 도덕 감정에 매여 있다는 판단에 근거해 "정치 신파"로 나타났는데, 이 "정치 신파"는 '친노 대 반노'로 짜인 감정 정치와, 자기 연민과 죄의식으로 점철된 1980년대 인식의 재현 방식이라는 것이다.

예를 들어 한영인은, 고문받던 박진우가 사상을 대라는 차동영의 다그침에 '실존주의'라고 답하는 장면을 거론하며 영화 속에서 실존주의는 안전하고 불온하지 않은, 탈정치적 이념을 대표하는 '철학 사조'로 오인되었다고 비판한다.[26] 그에 따르면, 이것은 〈변호인〉이 양민 이데올로기로 채색되는 맥락 안에서 가능했다.

이와 같이 누락된 집단들의 반응은 〈변호인〉의 재현 방식과 그 내용을 비판하지만 이 영화가 다수 대중의 정치적 정서를 대변하고 있다는 사실조차 부정하지는 않는다. 또한 그 정치적 정서도 당시에는 중요한 민주화 욕구로서 성취되어야 할 부분이었다는 것도 인정한다. 이러한 의미에서 그들의 공감은 일시적 동일시를 거부하지 않으면서도 자신들의 정체성을 잃지 않는 초월적 성격을 띤다. 그리고 이 초월적 공감은 일차적으로 성취된 민주 체제의 유지에 기여하지만 다른 한편으로는 더 나은 민주 질서를 향해 체제를 발전시키려는 양면성을 보인다.

공감의 이반과 재편 및 보수성

공감의 이반과 재편

지배 체제에 대한 공감은 지배 체제를 공고히 하거나 적어도 그에 대한 저항을 희석함으로써 공감의 권력을 발휘한다. 이러한 공감의 권력은 사회적 공포에 의한 강압적 지배의 내면을 구성하며 체제 유지에 기여한다. 하지만 정치경제적 상황이 변하면 잠재적 저항이 현재적 저항으로 표출되듯이 수동적 공감과 소극적 공감은 공감 권력에 대한 이반으로 전환해 공감의 재편으로 연결된다. 그중에서도 비판적 의식을 인지하고 있는 소극적 공감 계층의 이반이 더 빨리 나타나, 점차 저항에 대한 공감이 기성 질서에 대한 공감을 압도하기 시작할 때 공감의 재편이 시작된다.

〈변호인〉에서 재현된, 공감의 이반도 이러한 흐름을 잘 따르고 있다. 영화에서 박진우로 대표되는 대학생들의 이반과 저항은 중요하지 않다. 송우석의 에피파니를 위한 계기로만 작용하기 때문이다. 공감의 이반은 무엇보다 송우석의 변화에서 가장 잘 드러난다. 소극적 공감에 머물던 송우석은 세법 변호사로 전환해 성공한 후 대기업의 영입 제안을 받으며 요트 국가 대표를 꿈꾸는 적극적 공감으로 전환해가는 징조를 보인다. 하지만 공감의 전환 직전에 벌어진 부독연 사건으로 말미암아 그는 공감의 이반을 꾀한다. 해동건설 후계자 이창준의 설득에 대해 "얼마 전에 깨달았는데, 국민이 못 산다고 법의 보호도 민주주의도 못 누린다는 것에는 동의하지 못하겠네요."라고 대꾸하며 돌아서는 모습에서 그는 비록 "얼마 전에 깨달았"지만, 비민주적 체제에 대한 이반을 분명히 한다. 사무장이 쐐기를 박았듯이 송우석은 '편한 인생을 걷어참으로써' 공감의 재편에 들어선 것이다.

이후 송우석의 모습은 자신의 새로운 신념에 따라 저항하고 투쟁하는 것으로 나타난다. 앞서 말했듯이 송우석의 신념은 자유 민주적 법치주의다. 차동영 경감 증언 시퀀스에서 송우석은 "대한민국 헌법 제1조 1항, '대한민국 주권은 국민에게 있고 모든 권력은 국민으로부터 나온다.' 국가란 국민이다!"라고 핏발 선 눈으로 강변한다. 이 장면은 장시간 앙각27 클로스업close-up 28으로 촬영되었고 송강호의 연기가 가장 고조된 부분이다.

송우석에게 국가란 곧 국민이며 국민이 곧 국가다. 이 신념은 그로 하여금 민주 투사로 다시 태어나게 만든다. 1987년 민주화 시위에 앞장선 그는 체포 후 취조받는 짧은 장면에서 "시민의 기본적인 권리조차 옹호할 아무런 법률적 방법이 없는 이런 상황에서 맨 앞에 서야 진짜 법조인"이라는 투철한 사명 의식을 피력한다. 그의 법치주의 신념은 앞서 말한 바와 같이 처음부터 가지고 있었던 것이지만 현실의 암울함과 괴리를 보였다. 법치주의가 담론 그대로 지켜지지 않는 현실을 직접 목도하지 못했거나 굳이 밝히려 하지 않았기 때문이다. 그러나 그것이 가족처럼 지내던 국밥집 아들의 체포로 현실화되어 그의 앞에 발가벗겨지자, 그는 진실에 눈을 뜨고 현실을 마주할 용기를 갖고 박진우가 들려준 "바위는 아무리 강해도 죽은 것이요. 계란은 아무리 약해도 산 것이니, 바위는 부서져 모래가 되지만 계란은 부화해 바위를 넘는다."는 잠언을 행동의 지침으로 삼는다.

특히 차동영 경감 증언 재판 시퀀스에서 송우석의 법정 투쟁은 관객의 눈시울을 적시는 공감을 불러일으킨다. 군부 독재의 상징적 인물로 등장하는 차 경감이 증인석에 앉았음에도 불구하고 고압적 자세와 반말로 일관하며 재판장조차 이를 제지하지 않는 상황에서 그는 차분하고 논리적이지만 고조된 정의감으로 대응한다. 차동영이 국보법을 모른다고 핀잔을 주자 송우석은 국보법도 헌법과 형사

소송법의 대원칙을 벗어날 수 없다고 호통친다. 또한 논리적 대구를 찾지 못한 차 경감이 "왜 나한테 그러느냐, 나는 있는 법 그대로 집행했을 뿐"이라고 억지를 쓰다가 보안법 위반 여부는 국가가 판단한다고 피해간다. 이어 국가가 무엇이냐는 질문에 차 경감이 "변호사라는 사람이 국가가 뭔지 몰라!?"라고 역시 반말로 소리치자, 송우석은 앞서 인용한 '국가는 국민'이라는 요지의 주장과 함께 "증인이야말로 그 국가를 아무런 법적 근거도 없이 국가 보안 문제라고 탄압하고 짓밟았다", "증인이 말하는 국가란 이 나라 정권을 강제로 찬탈한 일부 군인들, 그 사람들 아니야?!"라고 일갈한다. 또한 차 경감을 가리켜 "애국자가 아니라 죄 없고 선량한 국가를 병들게 하는 버러지고 군사 정권의 하수인일 뿐. 진실을 얘기하라! 그것이 진짜 애국이다."라며 박진우 고문 장소에서 쫓겨나며 차 경감에게 들은 말에 대한 답변으로 보이는 말로 오금을 박는다.

이 시퀀스에서 차 경감은 시종 호통을 치고 반말을 하지만, 그에 대한 카메라의 거리는 대개 클로스 숏에서 미디엄 롱 숏[29]으로 구성되고 앵글은 오랫동안 부감[30]으로 유지된다. 이것은 앙각 클로스업으로 촬영한 송우석과 대비되어 궁지에 몰려 비합리적 아집으로 일관하는 독재 말기

송우석 변호사가 재판정에서 증인석에 앉은 차동영 경감을 내려다보며 진실을 얘기하라고 다그친다.

의 모습을 연출하는 것으로 비친다. 또한 이것은 고문 과정에서 차 경감을 앙각과 클로스 숏을 중심으로 촬영한 것과도 대조적이다. 이제 카메라의 위치는 송우석의 눈높이에 있고 관객의 시각도 여기에 맞추도록 유도됨으로써 국가의 의미는 일부 군인들로부터 국민으로 '올라간다'(카메라의 시점처럼 '내려가는' 것이 아니라 '올라간다'). 이를 통해 관객들은 송우석과 자유 민주주의의 승리에 공감하고 차동영과 그 배후의 독재 정권에 대한 단죄에 카타르시스를 느끼게 된다.

송우석의 신념과 사고는 민주주의와 법치주의 및 애국이라는 주제어들로 엮어진다. 그것은 송우석이 해동건설 후계자 이창준의 설득에 대해 근대화 논리에는 반대했지만 그의 미국식 자유 민주주의 주장에 대해서는 이의를 제기하지 않은 것을 볼 때 자유 민주주의라는 부르주아 민주주의와 연결된다. 그리고 그것은 법치주의와 애국이란 개념을 통해 다시 국가주의에 호소한다. 관객들은 그에 호응하도록 요구되며, 실제 1,000만이 넘는 관객 동원을 통해 그 요구는 일정한 성공을 거두었다. 기성 질서의 공감에 대한 이반과 저항이 새로운 공감을 불러일으킨 것이다.

비판적 변호사들의 공감 이반도 차 경감에 대한 묘사에서 이미 예견된다. 영화 속에서 이들의 공감 이반은 송우석의 적극적 저항이 승기를 잡아감에 따라 더욱 명료하게 나타난다. 부독연 사건 마지막 공판 시퀀스에서 방청석에 앉은 김상필 원로 변호사의 격려와 수석 변호사의 사과로 이들의 이반은 확실해진다. 이 이반은 고문에 대한 증인으로 출석한 군의관을 차 경감의 지시에 따라 검사가 탈영병으로 몰아 체포함으로써 법치주의가 철저히 상실되는 것에 대한 분노로 읽힌다. 군의관이 증인으로 등장하자 차 경감이 조용히 법정을 떠난 후 다시 돌아와 권위적 자세의 손짓으로 강 검사를 부르고 강 검사가 즉시 따라가는 장면은 권력의 시녀로 작동하는 검찰의 모습을 재현하기 때

송우석 재판에서 송우석을 변론하는 142명의 변호사들이 재판장의 호명에 따라 기립한다.

문이다. 부독연 사건 변호사들의 이반은 이와 같이 법치주의가 철저히 상실됨으로써 자신들의 존재 근거가 사라지는 것을 목도한 결과다. 이후 1987년 송우석 재판 시퀀스에서 142명이라는 변호인단을 호명하는 대단원은 이러한 공감의 이반이 저항적 공감을 통해 새로운 공감의 권력으로 재편되는 데 성공한 것을 상징한다.

공감과 민주주의의 보수성

송우석의 저항은 공감을 재편했고 새로운 공감을 주도한다. 자신을 일깨운 박진우가 고문에 견디지 못해 포기하려 할 때 송우석은 오히려 계란 비유를 들려주며 격려한다. 초기에 저항을 주도했던 대학생들의 강력한 의지가 공포에 의해 수동적 공감으로 변해갈 때 송우석에 의해 다시 살아나며 공감의 재편에 동참하게 되는 모습이다.

영화 외부의 반응도 142명의 변호인단을 호명하는 송우석 재판 시퀀스에서 관객이 송우석과 자신들을 디졸브 dissolve 31하면서 일시적으로 변호인단에 속해 있다는 환상을 갖게 되는 것으로 볼 수 있다.32 차 경감 증언 재판정에서 다시 주권자인 국민으로 상승한 관객은 송우석 재판에서 송우석이라는 이상적 인물과 자신들을 동일시하는 환상과 연대를 경험하게 된다. 다수 관객의 반응은 이와 같이 페티시적 공감의 상태로 빨려든다.

그러나 〈변호인〉에 대한 논란의 세계로 들어가면, 송우석으로 재현된 사상은 정치적 민주주의에 모든 것을 건 자유 민주주의의 테두리를 벗어나지 못했음이 드러난다. 제작사 최재원 대표의 인터뷰를 보면, 〈변호인〉을 제작한 동기는 2012년 봄 그가 모교인 고려대에 특강을 하러 갔다가 "성지였던 '민주 광장'에 주점이 세워져 있"는 것과 "삼성 전자에 취업한 학생이 무대에 서자 박수가 터져 나오"는 장면을 보고 "빈정이 상했"다는 것이다.33 이것은 제작자의 의도도 사회경제적 민주주의(사회경제적 불평등의 극복)와 생산의 민주주의(생산 과정상 불평등의 극복) 및 일상성의 민주주의(권위주의적 모순의 극복)와 무관했음을 의미한다.[34]

영화 안의 재현과도 맞물려 이는 인권을 중시하는 정치적 민주주의가 충분히 이루어지지 못했거나 이루어졌더라도 물질 만능주의로 물드는 현상을 안타까워할 뿐 다른 측면의 모순들을 극복하려는 노력으로 나아가지 못하고 과거 추수적인 반응에 머문 것으로 이해된다. 민주화를 위한 투쟁과 희생을 널리 기리고 추모하는 정서가 부족한 것을 아쉬워할 뿐이라는 것이다. 어떻게 보면 '독재 정치의 인권 말살을 우려하지 않고 취업 걱정에 안주할 수 있는 것은 자신들과 같이 민주화 투쟁에 청춘과 목숨을 바친 사람들 덕분이다. 너희들이 해야 할 일이 무엇인지 곰곰이 생각해보라.'고 질타하는 것으로, 차동영 경감이 송우석에게 일갈한 말을 연상케 한다.

〈변호인〉이 전하는 의미는 '만회하는 근대화'(J. 하버마스)[35]로의 민주화라고 볼 수 있으며, 그래서 그것은 이미 민주주의 공고화 시기를 넘어 탈근대적 자본주의에 들어선 현재의 시점에서는 또 다시 보수성으로 연결될 수밖에 없다. 〈변호인〉에서 정치적 민주주의는 인권과 법치의 이름으로 선택되어 적극적으로 주장되지만, 사회경제적 민주주의와 생산의 민주주의 및 일상성의 민주주의는 누락되었다. 게다가 차 경감 증언 공판 시퀀스에게 나타난 것처럼 송우석이 차동영에게 다시 '애국'이라는 단어를 돌려줌으로써 국가주의적 사고를 유지하는 보수성까지 보였다.

요약과 함의

〈변호인〉은 들뢰즈의 운동-이미지[36]로 나타나는 근대적 영화 기법으로 탈근대의 관객을 1,000만 명 이상 동원했다. 물론 근대적 기법은 블록버스터 영화 등 대중적 흥행을 기록한 영화들이 대부분 사용해온 제작 방법이다. 하지만 탈근대적 후기 자본주의에 들어선 한국 사회에서 〈변호인〉의 흥행은 과거 추수적인 근대적 정치 정서에 부합함으로써 흥행에 성공했다는 점에서 다시 볼 필요가 있다.

그 성공은 물론 영화 밖의 정치적 정서를 영화 안에서 훌륭히 재현해 냄으로써 공감을 얻었다는 데에 기인한다. 그것은 무엇보다 영화 안에서 선택된 집단들이 영화가 전하는 메시지에 대한 동의를 표출하는 열망의 공감에서 비롯되었으며, 더 나아가 '친노 대 반노', '민주 대 반민주'라는 오랜 구도에 편승함으로써 역시 그 일부들로부터 페티시적 공감을 불러일으킨 결과다. 이 공감들은 대부분 직설적으로 나타나지만, 영화가 재현한 직접적 메시지에 반대하는 진영에서는 역설적으로 나타나기도 했다. 그리고 영화 안에서 배제된 집단들로부터는 영화의 한계를 지적하면서도 일부 동의하는 초월적 공감으로 표출되었다.

영화 안에서 이 공감들은 폭압적 정치에 의해 사회적 공포를 조성한 1980년대 초반의 지배 체제에 대한 수동적 공감과 소극적 및 적극적 공감으로 재현되었다. 영화 속 민중들은 사회적 공포에 의한 수동적 공감에 머문 반면, 지배 계층과 그 관리인들 및 지배 계층에 편입하고자 하는 사람들은 적극적 공감을 표출하고, 지배 계층의 주변부 집단들은 소극적 공감만을 드러내면서 잠재적 저항 세력으로 존재한다.

그러나 영화 안에서 누락되거나 타자화되었지만 박진우 같은 대학생들에 의해 저항이 형성되고, 이들을 통해 송우석 같은 주변부 집단이 기존의 공감으로부터 이반해 합류함으로써 저항을 확대한다. 그리고 이 확대된 저항은 기존의 공감을 벗어나 공감의 재편으로 나아간다. 하지만 〈변호인)에서 기성 지배 체제에 대한 공감은 말할 것도 없고 재편되는 새로운 공감도 자유 민주주의의 테두리 내에서 정치적 민주주의만을 추구함으로써 보수성을 드러낸다.

탈근대적 후기 자본주의 사회에서는 정치적 민주주의뿐 아니라 사회경제적 민주주의, 생산의 민주주의, 일상성의 민주주의가 보로메오Borromeo의 매듭[37]처럼 단단히 묶여 있어 어느 한 가지가 없어도 민주성이 훼손된다. 서유럽에서 이러한 인식은 이미 68혁명운동을 통해 표출되어 사회적·정치적 의식 개혁으로 연결되었다. 하지만 한국에서는 이 민주주의의 층위들이 아직 상호 연결되지 못하고 제각각 추구되고 있어 진보 진영 내에서도 새로운 가치관에 따른 갈등들이 해소되지 못하고 있다.

〈변호인〉은 이러한 우리 사회의 문제를 한 인권 변호사의 에피파니를 통해 재현함으로써 정치적 민주주의에 호소해 흥행에 크게 성공했다. 그것은 우리 사회가 인권으로 포장된 정치적 민주주의의 미망을 벗어나 더 확대된 민주주의 추구로 나아가지 못하고 있음을 방증한다. 우리 사회는 아직 근대의 만회 단계에 머물러 있어 〈변호인〉이 재현한 1980년대의 회상이 폭넓은 공감을 자아낸 것이다. 이경진의 지적처럼 이 영화가 '결코 빨갱이가 아닌 순수한 대학생'이 아니라 실제로 사회주의 사상을 가지고 자본주의 극복을 위해 싸운 좌익 학생을 고문과 조작을 통해 종북 용공 사건으로 엮었다면, 영화 안에서나 밖에서나 그러한 공감을 자아내지는 못했을 것이다.[38] 이러한 의미에서 〈변호인〉의 공감은 보수적이다. 그리고 이것은 회상에 머물지 않고 현실에서 정치적으로나 사회적으로 확대 재생산됨으로써 공감의 보수성이 민주주의의 보수성으로 귀결되는 양상을 보인다.

국민 투표와 같은 보편적 투표를 통해 다수결로 결정하면 대개 기성 질서에 안주하는 것이 선택될 가능성이 높다. 진보는 언제나 앞서나가는 소수에 의해 추동되기 때문에 대중적 공감을 불러일으키기 전에는 항상 소수이기 때문이다. 이것이 민주주의의 딜레마이자 보수성이다. 하지만 민주주의가 아니면 진보가 공감을 얻기가 더욱 어려우며 공감을 얻으려면 수많은 희생을 감수해야 한다. 이것이 또한 민주주의의 역설이다. 게다가 현대 사회에서는 네 가지 층위의 비민주성이 단단히 맞물려 있어 진정한 민주주의를 이룩하려면 그 매듭을 함께 풀어야 한다. 이것이 민주주의의 양면성이다. 현대 사회에서 민주주의의 매듭은 민주성이라는 측면에서는 함께 엮인 보로메오의 매듭이지만 비민주성이라는 측면에서는 통째로 잘라내야 하는 고르디우스Gordius의 매듭[39]이다.

시간의 신인 크로노스Kronos가 자식을 생산함으로써 시간적으로 점점 멀어지게 되는 자신의 위치에서 밀려나지 않기 위해 낳은 자식들을 모두 잡아먹지만, 결국 번개를 다스리는 아들 제우스Zeus에게 패배해 유폐된다. 시간이 빛을 통제하는 새로운 힘에 의해 정복당한 것이다. 근대를 상징하는 순차적 시간이 시간을 뛰어넘는 빛의 통제라는 탈근대를 통해 정복될 수밖에 없는 것처럼 비민주성의 매듭은 총체적 민주성의 매듭으로 거듭날 것이며, 그에 따라 〈변호인〉의 재현과 공감도 다른 스크린을 통해 새로운 재현과 재편으로 거듭날 것이다.

4장

<국제시장>: 생략된 세대의 정체성과
가부장주의 및 국가의 의미

어머니를 생각하면 눈시울부터 붉어지고 아버지를 생각하면 가슴 먹먹해지는 것이 우리나라 중·장년들의 보편적인 정서이다. 그중 아버지에 대한 가슴 먹먹한 기억을 담은 영화가 〈국제시장〉(윤제균 감독, 2014년 12월 17일 개봉)이다. 실제 윤제균 감독은 제작의 주요 동기를 '우리 아버님 세대에 대한 헌사'라고 밝혔고, 영문 제목도 'Ode to My Father'(내 아버지에게 바치는 송사)로 달았다.[1]

1969년생인 윤 감독의 아버지 세대는 〈국제시장〉의 주인공 윤덕수처럼[2] 1940년 전후에 태어나 10살 안팎에 한국전쟁을 겪는 등 일제 및 해방에서 시작해 분단과 전쟁, 빈곤과 산업화, 독재와 민주화 등 20세기 한반도 역사를 고스란히 체험한 세대다. 〈국제시장〉은 이 가운데 분단과 전쟁, 빈곤과 산업화를 집중적으로 다루었다. 일제와 해방은 이 세대가 사회적 인식이 형성되기 전에 겪은 일이라 누락된 듯하며, 독재와 민주화는 정치적 의도를 배제하려는 의도에서 생략되었다.[3] 그런데 공교롭게도 〈국제시장〉은 이러한 '비정치적' 의도로 인해 정치적 논쟁에 휩싸였고 실제 정치적 영화로 인식되는 역설을 초래했다.

이는 〈변호인〉을 떠올리는 기시감마저 느끼게 한다. 〈변호인〉 제작사도 〈변호인〉은 '보편적인 내용을 다룬 이야기'

라고 하며 정치적으로 해석하는 것을 부담스러워하고 삼갈 것을 요청한 바 있기 때문이다.[4] 하지만 앞 장에서 본 것처럼 〈변호인〉도 〈국제시장〉과 마찬가지로 이러한 부인으로 인해 더욱 활발한 정치적 해석과 첨예한 이념 논쟁에 휘말렸는데, 이 논쟁은 흥행의 주요 요인으로 작용할 정도였다. 다만 〈변호인〉의 선택과 배제가 이 영화를 진보적 색깔로 규정되게 한 반면, 〈국제시장〉의 선택과 배제는 이 영화를 보수적 색깔로 규정되게 했다.[5]

〈국제시장〉을 둘러싼 논쟁의 발단은 영화평론가 허지웅이 한 언론 인터뷰에서 한 비판이었다. 그는 이 인터뷰에서 "머리를 잘 썼어. 국제시장을 보면 아예 대놓고 '이 고생을 우리 후손이 아니고 우리가 해서 다행이다'라는 식"이라며 "정말 토가 나온다는 거다. 정신 승리하는 사회라는게"[6]라고 비판했다. 하지만 이 논쟁을 직접 촉발한 것은 허지웅의 발언이 아니라 TV조선의 보도였다고 보는 것이 더 적절하다. TV조선이 위 인터뷰 내용을 보도하면서 "토가 나온다."는 표현을 영화 자체에 대한 비판으로 왜곡해 부각시켰기 때문이다.[7]

이후 보수와 진보의 여러 논객들이 논쟁에 가세했고, 심지어 박근혜 대통령까지 12월 29일 오전 '핵심국정과제

점검회의'를 주재한 자리에서 "부부싸움을 하다가도 애국가가 퍼지니까 경례를 하더라."며 "그렇게 해야 나라라는 소중한 공동체가 건전하게 어떤 역경 속에서도 발전해나갈 수 있는 것 아니겠느냐."고 언급함으로써 논란이 커졌다.[8]

하지만 이러한 논란과 달리 막상 영화를 텍스트로 여기고 진지하게 분석하는 기사는 없어 "비평의 실종"이라는 한탄이 나올 정도로[9] 〈국제시장〉에 대한 분석적 관심은 부족했다. 이러한 비판에 주목하여 이 장은 〈국제시장〉을 둘러싼 이념 논쟁에 가담하거나 정치적 색깔을 밝히려는 것이 아니라 〈국제시장〉이라는 텍스트가 갖는 의미를 분석하고자 한다. 분석의 초점은 이 영화에서 배제된 세대의 정체성과 영화 전반에 나타나는 가부장주의 및 국가다. 〈변호인〉과 중복되는 면이 적지 않은 만큼 분석의 함의도 비교해서 읽으면 좋을 것이다.

분석 방법과 세부 질문

이 장의 분석도 작가주의auteurism[10]를 배제해 감독의 의도와 무관하게 〈국제시장〉이 재현하는 의미를 추적한다. 하지만 대상이 되는 시대를 영화가 어떻게 재현하는가에 머물지 않고 재현을 통해 관객이 자신들의 정서를 어떻게 표현하는가라는 데에까지 확장한다. 영화는 재현하지만 관객은 표현하기 때문이다.[11]

이론적 배경을 다룬 장에서 설명한 내용의 일부를 아래에서 잠시 반복하는 것을 양해해 주기를 감히 바란다. 중언부언에도 불구하고 이 내용은 이 장의 분석과 직접 연결되어 필요하기 때문이다.

감독은 영화를 생산함으로써 재현하고 관객은 영화를 소비함으로써 표현한다. 따라서 영화는 단순히 작가의 창작물이라는 차원을 넘어 한 시대의 문화적 사건으로 간주할 필요가 있다. 다시 말해 한 시대의 문화적 사건으로서 영화는 재현의 수단임과 동시에 표현의 수단이기도 하다. 이때 정치학적으로도 문화는 정치가 실현되고 정치적 의미가 발생하는 장場으로 이해된다.[12]

따라서 사회과학적 영화 분석은 영화가 대상을 어떻게 재현하는가를 넘어 당대의 시대정신과 대중의 정서가 어떻게 표현되는가도 보아야 한다. 물론 이때 표현은 영화라는 사건에 수렴됨으로써 다시 재현의 영역에 포함될 수도 있다. 중요한 것은, 사건으로서 영화를 분석하는 것은 텍스트로서의 영화의 재현과 그 텍스트를 통한 대중의 정서적 표현을 함께 고찰함으로써 완성될 수 있다는 것이다.

이러한 관점에서 볼 때, 상술했듯이 천만 이상 관객을 동원한 영화는 한국에서 특히 중요한 의미가 있다. 〈국제시장〉은 2016년 3월 말 통계로 약 1,426만 명의 관객을 동원해 〈명량〉에 이어 역대 흥행 2위를 기록했다.[13] 1장에서 설명한 것처럼 제18대 대선 당시 유권자 총수가 4,050만여 명이었음을 고려하면 이것은 정치적으로도 커다란 의미를 갖는다. 12세 이상 관람이라는 점을 심각하게 따지지 않는다면, 〈국제시장〉 관객은 전체 유권자의 약 35.3%에 해당해 산술적으로는 지지율이 유사한 세 후보가 출마할 경우 당선 가능성이 가장 높은 지지율로 볼 수 있기 때문이다.

이와 같은 이른바 대박 흥행은 영화 산업의 외형적 성장이나 자본의 고도화 때문으로만 간주할 수 없는 현상으로서 대중의 정서가 표현된 문화적 사건이라고 할 수 있다. 이러한 사건은 서사나 디제시스, 역사적 맥락, 스타일 등 영화가 담고 있는 다양한 요소들을 통해 재현되는 정서가 관객으로 대표되는 대중들이 공유하는 집단적 정서와 마주하고 있다는 점을 시사한다.[14]

〈국제시장〉이 논란에 휩싸이고 공감을 얻은 요소는 무엇보다 20세기 한국의 굵직한 사건들, 특히 전쟁과 빈곤의 고통과 그 극복의 서사들 및 가장으로서 겪어야 했던 고난들로 엮인 영상미학이다. 그리고 이것은 역사적 맥락을 두루 거친 피해갈 수 없는 담론으로서 국가에 대한 인식과 연결되며, 실제 첨예한 정치적 해석의 대상이 되었다. 이 글은 이 요소들이 선택과 누락을 통한 디제시스 및 미장센의 구성, 그리고 주인공을 비롯한 등장인물들의 행동 및 의식을 통한 구현에서 어떻게 재현되고 대중의 정서 표현과 결합하는지를 분석한다.

구체적인 질문은 크게 세 가지로 구성된다. 첫째, 1940년대를 전후해 출생한 세대들의 정체성은 어떻게 형성되고 표출되는가? 둘째, 아버지 세대로부터 이어져 내려온 가부장주의가 이 세대들에게는 어떻게 받아들여지는가? 셋째, 국민국가 형성기의 다양한 환난을 겪은 이 세대들에게 국가는 어떻게 인식되는가?

첫 번째 질문은 해방과 분단 및 전쟁을 겪으면서 이 세대들이 자신들의 아버지 세대와 과연 차별성을 갖는가, 그리고 차별된다면 그 차별성은 어떻게 나타나는가라는 질문으로 다시 세분된다. 그리고 두 번째 질문과 세 번째 질문도 아버지 세대에 대한 관계로 이어지는 정체성 문제와 긴밀히 연관된다. 가부장제와 국가의 의미도 결국 두 세대가 겪은 각종 환난과 그 극복 과정에서 전개된 기능으로부터 큰 영향을 받기 때문이다. 첫째 질문은 다음 절('생략된 세대의 유훈 인생과 분열된 자아')에서 두 개의 항으로 나누어 살펴보되, 둘째 질문과 셋째 질문은 주인공의 정체성을 규정하는 외부 요인이라는 공통된 성격을 갖기 때문에 세 번째 절('생략된 세대에서 가부장주의와 국가의 의미') 안에 함께 묶어 역시 두 개의 항으로 구성한다.

생략된 세대의 유훈 인생과 분열된 자아

상실된 아버지와 유훈 인생

〈국제시장〉은 나비 한 마리가 국제시장 안의 한 잡화점 '꽃분이네'에서 출발해 영도다리와 부산항이 내려다보이는 덕수 집 난간에 날아와 앉으면서 시작되고 나비가 다시 이 난간을 떠나 항구로 날아감으로써 끝난다. 덕수 고모가 운영하는 잡화점인 '꽃분이네'는 덕수 아버지가 오기로 약속한 곳으로서 부산으로 피난 간 이후 줄곧 덕수의

국제시장 내 수입 잡화점 '꽃분이네'에서 나비가 날아가기 시작한다.

삶을 규정해온 장소이며, 영도다리와 부산항은 한국전쟁 피난민의 애환이 서린 상징적인 장소이다. 나비는 이 공간들을 누비며 영화를 열고 닫는다.

　나비는 꿈이나 영혼을 상징한다. 〈국제시장〉에서 나비는 이 영화가 꿈꾸는 것을 의미하는 한편, 이 영화의 주인공인 윤덕수(황정민 분)가 기다려온 아버지의 영혼을 상징하기도 한다. 나비는 잡화점 '꽃분이네'를 맴돌다가 결국 덕수가 '꽃분이네'를 매각하라고 부인 오영자(김윤진 분)에게 말하면서 덧붙인 "이제는 못 오시겠지, 너무 나이 드셔 갖고."라는 마지막 대사와 함께 덕수 집 난간을 날아오른다. 처음으로 아버지의 영혼이 덕수를 떠나고 덕수도 아버지의 영혼을 떠나보낸 것이다.

　'아버지에게 바치는 송가'로서 〈국제시장〉의 화두는 처음부터 끝까지 아버지이며, 이 '아버지'는 주인공인 윤덕수를 의미한다. 하지만 덕수가 살아온 삶은 흥남 철수 당시 북에 남겨진 덕수 아버지 윤진규(정진영 분)의 삶과 구별되지 않는다. 덕수가 해양대학교에 합격했음에도 입학을 포기하고 베트남전 참전을 결정한 것은 막냇동생인 끝순의 결혼 비용 때문이기도 하지만 더 근본적으로는 '꽃분이네' 인수 자금을 마련하기 위한 것이었다. 고모가 죽은 후 고모부가 '꽃분이네'를 팔아치우려 했기 때문이다. 덕수에게 이 가게는 아버지가 돌아올 수 있는 상징적 장소이므로 아버지를 상징할 뿐 아니라 유훈의 삶을 사는 자신의 인생을 의미하기도 한다.

덕수가 '꽃분이네'를 포기하는 것은 2014년 현재 시점에서 아버지가 더 이상 돌아올 수 없다는 현실을 인식함으로써 이루어진다. 덕수가 영자에게 '꽃분이네'를 팔라고 했을 때 영자는 "당신도 철들었네요."라고 대답한다. 이때 '철들었다는 것'은 이제야 상상계에 매몰되지 않고 실재계에 발을 들여놓았음을 의미한다. 아버지의 삶을 대신 살아 온 덕수가 바야흐로 그로부터 벗어나게 되었을 때 영화는 끝난다. 〈국제시장〉에서 덕수의 삶은 유훈 인생으로 시작되고 유훈 인생으로 마무리된다.

극 중 사건들의 선택과 누락도 이러한 맥락과 밀접한 관계를 갖는다. 〈국제시장〉에서 재현된 시대와 사건들은 1950~53년의 한국전쟁, 1964~66년의 광부 및 간호사 파독, 1973~74년의 베트남전 참전, 1983년의 남북 이산가족 찾기이다. 1950년부터 1983년까지의 30여 년을 다룬 것이다. 이 시기는 덕수보다는 덕수 아버지의 생애 연도에 더 적합한 시기이다. 극 중에서 덕수 어머니(장영남 분)도 1983년 흥남철수 당시 헤어진 막순을 만난 이듬해에 죽음으로써 이러한 사실을 더욱 확정한다.

이후 이른바 덕수가 40/50대의 연령으로 활동했을 시기인 1980년대 후반과 1990년대는 철저히 누락되어 2014년 현재 시점으로 영상이 옮겨간다. 만일 덕수의 삶이 조명되었더라면 한국인들의 삶을 송두리째 바꾸어 놓은 1987년의 민주화를 비켜 갈 수 없었을 것이다(1980년 광주 민주화 운동의 누락도 이 맥락에서 이해할 수 있다). 게다가 정치적 문제를 배제한다는 감독의 의도를 십분 고려한다 하더라도 건국 이후 최대의 경제 위기였던 1997년 IMF 외환위기는 다루어졌어야 한다. 그럼에도 이 경제 위기조차 누락된 것은 덕수의 삶이 그 아버지 세대의 의지를 구현하는 아바타로서 생략된 세대였다는 점을 보지 않으면 이해할 수 없다.

이 누락된 시기는 덕수가 아버지의 유훈을 완수하고 아버지가 돌아오기만을 기다리는 여분의 삶을 산 시기로 유추된다. 1983년 막순을 찾아 상봉함으로써 덕수는 아버지의 뜻을 모두 구현했다. 서사를 마무리하는 가족 모임 신scene에서 혼자 자기 방으로 건너간 덕수가 아버지를 호출하고 "약속 잘 지켰지예? 이만하면 내 잘 살았지예? 근데 내 진짜 힘들었거든."라고 말하며 자신의 고된 실천을 알아주기를 요구한다. 시점은 비록 2014년 현재로 보이지만, 1983년 이후 모든 시기가 생략된 점으로 볼 때 이것은 그 이후 줄곧 아버지를 호출하며 제기해온 요구로 보는 것이 타당하다. 결국 회상을 상징하는 거울을 통해 소환된 아버지는 "니 얼마나 씨게 고생했는지 내 다 안다. 내가 니한테 영 고맙다. 내 못한 거 니가 잘 해줘서."라고 아버지가 말하고 덕수는 아버지가 보고 싶었다고 하며 안겨 운다.

다시 거울 밖으로 나온 덕수는 아버지 두루마기를 안고 또 섧게 운다. 자신의 고난과 실천의 삶이 힘들기도 했지만, 늦게 알아준 아버지가 섭섭하기도 하고 늦게라도 알아준 아버지가 고맙기도 했을 것이다. 하지만 거울 밖으로 다시 나온 덕수는 이미 과거의 덕수가 아니다. 거울 속으로

거울 속에서 덕수가 어린 시절로 돌아가 아버지를 다시 만난다.

들어갈 때 이미 덕수는 거울 밖에서 거울 속의 아버지를
보고 따르기만 하던 과거의 덕수를 극복하기 시작했기 때
문이다. 거울 안에서 아버지를 상봉함으로써 덕수는 성공
적으로 거울 단계를 극복하고 거울의 세계를 벗어나 다시
현실로 돌아온 것이다. 이것은 이후 '꽃분이네'를 매각하기
로 결정하는 심경 변화의 복선이자 계기로 작용한다.

　여기에서 한 가지 더 주목할 것은 거울 속 부자 상봉에
서 아버지는 이 장면에서만 유일하게 부산 사투리를 쓰고
덕수는 역으로 함경도 사투리를 쓴다는 것이다. 덕수는 어
린 시절로 돌아가 아버지를 맞이하지만 아버지는 현재의
시점에서 소환되어 덕수의 실천을 인정한다는 메시지를 담
고 있다고 볼 수 있다. 또한 가족 모임에서 특별한 이유 없
이 자기 방으로 건너간 덕수가 뜬금없이 아버지를 소환해

울면서 서사를 마무리하는 것은 관객의 시선을 유도하는 설정이다. 김소연에 따르면, 이 장면은 "덕수의 자기 복제적 현현"으로서 주관적 시선이지만 "세계 자체가 세계를 보는 객관적 시각성을 체현"하는 것이기도 하다.[15] 하지만 이 객관적 시각성의 체현은 김소연이 본 것처럼 "덕수와 가족들 간의 간극을 포함하여 있는 그대로의 현실을 보여 주는 객관적 숏"으로부터만 가능한 것이 아니라, 관객의 시선을 통해 달성하려는 의도가 함께 작용함으로써 가능한 것이다. 그리고 실제로 이것은 영화가 흥행에 성공함으로써 달성되었다고 보아도 무리라고 할 수 없다.

덕수 어머니의 사망을 처리하는 것도 같은 맥락을 따른다. 막순을 찾은 후 서사는 빠른 속도로 진행되며, 심지어 어머니의 사망은 덕수의 내레이션으로 처리된다. "어머니는 막순을 만나고 난 다음에 돌아가셨습니다. 평생 아버님을 그리워하셨지만, 그 꿈을 이루지 못했지요."라는 덕수의 보이스오버voice over [16] 내레이션은 아버지에게 말하는 것도 아니며 가족에게 말하는 것도 아니다. 그것은 관객을 향한 내레이션이다. 부산 사람이 어색하게 표준어를 구사하는 화법으로 굳이 처리된 것도 이를 방증하는 장치로 보인다.

유훈 인생을 산 생략된 세대에게 미래는 사치일 뿐 고민거리가 되지 않는다. 국제시장을 돌아 나오며 덕수가 손녀의 손을 자국이 남을 정도로 억세게 잡아 막순과 관련된 트라우마를 회상하는 방식으로 전개되는 서사는 처음부터 기억과 미래의 의미를 다잡는다. 기억이 무엇이냐는 손녀의 질문에 대해 덕수는 "잊을 수 없는 것, 잊히지 않는 것, 그래서 오래오래 남는 것"이라고 길옆의 조형물을 가리키며 대답한다. 하지만 미래가 무엇이냐는 질문에는 대답하지 못한다.

과거와 역사는 해석과 규명과 청산으로 이어지지 않는다면 미래로 열리지 않는다. 덕수에게 기억은 망각되지 않는 것에 머물 뿐 전망으로 이어지지 않는다. 거듭되는 환난 속에서 가족을 지켜내야 한다는 현실적 요구(아버지의 유훈)에 급급했던 삶 속에서 사실 그것은 말처럼 쉽지 않다. 하지만 영화의 마지막 시퀀스는 그 가능성을 연다. 덕수와 영자가 영도다리와 부산항을 내려다볼 때 카메라는 그들의 뒤에 위치하고 익스트림 롱 숏을 통해 관객은 나비(아버지의 영혼, 덕수의 기억과 꿈)가 항구(미래)로 날아가는 것을 본다. 물론 그 열림은 영화가 끝날 때야 비로소 시작되며, 그에 따라 세대의 삶에 대한 최종적인 평가는 관객에게 맡겨진다.

환경의 억압과 분열된 자아

덕수 세대의 삶이 유훈 인생을 산 생략된 세대라는 것
은 거듭되는 환난이라는 상황적 조건의 산물이었다. 환난
을 극복해간 세대로서 덕수 세대는 미래를 전망할 겨를도
없이 현실적인 생존의 싸움에 매달렸다. 이들은 어린 시절
부터 환난 속에서 살았다. 이와 같이 거듭되는 환난 속에
서 극복의 의지와 꿈은 당시 성인이었던 덕수 아버지 세대
가 세웠으며, 덕수 세대의 역할은 그 꿈과 의지를 실현하는
것에 매진하는 것이었다. 두 세대가 사실상 유사한 조건 속
에서 환난을 극복해 왔다는 것이다.

이 상황적 조건은 덕수 세대의 유훈 인생에 정당성을
부여하며, 그에 따라 윤제균 감독 같은 사람들에게는 아버
지 세대에 대한 가슴 먹먹한 회억을 일으킨다. 하지만 영화
속에서 덕수 아랫세대는 윤제균 감독과는 달리 아버지를
가슴 먹먹하게 바라보지 않고 이해조차 하지 않는다. 감독
은 이를 안타까워하고 그렇기 때문에 더욱 이러한 영화를
제작해 아버지 세대에게 바치고자 했는지도 모른다. 하지
만 그렇다 하더라도 덕수 세대가 아버지의 뜻에 따라 유훈

인생을 살았다는 점은 달라지지 않으며, 그러한 점에서 이 세대는 자신의 독자적인 정체성을 온전히 형성할 수 없었던 생략된 세대였다.

문제는 환경적 조건의 유사성으로 인해 덕수 세대가 그 아버지 세대의 목표를 이어받기는 했지만, 덕수가 성장하면서 변한 시대적 흐름은 두 세대에게 완전히 동일한 환경적 억압으로 작동할 수 없다는 것이다. 분단과 빈곤 및 산업화가 두 세대에게 공통으로 다가온 환경이라면, 서구로부터 유입된 자유 민주주의가 젊은 세대에게 주는 영향도 결코 예사롭다고 할 수 없기 때문이다.

사실 덕수는 이 세대의 다른 구성원들을 대표하는 인물이 아니다. 한국전쟁 때 북한을 탈출한 가정 출신일 뿐 아니라 어려서 아버지를 상실한 소년 가장(어머니가 가장이 아니라는 전제에서)이었다. 이것은 남한에서 산업화를 이끈 덕수 세대의 다른 구성원들에 비해 매우 특수한 처지에 속한다. 영화는 오히려 이 특수한 조건으로 인해 분단과 빈곤 및 산업화를 더욱 치열하게 겪고 살았다는 점을 첨예하게 드러내는 효과를 거둔다. 서구 자유 민주주의의 영향을 효과적으로 차단할 수 있는 서사적 장치를 갖춘 것이다. 곧, 보편적 대표성을 갖추지 못했지만 화자가 말하고자 하는 바를 극단적으로 갖춘 사례를 통해 영화는 더욱 극적 효과를 거둔다.

하지만 아무리 극단적 사례라 할지라도 당시의 시대적 흐름의 다른 측면을 완벽하게 차단하는 것은 작품의 완성도를 떨어뜨린다. 〈국제시장〉은 이를 교묘하게 피해가고 있는데, 이를 가능하게 하는 것이 천달구(오달수 분)의 역할이다. 달구는 덕수가 아버지를 잃고 부산 국제시장에 정착함과 동시에 등장해 영화가 끝날 때까지 언제나 덕수와 함께 한다. 심지어 가족 모임에까지 달구는 대사 없이도 조용히 한 컷에 자리한다. 이 정도면 거의 그림자에 가깝다.

그러나 달구는 덕수의 기쁨이나 슬픔을 나누기도 하지만, 덕수가 감히 누리지 못하는 일탈과 유흥을 즐기기도 하며 중요한 순간에는 반대의 목소리도 낸다. 달구는 단순히 덕수의 그림자가 아니라 환경적 억압으로 인해 유훈 인생을 사는 덕수의 '분리된 자아'이다. 흥남 철수에서 아버지를 상실하기 이전의 덕수가 분열 이전의 원자아라면, 아버지를 상실한 후 국제시장에서 살아가는 덕수는 '분열된 원자아'이며, 달구는 원자아인 덕수로부터 분리되어 나온 '분리된 자아'이다.[17]

다시 말해, 달구는 아버지의 아바타이기를 거부하고

가장의 의무로부터 해방되어 자신의 삶을 추구하는 또 다른 덕수의 모습이다. 달구가 사고무친 고아이며 어디에도 얽매이지 않는 거침없는 행동을 하는 것은 이러한 설정에 적합하다. 덕수의 어릴 적 꿈이 선장이었다는 점도 이와 무관하지 않다. 피난민의 상처로 얼룩진 부산의 국제시장과 부산항이 아니라 세계로 뻗어 나가 오대양을 자유롭게 항해하는 진정한 국제 시장과 국제 항구로 나아가고자 하는 덕수의 꿈이 변형되어 표출된 것이라고 할 수 있다. 또한 달구가 영사실에서 필름 돌리는 일을 하면서 나중에 영화관 건물까지 소유하게 되는 것은 윤제균 감독이 자신의 일부를 반영했다는 추측까지 가능하게 한다.

덕수와 달구의 첫 번째 대립은 파독 결정을 두고 벌어진다. 덕수가 검정고시를 준비하면서도 동생의 학비를 마련해야 하는 이중고에서 허덕일 때 달구가 파독 광부로 가자는 제안을 해온다. 덕수는 독일 행이 경제적 어려움을 해결할 수 있다는 점에서 반가운 해결책일 수 있지만 가정을 떠나야 한다는 점에서 가장의 의무를 저버릴 수 있는 선택이라서 망설인다. 이때 검정고시 응시를 포기해야 한다는 것은 중요한 문제가 아니었다. 실제 광부로 갔다 온 후 검정고시를 보면 되지 않느냐는 달구의 설득에 그 문제

항구에서 막일을 하고 있는 덕수에게 달구가 팝 가수 복장을 하고 나타나 파독 행을 제안한다.

는 쉽게 해결된다. 결국 덕수는 동생의 학비를 마련하기 위해 독일 행을 결심한다. 하지만 달구의 경우는 서구 문물을 접하고 "자유로운 영혼"free mind을 가진 여성을 만나기 위해 독일 행을 선택한다. 억압된 덕수의 마도로스의 꿈에 더 근접한 동기에 다름 아니다. 게다가 파독 광부 선발 소식을 덕수에게 전할 때 달구는 당시 유행하던 서구 팝가수 복장을 하고 나타난다. 자신을 자유롭게 소비하고 즐기는 달구의 이러한 행태는 아버지의 삶을 사는 덕수와 동일한 세대의 다른 모습이다.

덕수와 달구의 두 번째 중요한 대립은 베트남전 참가 결정을 두고 나타난다. 비록 민간 기술 요원으로 참가하는 것이지만 베트남은 전쟁 중이며 그 전쟁 한가운데에서 활

동해야 하는 위험한 일이다. 덕수는 아버지의 상징적 장소
인 '꽃분이네'를 인수하기 위해 베트남전 참가를 결심한다.
광부 파독과 달리 베트남전 참가는 달구가 아니라 덕수가
제안했다는 점도 이러한 동기와 관련된다. 파독 광부 일보
다 더 위험할 뿐만 아니라 동기 자체가 유훈의 삶에 한정
된 이러한 결정을 덕수의 또 다른 자아인 달구가 수용하기
는 어렵다. 그럼에도 불구하고 어떠한 논리적 설득 과정 없
이 달구는 덕수를 따라 베트남으로 간다. 다만 그곳에서
달구는 여전히 '자유롭게' 즐기려 할 뿐이다.

광부로 독일에 간 것은 두 자아의 절충을 통해 이루어
지면서도 두 자아의 욕구가 동시에 충족되는 결과를 가져
온다. 일탈로 나간 달구의 '자유로운 영혼과의 만남'은 속
절없는 후회로 끝나지만, 정도를 밟아간 덕수의 억압된 욕
구는 평생의 반려자인 영자를 만나는 것으로 귀결된다. 하
지만 영자는 유훈 인생을 사는 덕수의 자아에 머물지 않
는 '자유로운 영혼'의 소유자다. 대낮 공원에서 혼자 독일
가요를 낭랑하게 부르는가 하면, 머뭇거리는 덕수를 주도
해 잠자리를 함께 하고 혼전 임신을 한 후 덕수와 당당하
게 결혼을 한다. 덕수와 달구가 갱도에 갇혀 있을 때 앞장
서 그들의 구출을 주장해 성공하게 했으며, 결혼식장에서

도 짧은 내숭의 예를 갖춘 후 즉시 큰 폭의 춤사위로 노래를 부르는 당찬 여성이다.

이와 달리 베트남전 참전은 최초의 동기에 따라 유훈 인생을 사는 덕수의 자아가 충족되는 데 집중된다. 특히 베트남에서 후퇴하는 시퀀스에서 배에 타려던 한 베트남 여자아이가 물에 빠지고 오빠가 절박하게 우는 장면은 흥남 철수의 트라우마를 그대로 재현한다. 처음에 난민 동행을 거부하던 덕수는 이 장면을 보고 추호의 망설임도 없이 물에 뛰어들어 여자아이를 구한다. 게다가 그는 이 과정에서 다리에 총상을 입어 이후 평생 절름발이가 되기까지 한다. 이를 통해 막순을 구해오지 못한 트라우마가 치유되기 시작한다(이산가족 찾기를 통해 막순을 찾음으로써 치유가 끝난다).

베트남에서 덕수의 분리된 자아인 달구의 욕구는 억압된다. 후퇴하는 과정에서 만난 베트남 여인을 통해 독일에서 속절없이 끝난 새로운 만남이 다른 방식으로 구현될 뿐이다. 그것도 달구의 계획에 따른 것이 아니라 철수 과정에서 우연히 부딪힌 사건이었다. 달구가 제안한 파독과 달리 덕수가 제안한 베트남전 참전은 분리된 자아의 욕구 충족보다 (분열된) 원자아의 의무를 수행하고 그 트라우마를 치유하는 과정에 할애된 것이다(이하에서 사용하는 원자아 개념은 '분열 이전의 원자아'가 아니라 '분열 이후의 분열된 원자아'를 의미한다).

덕수의 트라우마를 최종적으로 치유하는 과정에서 원자아와 분리된 자아는 충돌하지 않는다. 파독이나 베트남전 참전과 달리 이산가족 찾기 참여에서 덕수와 달구는 대립하지 않는다. 어떠한 논리적 이유나 설명 없이 덕수와 달수는 상경해 언제 끝날지 모르는 이산가족 찾기에 나선다. 사실 이산가족 찾기에는 동생들 중의 한 명이 동행하는 것이 더 논리적일 것이다. 그럼에도 어떠한 논리적 이유나 설명도 없이 달구가 동행하는데, 그것은 달구가 덕수의 또 다른 자아이기 때문이다. 덕수의 분리된 자아라는 의미에서 달구는 생업을 중단하고 원자아인 덕수와 동행하는 것이다. 그리고 막순을 찾는 데 두 사람은 성공하고, 이후 두 자아의 극단적인 대립과 충돌은 소멸된다.

물론 2014년 현재 시점에서도 고루하고 편협한 노인네로 남아 아버지의 귀환에 대한 미련을 버리지 못하는 덕수를 달구가 지탄하는 장면들이 간간이 나온다. 이때에도 달구는 덕수의 분리된 자아로서, 해석과 규명 및 청산을 거부하는 기억에 매몰된 채 미래로 나아가지 못하는 원자아를 비판하는 역할을 수행한다. 이러한 갈등의 최종적 소멸은 덕수가 영자에게 '꽃분이네'를 매각하라고 말하는 마지막 시퀀스에서 이루어진다. 원자아와 분리된 자아가 결합되는 이 장면에서는 더 이상 분리된 자아의 체현인 달구의 존재가 필요하지 않으며, 대신 말없이 손을 잡은 반려자 영자가 필요할 뿐이다.

생략된 세대에서 가부장주의와 국가의 의미

생존 방편으로서의 가부장주의

〈국제시장〉에 등장하는 여성의 모습은 하나같이 당차다. 막순을 데려오지 못한 자기를 나무라지 않는 이유를 묻는 덕수에게 그의 어머니는 집에 불이 나고 덕수가 집안에 남아 있더라도 구하러 들어가지 않을 것이라는 비유를 들어 대답한다. "막순이 생각하면 가슴이 찢어지지만 나는 너와 네 동생들을 보살펴야" 하기 때문에 덕수를 포기할 수 있다는 강인한 어머니다. 그리고 앞서 말한 것처럼 덕수 부인인 영자도 강인하면서도 매우 개방적인 여성이다. 끝순(김슬기 분)의 경우도 철부지이고 다소 이기

덕수 어머니는 바느질 등으로 스스로 가정을 부양하면서도 덕수가 가장임을 가르치고, 덕수는 어린 동생들 앞에서 의젓한 태도를 취하고 있다.

적이지만 삼종지도三從之道 같은 유교적 가치를 체화한 여성은 아니다. 덕수의 억척 고모(라미란 분)의 경우는 더욱 극단적인 사례다. 무능한 남편 대신 생계를 책임지고 친정 식구들까지 도와주는 나름대로 능력 있는 여성이다.

그럼에도 불구하고 영화는 내내 가장의 책임과 의무를 강조한다. 강인한 덕수 어머니는 "아버지 올 때까지 네가 이 집의 가장"이라고 오금을 박으면서 항상 덕수에게 가장의 책임을 상기시킨다. 철부지 끝순은 덕수에게 막대한 결혼 비용을 당연하다는 듯이 기대한다. 당시의 환경적 억압으로 인해 여성들은 강해지면서도 어디까지나 가부장주의 틀 내의 위상에 머문다. 덕수는 어릴 때도 장남이라는 이유로 가장의 위치를 부여받지만, 실제 가장으로서 가정을 이끈 덕수 어머니는 화재 비유의 시퀀스를 제외하면 전혀 조명되지 않는다. 덕수가 어릴 때 가정의 생계를 책임졌을 어머니의 고생은 철저히 누락되며 가장으로서의 덕수의 권위에 도전하는 동생들을 제어하며 막순을 찾을 때 눈물 흘리는 장면을 통해 부각될 뿐이다.

가부장주의는 남성 가장의 권위에 근거하는 이념을 지칭한다. 하지만 1950~80년대 초반까지의 시기에 특히 덕수네와 같이 지극히 빈궁한 상황에서는 환경적 억압으로 인해 가장의 권한은 제한되고 책임과 의무가 강조된다. 무능한 가장은 가장으로서의 권한을 주장해도 인정받지 못한다. 알코올에 중독된 실업자인 덕수 고모부가 대표적인 예인데, 그는 덕수 고모에게 강압적으로 행동하지만 오히려 그녀에게 매를 맞기까지 한다. 그러므로 〈국제시장〉에서 가부장주의는 생존을 위한 방편으로 설정된다. 가장의 권위를 지키기 위해 가정이 규율되는 것이 아니라, 가족의 생존을 위해 가장이 존재한다는 것이다.

더욱이 덕수는 자기 세대 가정의 가장이 아니라 아버지 세대 가정의 가장으로서 책임을 떠맡는다. 아버지가 상실된 세대로서 어머니를 비롯해 동생들을 건사시켜야 하는 유훈의 삶을 이어받았기 때문이다. 베트남전 참전을 반대하며 "이제는 남이 아니라 당신을 위해서 한번 살아 보

덕수 고모는 술에 취해 폭력을 행사하려는 남편에게 지지 않고 완력으로 대응한다.

라구요. 당신 인생인데 왜 그 안에 당신은 없냐구요."라고 영자가 따지고 주문할 때, '당신'은 덕수 개인을 의미하기도 하지만 영자를 비롯한 덕수 부부의 아이들까지 포함한다. 영자는 덕수에게 동생들을 위해 희생하는 아버지의 아바타로 살기를 그만두고 영자 자신과 아이들을 위해 덕수 자신의 가정을 지키는 자기 세대의 가장이 되기를 요구하는 것이다.

이제 새로운 가정을 이룬 덕수의 아내인 영자에게 그 아버지 세대는 "남"으로까지 인식되지만, 생략된 세대를 대표하는 덕수에게 유훈의 삶을 사는 것은 "팔자"로 인식된다. 덕수가 베트남전에서 폭탄을 맞아 죽을 고비를 넘기는 장면에서 보이스오버로 들리는 "이 힘든 세상의 풍파를 우리 자식들이 아니라 우리가 겪은 게 참 다행"이라는 내레이선은 덕수가 영자와 이룬 자신의 가족을 직접 지칭하지만 내용상 그것은 아버지로 빙의된 덕수가 자신의 가정까지 포함한 아버지의 가정을 포괄적으로 의미하는 것으로 이해된다. 하지만 '꽃분이네'를 지키기 위함이라는 참전 동기를 상기할 때 덕수의 가정이 아버지의 가정보다 우선할 수 없다는 점은 분명하다. 느린 화면slow motion으로 필름을 거꾸로 돌린 후 다시 반복해 영사함으로써 강조한 이 신은 영화에서도 중요한 위치를 차지한다.

결국 덕수는 훌륭한 아들이고 장남이지만 훌륭한 아버지는 아니다. 물론 이렇게까지 아버지가 짊어졌어야 할 가장의 책임을 덕수가 끝까지 지켜낸 것은 비단 아버지의 부탁 때문만은 아닐 것이다. 더 근본적으로 그것은 자신이 막순을 잃어버리고 막순을 찾으러 간 아버지까지 돌아오지 못함으로써 아버지의 상실, 즉 아버지 가정이 가장을 잃어버린 것이 자신의 책임이라는 죄책감을 벗어나지 못했기 때문이다. 이 죄책감은 덕수에게 극복하기 어려운 트라우마로 작용했고, 결국 덕수는 이 트라우마를 치유하는 데 집착해 아버지의 그늘에 갇혀버린 것이라고 할 수 있다. 그래서 덕수는 막상 자기 세대의 가정에는 상대적으로 소홀할 수밖에 없었다.

그 결과는 2014년 현재 시점에서 더 명료하게 드러난다. 덕수의 자식들은 덕수를 자신들의 가장으로 생각하지 않을 뿐 아니라 심지어는 가족으로까지 생각하지 않는 듯한 행태를 보인다. 덕수는 지속적으로 자식들에게 핀잔을 듣는 고루한 노인네일 뿐 가부장의 권위를 갖지 못한다. 덕수의 자식들이 덕수 부부에게 아이들을 맡기고 가족 여행을 떠난 뒤 덕수가 "가족 여행? 지랄하네 우리는 가족이 아이가?!"라고 내뱉는 장면이 대표적이다.

강정석은 〈국제시장〉이 자신을 둘러싼 가족의 중요성만을 강조하는 결과를 불러일으키는 이데올로기가 작동한다고 보고 이를 보수적이라고 규정한다.[18] 〈국제시장〉이 가부장주의를 대변하는 영화로서 이러한 점에서 보수적임은 분명하다. 그러나 이때 가부장주의는 단순히 자기 가족의 중요성을 강조하는 것이 아니라 특수한 자신의 경험을 보편화해서 타인과 구조를 돌아보지 않는다는 점에서 고루한 보수주의로 현상한다.

이 보수주의는 다시 경제적 논리와 결부되어 자본주의적 보수주의와 결합한다. 〈국제시장〉에서 가부장은 경제적 능력을 갖출 때 권위를 인정받는다. 우선 그것은 생존이라는 극단적인 환경적 억압으로 인해 정당화된다. 1960년대 초 제3공화국 수립 이후 1987년 민주화 이전까지 우리 사회를 지배한 논리는 유교적 정통성이나 항일 투쟁의 정통성이 아니었으며 민주적 정당성도 아니었다. 당시는 경제 발전을 통한 경제적 정당성을 통해 정치가 정당성을 획득하던 시절이었다. 〈국제시장〉의 가부장주의는 이러한 시대적 논리에 부응하는 서사 구조로 되어 있다.

더 나아가 선진 자본주의나 자본주의 일반의 논리와도 닿아 있다. 원자아로서 덕수의 정체성이 전통적 혹은 유교적 가부장주의에 기초해 있지만, 자본주의를 토대로 하는 서구 자유 민주주의를 추구하는 분리된 자아인 달구의 정체성은 제3세계의 개발 자본주의보다 서구의 선진 자본주의에 더 가깝다. 곧, 자본주의적 무한경쟁과 적자생존에서 가부장주의도 경제적 논리에 의해 규정되므로 가장의 권위는 그 경제적 능력에 따라 판단된다는 것이다.

물론 앞에서 언급한 것처럼 덕수는 보편적 대표성을 가진 사례가 아니다. 그래서 〈국제시장〉에는 특수한 사례인 덕수의 주관적 세계를 객관적 역사로 만들기 위해 여러 장치들이 등장한다. 할리우드 영화 〈포레스트 검프〉Forrest Gump(로버트 저메키스 감독, 1994)의 기법을 차용해 정주영, 이만기, 앙드레 김, 남진 등 역사적 인물들이 초기 시절에 카메오처럼 등장하고 이후 성공한 그들의 모습을 TV 와 신문 등 공개 매체를 통해 접하게 하는 설정이 그 대표 적 장치다. 이러한 역사적 콜라주collage 기법[19]은 관객들 로 하여금 영화의 서사를 사실적으로 인식하게 함으로써 덕수의 당대 특수성이 역사적 보편성을 획득하는 데 기여 한다.[20]

국가의 부재와 배경으로서의 대한민국

강정석이 파악한 것처럼 〈국제시장〉의 가부장주의는 가족의 차원을 넘어 국가의 차원으로 확장된다.[21] 한국의 산업화를 이끌어낸 아버지 세대에 대한 헌사임과 동시에 역사적 사건들을 통해 대한민국 근현대사의 경제 발전과 연결된 찬란한 성공담으로 나아간 것이다. 그러나 이러한 국가에 대한 언급과 재현은 직접 나타나지 않는다. 오히려 "국가주의 미화라고 비판하는 것은 어긋난 독해"라는 박 하은의 주장이 더 설득력 있다.[22] 덕수가 유훈의 삶을 살 게 되는 것은 전쟁과 빈곤이라는 환경적 억압의 결과일 뿐 아버지의 강제나 국가의 폭압에 따른 것이 아니었다. 〈국제 시장〉에서 국가의 모습은 거의 등장하지 않고 대단히 억제 되어 사실상 부재하는 것과 진배없으며 대개 배경으로 설

1953년 7월 27일 휴전협정 조인

'국가가 모른 체 하지 않는다.'는 휴전 협정 조인 관련 방송을 사람들이 모여 듣고 있고, 이를 배경으로 덕수와 달구가 시장 양아치 아이들에게 흠씬 두들겨 맞고 있다.

정된다.

덕수와 달구가 미군으로부터 초콜릿을 얻어먹다가 초콜릿 구걸을 독점하는 시장 양아치들에게 흠씬 두들겨 맞는 장면에서 "동포여 희망을 버리지 마시오. 우리는 여러분을 잊지 않을 것이며 모른 체 하지도 않을 것입니다."[23]라는 이승만 대통령의 휴전 협정 조인 관련 성명서가 낭독된다. 이때 동포는 사실 북에 남은 동포들을 의미하지만, 그 대목이 잘림으로써 스크린상에서는 덕수와 달구 같은 한국의 품에 있는 사람들을 의미하는 것으로 나타난다. 이처럼 영화 초반부에서부터, 국가가 국민들을 적극적으로 보살필 것이라는 정부의 약속은 무방비로 구타당하는 덕수와 달구의 배경으로만 잡힌다. 국가는 부재하고 국민들은 각자 스스로 살아나가야만 하며 믿을 것은 가족뿐이다.

상대적으로 국가가 또렷이 나타나는 장면은 파독 광부 선발 면접에서 애국가를 부르며 국기에 경례를 하는 신과 덕수와 영자가 부부 싸움을 하다가 갑자기 시작되는 국기 하강 식에서 국기에 경례를 하는 신이다. 이때 국가는 애국가와 태극기로 상징된다. 하지만 애국가를 부르며 국기에 경례를 함으로써 신체검사에서 탈락할 뻔한 위기를 넘기는 것이나 부부 싸움 중 마지못해 일어나 가슴을 치듯 국기에 경례를 하는 것은 모두 신성한 국기 배례라기보다는 웃음을 유발하는 장치로 기능한다. 실제 많은 관객들에게 이것은 "블랙코미디를 넘어설 수 없는 것"으로 다가갔을 뿐 아니라,[24] 국가는 국민을 지켜주기는커녕 스스로 난국을 해결해나가는 수단으로 이용되거나 사생활을 방해하는 요소로까지 희화화된다.

〈국제시장〉 개봉 이전에 천만 이상의 관객을 동원한 〈변호인〉에서 이미 국가는 충분히 깨어져 억압의 상징으로 남았다. 〈변호인〉에서 국가는 국민이 아니라 일부 권력자들의 권력 독점 수단으로 기능했다. 또한 〈국제시장〉 직전에 역시 천만 이상의 관객을 동원한 〈명량〉에서 충忠은 국가가 아니라 백성을 향해야 한다는 담론이 공감을 형성해 국가

부부싸움을 하던 도중에 국기 하강이 시작되고 애국가가 울려 퍼지자 덕수와 영자가 마지못해 일어나 국기배례를 한다.

는 국민과 분리되는 현실을 드러냈다. 게다가 〈명량〉은 〈국제시장〉처럼 세월호 사태라는 국민적 트라우마를 겪는 동일한 시기에 개봉되었다는 점에서 중요한 의미를 갖는다.

〈국제시장〉에서 국가는 주로 전환의 순간에만 나타난다.[25] 영화 속에서 '대한민국'이라는 고유명사로 등장하는 국가는 국립 서울대에 동생을 합격시켜주는 것, 독일과 베트남에 갈 기회를 주는 것, 공영방송 KBS를 통해 이산가족을 찾을 수 있게 도와주는 것 등 주로 배경의 기능을 수행하는 데 그친다. 덕수가 국가의 덕을 가장 강력하게 본 것은 군인에 의해 베트남에서 구조되는 순간이었지만, 이것도 남진이라는 인물을 통해 재현됨으로써 유명인 등장의 콜라주에 묻힌다. 〈국제시장〉에서 덕수 세대와 그 아버지 세대는 국가의 보호 없이 오로지 자신들과 가족의 힘만으로 살아남는다.

〈국제시장〉이 고루한 보수주의를 대변한다면 그것은 강력한 국가주의를 의미하는 것이 아니라 무능한 국가에 대해 문제 제기를 하지 않는 것을 의미한다. 이것은 세월호 사태에 대한 국가의 무력한 대처에 실망한 국민들이 〈국제시장〉에 호응하는 표현의 정치로 나타났으며, 비록 영화는 종영되었지만 중동호흡기증후군MERS 공포에 대처하는 국가의 무능이 다시 드러남으로써 〈국제시장〉을 통해 표현된 국민 정서를 확인해 주었다.

〈국제시장〉에서 고유명사 대한민국은 보편적 국가의 성격을 상실했다. 휴전 방송을 청취하는 시장 상인들은 "나라가 힘이 없으니까 남의 나라 들어와 가꼬 저거들 맘대로 싸우고 저거들 맘대로 갈라놓고. 이런 개새끼들."이라고 내뱉으며 분개한다. 공격의 대상은 미국이지만, 그 내용에는 국민을 보호할 수 없는 대한민국의 국가성에 대한 체념이 서려 있다.

이 체념을 극복하고 나라를 발전시키는 것은 정부나 국가 차원의 노력이 아니라 국민 개개인의 의식과 노력에 달린 것으로 서사는 전개된다. 한국 전쟁 기간 중 국제시장에서 구두닦이를 하다가 미군에게 초콜릿을 구걸하는 아이들을 보고 달구가 "거지새끼도 아니고 저러니까 나라가 발전이 안 되지"라고 한다. 달구는 단순히 구걸하지 않고 개인기를 보여 주며 그 대가로 초콜릿을 요구한다. 이어 1960년대 시퀀스에서는 덕수가 검정고시 학원에서 강의를 몰래 듣다가 발각되어 "저런 새끼들 때문에 나라 발전이 안 돼!"라는 비난을 들으며 쫓겨난다. 이러한 시각은 고등학생들이 국제시장의 한 귀퉁이에서 외국인 노동자들을 보고 커피를 얻어먹으니 나라가 못 산다고 험담하는 2014년 현재 시점의 장면에까지 이어진다.

한편 영화가 전개됨에 따라 허약한 대한민국에 대한 체념은 공격의 대상인 미국에 대한 기대로 전환되는 역설을 보인다. 미군이 덕수와 달구에게 초콜릿을 줄 때 국제시장 골목을 장악하고 있는 양아치들의 동태를 살피면서 그 아이들이 알아채자 도망가라고 알려주는 것을 굳이 설정한 것은 미국에 대한 시각을 잘 드러낸다. 흥남 철수 당시 미군에 의한 피난민 구출 장면도 이와 동일한 맥락이다. 심지어 한국군의 베트남 철수 장면은 이를 유사 오마주 hommage 26한 것으로 보이기까지 한다. 6월 초 미국 의회가 〈국제시장〉을 의회 내에서 상영함으로써 미국에 대한 호의적 재현이 명확하게 드러나 이 영화의 친미적 보수주가 더 힘을 받은 것도 사실이다.

하지만 이러한 역설적 전환을 단순히 친미적 보수주의로만 해석하는 것은 치밀하지 못하다. 보편적 국가성을 상실한 대한민국이라는 구체적 국가의 자리에 미국이 들어선 것도 아니다. 오히려 보편적 국가성을 상실한 허약한 국가의 난민들에게는 어떠한 국가든 자신들을 구원해줄 존재라면 그것으로 충분하다고 생각할 여지가 있음을 시사한다. 베트남전에서 한국의 역할이 한국전쟁 당시 미국이 수행한 역할처럼 묘사된 것을 단순한 유사 오마주로 보지 않는다면 이러한 해석은 힘을 얻을 수 있다.

요약과 함의

1940년대를 전후해 출생한 덕수 세대의 정체성은 어떻게 형성되고 표출되었는가? 그리고 이 세대에게 가부장주의와 국가는 어떤 의미를 갖는가? 이 물음들에 답하기 위해 〈국제시장〉의 텍스트들을 길게 분석했다.

'아버지에게 바치는 송가'로서 〈국제시장〉의 화두는 처음부터 끝까지 아버지였다. 그 아버지는 덕수지만, 정작 덕수가 산 삶은 그의 아버지의 인생이었다. 영화에서 덕수의 삶은 아버지의 유훈 인생으로 시작되고 유훈 인생으로 끝난다. 그래서 〈국제시장〉은 실제 덕수 세대에게 중요한 역정의 한 시대였던 1980년대 중반 이후가 누락되고 덕수 아버지 세대의 생애 연도인 1950년 이후 1983년까지의 30여 년만을 다루었다. 다시 말해 덕수 세대의 삶은 그 아버지 세대의 의지를 구현하는 아바타로서 생략된 세대의 삶에 다름 아니었다.

물론 덕수 세대의 이러한 삶은 거듭되는 환난이라는 상황적 조건의 산물이었다. 덕수 세대는 미래를 전망할 겨를도 없이 현실적인 생존의 싸움에 매달려야 했기 때문이다. 이러한 환난 속에서 덕수 아버지 세대는 극복의 의지와 꿈을 세웠고 덕수 세대는 그 의지와 꿈을 실현하는 데 매진했다. 이러한 점에서 두 세대는 함께 환난을 극복해 왔으며, 또 그러한 의미에서 두 세대는 유사한 역사적 조건과 소명을 가졌다고 할 수 있다.

하지만 덕수 세대도 새로운 시대적 흐름을 비껴갈 수만은 없었는데, 이 흐름은 정체성의 분열로 이어졌다. 분단과 빈곤 및 산업화가 두 세대에게 공통으로 작용한 역사적 조건이었다면, 서구로부터 유입된 자유 민주주의는 덕수 세대에게 불어닥친 새로운 바람이었다. 그에 따라 덕수 세대에서는 덕수처럼 아버지 세대의 유훈을 살아가는 사람들이 있었는가 하면, 달구처럼 어려운 환경 속에서도 자유롭게 살아가려는 사람들도 있었다. 영화에서 이 두 유형은 주인공 덕수와 그 그림자인 달구를 통해 원자아와 분리된 자아로 표현되었다.

이러한 세대에게 가부장주의는 생존을 위한 방편으로 인식된다. 환난의 연속이라는 환경적 억압으로 인해 여성들은 강해지면서도 가부장주의 틀 내의 위상에 머물며, 장남은 끊임없이 가족을 건사해야 할 책임과 의무를 떠맡는다. 무능한 가장은 가장으로서의 권위를 인정받지 못한다. 이것은 근대화를 거칠 때까지 생존이라는 극단적인 환경적 억압으로 인해 정당화되지만, 더 나아가 선진 자본주의나 자본주의 일반의 논리와도 연결된다. 자본주의적 무한경쟁과 적자생존에서 가장의 권위는 그 경제적 능력에 따라 판단된다는 점에서 가부장주의는 경제적 논리에 의해 규정된다는 것이다.

〈국제시장〉의 가부장주의는 가족의 차원을 넘어 국가의 차원으로 확장된다. 하지만 영화에서 국가의 모습은 억제되어 사실상 부재하는 것과 다를 바 없이 대개 배경으로 설정된다. 〈국제시장〉의 보수주의는 강력한 국가주의가 아니라 무능한 국가에 대해 침묵하는 것을 의미한다. 하지만 다른 한편으로 영화는 국기 배례나 신체검사 장면에서처럼 희화화되어 재현된다. 또한 이승만 대통령 성명 청취와 미국 묘사에서 보듯이 정부에 대한 체념과 미국에 대한 이중적 태도로 재현된다.

이것은 〈국제시장〉의 재현을 통해 세월호 사태와 중동 호흡기증후군MERS 감염에 대처하는 국가의 무능을 확인하고 문화적으로 표현하는 국민 정서를 반영한다. 그래서 〈국제시장〉에서 대한민국이라는 구체적 국가는 보편적 국가의 성격을 상실했다. 나라를 발전시키는 것은 정부나 국가 차원의 노력이 아니라 오히려 국민 개개인의 의식과 노력에 달린 것으로 설정된다.

〈국제시장〉으로 바쳐지는 헌사의 주인공인 덕수는 21세기에 어떠한 모습으로 비치는가? 영화에서 늙은 덕수의 모습은 고루하고 편협한 노인이다. 이 고루함과 편협함을 극복했을 때 더 이상 보여줄 게 없다는 듯 영화는 막을 내린다. 덕수에게 덕수 아버지는 육체 없는 혼령으로서 덕수의 육체와 삶을 규정했다면, 덕수 자녀들에게 덕수는 권위도 위엄도 없는, 영혼 없는 좀비와 같다. 1940년대 전후 출생한 세대에서 덕수라는 원자아는 그 고된 삶과 희생에 대해 당위적으로 송사를 받을 가치가 있을 뿐이다. 현실의 그는 두렵지조차 않은 살아 있는 시체일 뿐이다.

현재 시점에서 이 원자아의 모순은 분리된 자아의 충고와 비판을 통해 극복된다. 젊은 시절에 억압되고 분리되어 나간 자아는 끊임없이 원자아를 비판하고 다시 결합한다. 아버지의 귀환이 불가능함을 인정하고 자녀 세대들과 화해함으로써 덕수는 해석과 규명 및 청산을 통해 미래로 나아갈 가능성을 연다. 영화의 메시지를 좀더 확장한다면, 이 열어젖힘을 통해 우리 사회의 가부장주의와 대한민국이라는 구체적 국가도 새로운 성찰과 발전의 전망을 가질 수 있을 것이다. 물론 이것은 영화에서 명시적으로 재현되지 않았다. 하지만 영화 밖에서 보인 관객과 대중의 문화적 표현의 정치로 가늠할 수 있을 것이다.

5장

〈암살〉: 민족주의의 성격과
보수-진보 대결 및 역사 청산

2015년은 천만 이상의 관객을 동원한 국내 영화가 동시에 두 편 생산된 기록적인 해였다. 7월 22일 개봉한 〈암살〉(최동훈 감독)과 8월 5일 개봉한 〈베테랑〉(류승완 감독)이 그것이다. 물론 두 영화가 비슷한 시기에 개봉되어 상승효과를 주고받은 것은 사실이다.

김지연에 의하면, 비슷한 시기에 개봉한 경쟁작이 함께 성공을 거두는 것은 복합 상영관(멀티플렉스 영화관)이 중심을 이루는 국내 영화 시장의 특성에 기인한다.[1] 대작이나 화제작이 하나 나오면 극장으로 향하는 발길이 늘어나고, 그에 따라 다른 영화도 자연스럽게 관객이 늘어나게 된다는 것이다. 〈베테랑〉보다 〈암살〉이 다소 일찍 개봉하기는 했지만, 흥행은 비슷한 시기에 맞물려 이루어졌으므로 두 영화는 상호 영향을 주고받은 것이다.

두 작품의 영화 기술적 수준도 충분히 증명되었다. 그렇지만 무엇보다 두 영화가 주는 사회적 의미가 심상찮다. 〈베테랑〉이 재벌 문제를 다루었다면, 〈암살〉은 일제 강점기를 다루어 역사 청산의 의미를 되새겨 주었다.

〈암살〉은 2016년 3월 말 기준으로 약 1,271만 명이 관람해 역대 박스오피스 8위를 기록했고 국내 영화만으로는 7위를 기록했다.[2] 작품성도 인정받아 청룡영화상 중에서 최우수작품상과 기술상을 수상하고 대종상영화제에서 여우주연상(전지현)을 수상했을 뿐 아니라 한국영화평론 가협회로부터 촬영상과 기술상을 수상했다.

〈암살〉의 성공을 두고 평론가들은 서사의 탄탄한 구성 을 주 요인으로 지목한다.[3] 물론 할리우드 스타들이 내한 해 진행하는 홍보보다 2배 이상 큰 규모로 레드카펫 행사 를 진행하는 등 대규모 홍보의 효과를 톡톡히 보았으며, 전지현, 이정재, 하정우, 오달수, 조진웅, 이경영, 최덕문 등 호화 캐스팅과 김해숙과 조승우의 특별 출연에 힘입은 바 도 크다.[4] 하지만 입소문으로 퍼진 탄탄한 서사와 치밀한 디제시스, 전 연령층이 공감할 수 있는 소재의 선택, 약 2 시간 20분에 이르는 팽팽한 긴장감 유지는 작품성과 관련 되는 요인들이다.

한편 최근 아베 신조 수상을 비롯한 여러 일본 정치인 들의 연이은 제국주의적 발언과 정치적 시도들도 〈암살〉 의 흥행과 무관하지 않다. 특히 이러한 예민한 시기에 개 봉한 영화로서 〈암살〉은 일제 강점기를 직접 다루고 있을 뿐만 아니라 상상적으로나마 과거 청산의 '화끈함'을 보여 주기까지 한다. 따라서 이 영화는 민족주의와 보수-진보 대결 및 역사 청산에 대한 현대 한국인들의 정서를 보여 주기에 적절하다.

분석 방법과 세부 질문

〈암살〉의 흥행 성공은 특히 광복 70주년을 맞아 나타
남으로써 그 의미가 더욱 크다. 제목처럼 이 영화는 암살을
전편에 걸친 중심 사건으로 삼았고, 그 암살은 모두 네 번
시도된다(〈표 5-1〉 참조). ① 개막 영상 title sequence에서 시
도되는, 데라우치 초대 조선 총독(이영석 분)에 대한 암살,
② 핵심 사건으로 진행되는, 조선 주둔군 사령관 카와구치
마모루(심철종 분)와 당시 최고 친일파 강인국(이경영 분)
에 대한 암살, ③ 대단원에서 연출되는, 염석진(이정재 분)에
대한 암살, ④ 두 번째 암살과 함께 전개되는, 임시정부 암
살대원[안옥윤(전지현 분), 황덕삼(최덕문 분), 속사포(실명 추
상옥, 조진웅 분)]에 대한 살인청부업자(하정우 분의 하와이
피스톨과 오달수 분의 영감)의 암살.

첫 번째 암살은 경술국치(1910년 8월 29일) 이듬해인
1911년에 시도되고, 두 번째 암살은 조선 반도 내 독립운동
이 극도로 침체되고 일본의 아시아 침략이 정점으로 치닫

<표 5-1> 영화 <암살>의 주요 암살 시도

암살	시기	주요 주체	대상	결과
1	1911년	독립군 염석진	데라우치 초대 조선 총독	실패
2	1933년	임시정부 암살대원(안옥윤, 황덕삼, 속사포)	조선 주둔군 사령관 카와구치 마모루, 최고 친일파 강인국	성공
3	1949년	안옥윤	친일파 염석진	성공
4	1933년	살인청부업자(하와이 피스톨, 영감)	임시정부 암살대원(안옥윤, 황덕삼, 속사포)	실패

던 1933년에 거행되며, 세 번째 암살은 반민특위에 의한 역사 청산이 실패한 1949년에 시도된다. 네 번째 암살은 시간상으로 두 번째 암살과 동시에 진행되지만, 그 대상과 성격은 나머지 세 암살과 매우 다르다. 그래서 영화의 서사적 흥미 요소로 배치된 보조 장치로서 사실상 성공적이었다는 설명이 꽤 설득력 있다. 하지만 하와이 피스톨의 전력前歷과 이후 안옥윤 일행에 동화되어 가는 과정은 단순한 흥미 요소로만 보기 어렵게 만든다.

첫 번째 암살과 네 번째 암살은 미수로 끝나지만, 두 번째와 세 번째 암살은 성공한다. 그 대상과 성격으로 볼 때 암살 시도들의 성공과 실패가 주는 의미는 결코 가볍지 않다. 따라서 이 글은 이 네 번의 암살에 주목해 영화가 주는 현재 시점의 의미를 서사 중심으로 분석하고자 한다. 구체적 질문은 다음과 같은 네 가지다. 첫째, 일본 제국주의와 강인국으로 표출되는 친일파는 어떻게 인식되는가? 둘째, 일본 제국주의와 친일파에 대항하는 독립운동의 민족주의는 어떤 성격을 갖는가? 셋째, 반민특위를 통해 나타난 일제 강점기 역사의 청산은 어떤 의미를 갖는가? 넷째, 과거 극복과 미래 전망을 포괄하는 확대된 의미에서 역사 청산은 어떻게 전개되고 어떤 의미와 시사점을 제시하는가?

영화 곳곳에서 제시되는 인간주의humanism에 대한 해석의 필요성과 관련되는 첫째 질문과 둘째 질문은 하나의 절('일본 제국주의 및 친일파에 대한 인식과 민족주의')로 묶어 주요 인물들의 암살 작전 참여 계기들과 암살 활동의 목표를 분석함으로써 답을 찾는다. 그리고 이를 다시 독립운동 및 민족주의의 의미와 연결한다. 첫 번째 암살과 달리 두 번째 암살에서는 그 대상이 왜 총독이나 친일 고관이 아니라 주둔군 사령관과 조선인 사업가인가에 천착한다. 이 글에서 인간주의는 특정한 사상적 조류를 지칭하는 개념이 아니라 인간의 존엄성을 최고의 가치로 여기는 사상이나 태도라는 사전적 의미로 사용한다.

셋째 질문과 넷째 질문도 역사 청산이라는 큰 주제로 엮을 수 있으므로 하나의 절('기억과 극복을 위한 역사 청산과 미래 전망')로 묶는다. 그에 대한 답변들은 실제 역사 청산의 의미를 알아보는 데에서 시작한다. 이것은 일제 강점기 역사의 청산이 실제로 어떻게 진행되었는지를 영화의 내용과 비교해 그 진정한 의미를 도출하려는 것이다. 다만 넷째 질문에 대해서는 해방 후 한국 사회의 보수와 진보의 대결을 염두에 두고 그것이 영화에 반영되었다는 것을 전제한다. 앞선 분석과 마찬가지로 주요 등장인물의 대립과 암살 작전의 진행 과정을 통해 그 의미를 파악하고 더 나아가 청산을 통한 미래와 진보의 전망을 도출한다.

일본 제국주의 및 친일파에 대한 인식과 민족주의

반인륜적 파시즘적 일본 제국주의와 친일파

광복 70주년에 개봉한 이 영화에서 일본 제국주의와 친일파에 대한 인식은 이전 영화들에서와 사뭇 다르다. 독립군들에게 일본 제국주의와 친일파는 주적主敵에 해당하는 대상이다. 영화 〈암살〉은 주적에 대한 기존 개념을 수정한 모습이 보인다. 첫 번째 암살 시도의 대상은 조선 총독이었으나, 두 번째 암살 시도는 조선 주둔군 사령관과 친

제1차 암살 시도 : 강인국이 다친 데라우치 총독을 구해 현장을 빠져나간다.

일 사업가 강인국이다. 주적의 대상들 중 직접 타격 대상
이 한 단계 낮아진 것이다. 물론 강인국이 선택된 이유는
총독부가 선정한 최고의 친일파라는 것이 김원봉(조승우
분)을 통해 제시되지만, 이것만으로 충분하지 않다. 실제
1933년 당시에도 최남선 같은 총독부 중추원 참의 등 고관
대작들이 있었을 뿐 아니라, 극 중 인물인 강인국도 실제
딸의 결혼을 통해 작위를 받으려 했었고 총독의 불참으로
이것이 어렵게 되자 딸의 신부 대기실에서 격노하는 장면
이 등장하기 때문이다.

이 영화가 더 설득력 있게 제시하는 이유는 다른 데 있
다. 조선 주둔군 사령관과 강인국이 주적의 상징으로서 직
접 타격 대상이 되는 이유는 이들이 비인간적 행태를 보이
는 대표적 인물이기 때문이다. 카와구치 조선 주둔군 사령

관은 독립군의 청산리 전투 승리에 대한 보복으로 조선인들을 잔인하게 학살한 당시 부대 사령관 출신이라는 것이 구체적 이유로 제시되었다. 게다가 이것은 안옥윤의 어머니(사실상 유모)가 그 학살 과정에서 살해되었다는 설정으로 연결된다. 강인국도 사실상 안옥윤의 아버지라는 설정으로 연결되어 주요 흥미 요소로 배치되었다. 하지만 더 중요한 것은 카와구치의 잔혹한 학살 전력과 개막 영상에서 나온 강인국의 무자비한 가족 살해가 부각된다는 사실이다.

이러한 판단은 하와이 피스톨이 염석진의 사주에 따라 암살대원들을 살해하려다가 오히려 암살대원을 도와주게 되는 심경 변화와도 연결된다. 그리고 그것은 민족주의적 동기가 아니라 인간주의적 동기에 의한 것이었다. 하와이 피스톨은 친일파 대지주의 아들로서 아버지를 원망하며 같은 처지에 있는 다른 사람들과 살부계父系契를 조직해 활동하던 인물이었다.[5] 그런데 안옥윤 일행이 작전에 실패한 뒤 사건 현장에서 하와이 피스톨은 조선 주둔군 사령관 아들인 카와구치 스케 대위와 재회하고(기차에서 우연히 만난 적이 있음), 그가 작은 실수(한 소녀가 꽃바구니를 들고 가다 부딪침)조차 용서하지 않고 한 조선인 소녀(실수를 한)를 무참히 죽이는 장면[6]을 목격한다. 게다가

카와구치 스케 대위가 꽃바구니를 부딪혀 쏟은 소녀를 총으로 쏘아 죽인다.

과거 기차에서 만났을 때 살해한 조선인 숫자를 묻는 말에 카와구치 대위가 펴 보였던 손가락 세 개가 자신의 생각과 달리 세 명이 아니라 3백 명을 의미한다는 사실도 직접 듣는다. 이것이 심경 변화의 직접적인 계기가 된다.

하지만 소녀의 죽음과 3백 명의 학살이 조선인이기 때문일 것이라는 고민은 이 시퀀스 어디에도 나타나지 않는다. 하와이 피스톨에게 중요한 것은 조선인에 대한 제국주의적 만행이 아니라 어리고 연약한 한 소녀에 대한 살해와 죄 없는 3백 명의 민간인에 대한 학살이다. 그는 친일파일지라도 차마 아버지는 죽이지 못할 뿐 아니라 힘없고 무고한 사람들은 3백 명이 아니라 세 명도 죽이지 못하는 심성을 가진 휴머니스트다. 소문상으로 하와이 피스톨은 돈만 주면 누구든 죽여 주는 것으로 알려져 있지만, 실상은 매우 인간적인 회의주의자인 것이다. 다른 조직원들은 서로 상대방의 아버지를 죽였지만, 자신은 그 죄책감을 이기지 못해 자포자기하는 심정으로 살인청부업자가 되었다는 것이 하와이 피스톨의 대사("그 아들들은 서로의 아버지를 대신해 죽이기로 했었지. 사람들은 그걸 살부계라 불렀었고. 그러다가…… 허…… 솔직히 조선 주둔군 사령관하고 강인국을 죽인다고 독립이 되나?")[7]에서 직접 드러난다. 그는 친일파인 아버지를 처단해야 했던 민족주의적 의지보다 아버지를 살해했다는 인간적 고뇌가 더 컸던 것이다.

그와 달리 강인국도 부인과 딸까지 눈 하나 깜짝하지 않고 죽이는 냉혈한이라는 점에서 카와구치 부자와 다를 바 없다. 강인국의 마지막 장면 역시 이러한 맥락을 이어간다. 그는 안옥윤의 총부리 앞에서 자신의 친일이 가족을 위하고 가난한 조선을 잘 살게 하기 위한 일이었다고 말한다. 가족애와 애국심 및 경제 개발의 논리가 모두 동원된 처절한 변명이다. 하지만 그것은 총부리의 위협 앞에서 몸 뒤쪽으로는 반격하기 위해 몰래 총을 집으면서 하는 말로 진정성과는 거리가 먼 것이다. 그는 오로지 자신의 이익과 권력을 추구하며 다른 모든 것들을 그에 종속시키는 전형적인 비인간적 이기주의자다.

이와 같이 〈암살〉에서 표현되는 일본 제국주의와 친일파는 암살이라는 직접 처단의 대상이 되는 반인륜적 존재다. 그리고 일본은 제국주의적 지배층과 친일파라는 반인륜적 존재들과 설득 및 논리적 싸움의 대상이 되는 인간주의적 존재들의 총합이며, 그러한 의미에서 총체적 싸움의 대상이다. 이것은 일차적으로 국가와 민족이라는 명분으로 인권을 침해하는 침략적 민족주의와 종족적 차이를 이유로 타 민족을 배척하는 인종 차별적 민족주의를 경계하는 의미를 갖는다.

민족 자결에 입각한 합리적 인간적 민족주의

임시정부 암살대원들과 김원봉은 일본 제국주의 세력과 독립운동 세력이라는 외형적 측면에서뿐 아니라 인간주의적 측면에서도 카와구치 부자 및 강인국과 대척점에 서 있는 사람들이다. 작전 수행을 앞두고 황덕삼이 일본인 민간인을 희생시켜도 되느냐고 묻자, 김원봉은 어떤 민간인도 죽여서는 안 된다고 대답한다. 그에 따르면 모든 민간인들은 죄가 없다. 비록 일본인이라도 말이다. 그리고 아네모네 카페의 일본인 종업원 기무라(김인우 분)가 조선의 독립을 찬성한다고 하며 실제 암살 작전에 자원해 참여하기도 한다. 이것은 김원봉의 판단을 지지하는 중요한 영화적 장치다. 물론 실제 역사에서도 김원봉의 의열단은 암살 대상을 조선총독부 고관, 일본군 수뇌, 매국노, 친일파 거두, 밀정, 반민족 대지주 등으로 제한했다. 영화에서는 이 내용을 명시적 언어로 해석하고 표현했다.

한 평론가[8]는 이러한 측면을 특별히 강조하기도 한다. 그에 따르면, "일제가 나쁜 것은 일본이어서가 아니라 반인륜적이고 파시스트적이기 때문"이며, 임시정부 암살대원들의 싸움은 "제국의 지배자와 친일 부역자들을 상대로 한 싸움이지 일본과의 싸움이 아니었다." 그러나 '반인륜적이고 파시스트적'인 것이 '일본의 지배층과 친일 부역자'로 구체화되는 '일제'와 반드시 일치되는 것은 아니다. 그렇다면 일제가 인륜적이고 비파시트적이라면 싸울 필요가 없는 것인가? 아니면 적어도 영화에서 나타난 안옥윤과 그 동지들의 경우는 그러한가?

하지만 영화에서도 그 답변은 '아니다'이다. 아네모네 종업원 기무라의 존재는 결코 가벼운 설정이 아니다. 그는 조선 독립을 찬성한다고 명확히 밝혔을 뿐 아니라 생명의 위협을 무릅쓰고 안옥윤 일행을 돕다가 실제로 목숨을 잃는다. 하지만 기무라는 보편적 일본인의 상징이 아니라 일본

인도 경우에 따라 동지가 될 수 있다는 메시지를 전달하는 장치다. 모든 민간인들은 죄가 없지만, 그것은 조선 침략에 부역하거나 직접 동조한 사람들이 아니라는 의미에서 그러하다. 그들은 직접 싸움의 대상이 되지는 않지만 동지가 될 수도 없다. 그러므로 앞서 말했듯이 총체적 존재로서 일본은 암살 같은 처단의 대상임과 동시에 설득과 논리적 싸움의 대상이다. 다만 그 구별이 구성원의 구체적 행위에 따라 결정될 뿐이다.

"항일 운동도……배가 불러야 하는 거지."라던 속사포도 신흥무관학교 출신이라는 자긍심을 가지고 있으며, 처음부터 속사포의 이런 속물적 근성을 비판하던 황덕삼이 맹목적 애국심을 상징할 정도로 용감하게 싸우다 장렬하게 전사하고, 아네모네 마담(김해숙 분) 역시 흔들림 없이 싸우다 체포당할 상황이 되자 자살로써 비장한 최후를 맞는 것은 민족주의를 고려하지 않고는 설명할 수 없다. 그것은 생계문제 해결이나 물질주의의 단순한 추구가 아니라, 그것을 무시할 수는 없지만 그것을 넘어서는 무엇을 의미한다. 그렇다고 인권적 가치를 중시하는 인간주의로 모두 환원시키는 것도 설득력이 없다. 다시 말해 이 논리들만으로는 반민특위 조사로 시작해 특별재판부 재판과 그 실패

"알려줘야지. 우린 계속 싸우고 있다고. 돈 때문에 뭐든지 하는 당신처럼 살 순 없잖아."라고 안옥윤이 하와이 피스톨에게 독립운동의 의미를 설명한다.

에 따른 세 번째 암살 처단으로 끝나는 이 영화의 서사를 온전히 이해할 수 없다.

안옥윤이 강인국의 쌍둥이 딸로 설정된 것도 이와 관련된다. 이 설정에서 피상적이지만 우선 친일파도 독립운동가도 모두 하나의 민족이라는 의미를 읽을 수 있다. 미치코는 강인국의 의도에 충실한 딸로서 결국 강인국과 동일시된다. 그는 강인국의 품안에서 권력 추구의 수단으로 살아감으로써 민족의 독립과 인권 보장을 위해 투쟁하는 안옥윤과 극단적 대립을 이룬다. 미치코의 삶은 대부분 조선인들의 삶처럼 속사포가 언급한 "거세당한 돼지"[9]의 삶과 다를 바 없는 것이다. '거세당한 돼지'는 뿌리와 생명체의 본능조차 박탈당한 채 누군가의 배나 주머니를 채워주기 위해 사육당하는 존재다. 미치코가 강인국에 의해 죽임을 당한 후 미치코로 변장해 미치코 방에 들어갔을 때 카와구치 스케와의 정략결혼을 위해 준비한 웨딩드레스를 보고 눈물을 흘리는 안옥윤의 심정은 그러한 '삶 아닌 삶'을 보는 안타까움이다.[10]

안옥윤을 비롯한 독립운동가들은 언제 성공할지 모르지만 순간일지라도 거세당한 돼지로 살 수 없기에 싸우는 것이다. "조선 주둔군 사령관하고 강인국을 죽인다고 독립이 되나?"라는 하와이 피스톨의 질문에 안옥윤은 "……모르지. 그치만 알려줘야지, 우린 계속 싸우고 있다고. 돈 때문에 뭐든지 하는 당신처럼 살 순 없잖아." 안옥윤에게 중요한 것은 언제 과연 독립이 되는가가 아니라, 폭압적이고 비인간적인 상황에서 비인간적으로 살 수는 없기에 계속 싸워야 하고 이를 통해 다른 사람들에게 희망이 사라지지 않았음을 알려주는 것이다(영화에서 하와이 피스톨과 나누는 이 대화 시퀀스는 클로스업을 지속할 정도로 강조된다). 그들이 바라는 것은 인권이 보장된 인간으로서 삶을 영위할 수 있는 민족 자결이라는 조건이다. 차별이 없다하더라도 차이 자체만으로도 이미 독자적 존재 의의를 가질 때 종족적 차이에 따른 차별이 궁극적으로 예방될 수 있기 때문이다.

그렇다면 독립 국가에서는 과연 그것이 가능할까? 민족 자결은 민족이 스스로 결정한다는 것을 의미하지만, 그것은 단지 '민족'이 독립된다는 것만을 의미하지는 않는다. 그것은 주권을 가진 민족 구성원, 즉 인민이 스스로 결정해야 한다는 것을 함께 의미한다. 해방 이후 반민특위를 통한 역사 청산에서 보았듯이 과연 해방 후 수립된 대한민국이라는 국호를 가진 나라는 진정한 의미의 민족 자결을 이루었는가?

기억과 극복을 위한 역사 청산과 미래 전망

일제 강점기 역사의 청산

역사 청산이라는 개념은 축어적으로 '지나온 과정이나 자취(歷史)'에 대해 '부정적 요소를 깨끗이 씻어버림(淸算)'을 뜻한다. 하지만 사회과학적으로 이 개념은 과거, 현재, 미래의 관계뿐 아니라 진상 규명 및 기억과 처리 혹은 극복과 관련해 많은 논란을 불러일으키기도 했다. 전진성[11]이 지적했듯이 일반적으로 축어적 개념의 청산은 과거 대면을 일정한 선에서 종결시키려 함으로써 과거에 대한 끊임

없는 비판적 문제 제기와 희생자에 대한 추모의 정신을 저해할 수 있기 때문에 적당하지 않다고 할 수 있다. 따라서 다양한 새로운 개념들이 제시되어 왔다.

우선 전진성은 위의 비판을 토대로 '과거 극복'이라는 개념을 제안한다. 이 개념은 비록 부정적일지라도 과거는 단순히 청산되어야 할 대상이 아니라 부단한 '대면'을 통해 현재와 미래를 위한 긍정적인 계기로 탈바꿈될 수 있다는 것을 전제한다. 그 밖에 고상두[12]는 '진상 규명'이 더 적절하다고 주장했으며, 정흥모[13]는 '역사 정립'이라는 개념을 사용할 것을 제안하기도 했다.

이 일련의 제안들은 역사 청산이 상대적으로 잘 이루어진 독일의 사례에 천착한 결과들이다.[14] 하지만 실제 독일에서도 개념을 대체하기보다 새로운 논의들이 제시한 진상 규명과 처리 및 극복을 포괄하는 방향으로 기존 개념[우리말로 청산에 가까운 Aufarbeitung(아우프아르바이퉁)]을 재정의再定義해 사용하고 있다. 대표적으로 독일 연방의회는 통일 후 동독 독재 청산 작업에서 기존 개념인 Aufarbeitung(아우프아르바이퉁)을 공식적으로 사용하고 있다. 따라서 이 글에서도 청산이라는 개념을 사용하되 그 의미를 진상 규명과 처리를 통한 극복을 포괄하는 것으로 이해한다. 그리고 이때 진상 규명과 처리는 '드러내어 벗어나 잊는 것'이 아니라 '드러내어 논죄하지만 기억하는 것'을 의미한다. 이 절 첫 번째 항인 여기서는 이 진상 규명과 처리를 다루며, 이를 통한 극복의 문제는 미래 전망과 아울러 다음 항에서 다룬다.

〈암살〉은 경술국치 직후인 1911년부터 반민특위 활동이 실패로 끝난 1949년까지를 대상으로 하므로 사실상 일제 강점기와 그 역사 청산 시기를 모두 다룬다. 최동훈 감독은 한 인터뷰에서 그 이유를 묻는 질문에 "대하드라마를 하고 싶은 마음이 있었다."[15]라고 대답했다. 영화의 역사적 의미를 중요하게 생각했다는 얘기다. 그 의도에 따라 영화는 역사적 고증에도 심혈을 기울였다.[16] 개막 영상이 끝난 후 〈암살〉의 본 영상은 반민특위의 염석진 조사에서 시작해 처벌 실패 후 안옥윤 등에 의해 염석진이 암살되는 것으로 끝난다. 이러한 구성은 영화가 전달하려는 메시지의 초점이 역사 청산에 놓여 있음을 말해 준다.

역사 청산과 관련해 중요한 암살 시도는 두 번째와 세 번째다. 특히 세 번째 암살은 역사 청산에 대한 의지와 희망이 권력 집단에 존재하지 않음을 공표하고 민중에 의한 직접적인 청산만이 가능함을 알리는 것이다. 이 암살들은

제2차 암살 시도:작전의 성공으로 강인국이 암살당한다.

모두 성공한다. 강점기 초기 독립운동의 기운이 활발했던 시기에 전개된 첫 번째 암살 시도는 실패하는 반면, 일본 제국주의의 무력과 탄압이 가장 강하고 엄혹했던 시기와 독립 후 권력 집단의 역사 왜곡이 성공하던 시점에서 시도된 암살들은 오히려 성공을 거둔다.

물론 이 암살들은 각각 두 차례에 걸쳐 진행되는 우여곡절을 겪는다. 두 번째 암살의 경우 주유소 부근에서 진행된 일차 시도가 실패하고,[17] 이 실패는 염석진의 첩자 행각과 암살대원 암살 청부 사실 및 안옥윤의 출생 비밀이 드러나는 계기가 된다. 그리고 이 일련의 사건들을 엮어 미치코와 스케의 결혼식장에서 재개되는 이차 시도가 성공을 거둔다. 세 번째 암살도 두 번째 암살의 일차 시도가 실패한 후 염석진의 부하들에 의해 먼저 시도되지만 실패한다. 그 후 반민특위 재판이 무위로 끝난 이후에야 재차 시도되어 성공한다. 두 번째 암살이 일제 강점기에 벌어진 일제의 탄압과 그에 대한 독립군의 저항의 역사로서 진상 규명과 처리의 대상이라면,[18] 세 번째 암살은 대중에 의한 직접적인 역사 청산 행위로 자리매김된다.

특히 세 번째 암살은 청산을 위한 반민특위의 조사 및 특별재판부의 재판과 직접 관련되므로 더욱 중요한 의미를 갖는다. 영화에서 반민족 행위에 대한 조사와 재판은 염석진의 첩자 활동에 국한되지만, 이것은 진실 규명을 통한 청산을 상징하는 서사적 장치다. 반민족행위특별조사위원회의 약칭인 반민특위는 일제 강점기에 일본에 협조해 반민족 행위를 한 자를 조사하기 위하여 1948년 9월에 제정·공포된 관련 특별법에 따라 그해 10월 22일에 설치되어 1949년 6월 6일까지 활동한 특별조사위원회를 말한다. 반민특위는 산하에 특별경찰대를 설치해 친일분자들을 색출해 조사했으며, 혐의가 드러난 용의자들을 특별재판부에서 재판이 진행될 수 있도록 특별검찰부의 기소에 회부했다.[19] 염석진은 그의 친일 행각을 증언할 증인이 살해됨으로써 조사가 제대로 이루어지지 못했을 뿐 아니라 재판 결과 증거불충분으로 석방된다. 이것이 세 번째 암살이 시

염석진이 특별재판에서 석방된 후 경찰의 호위를 받으며 걸어 나온다.

도되는 직접적인 계기다.

특별검찰부 및 특별재판부를 포괄하는 의미에서 반민특위의 활동은 실제 역사에서나 영화에서 역사 청산의 중요한 합법적 경로였다. 그렇지만 권력의 장악과 유지를 위해 미 군정의 비호를 받아 친일파 고위 관리들을 기용한 이승만 정권의 방해로 반민특위 활동은 역사 청산에 실패했을 뿐 아니라 오히려 그들에게 적어도 합법적 공간에서는 면죄부를 제공하는 왜곡을 결과했다. 〈암살〉은 이 역사적 사실을 염석진에 대한 조사와 재판을 통해 그대로 재현했다. 석방된 염석진은 경찰 간부들의 호위 속에 당당하게 법정을 빠져나와 두려울 것 없다는 듯이 혼자서 대로를 활보한다. 재판정 밖에서는 무력한 반민특위를 해체하라는 대중들의 시위가 한창이지만 염석진에게 그것은 아무런 위협도 되지 못한다. 이것이 역사적 현실이었고 영화는 그 것을 재현했다.

하지만 〈암살〉은 세 번째 암살이라는 허구를 통해 재현representation을 넘어 대중들의 욕구를 표현expression하는 것으로 나아갔다. 합법적 경로를 통해 청산되지 못하는 역사를 영화에서는 비합법적 처단을 통해 청산하는 것이다. 하지만 현행법상 비합법적이지만, 대중들의 욕구에 부응하고 진정한 역사적 판단이라는 점에서는 정당한 청산이라고 할 수 있다. 이것은 홀로 거리를 활보하는 염석진을 처단하면서 "16년 전 임무, 염석진이 밀정이면 죽여라! 지금 수행합니다."라는 안옥윤의 대사에서 확인할 수 있다. 그것은 상해 임시정부 주석인 김구(김홍파 분)의 명령이다. 그 명령은 친일파를 등에 업은 이승만 대통령의 명령이 아니라 독립운동의 정통성을 갖춘 (임시) 정부 수반의 명령이며, 일제 강점기를 기억하는 대중들의 욕구다.

영화는 재현에서 출발하지만 재현에 머물지 않고 표현으로 나아간다. 재현은 원본과 동일성을 전제하며 원본으로 회귀하려는 동일화 논리에 따라 모방을 추구하는 것을 말한다면, 표현은 대중의 욕구를 사건event으로 표출하면서 현실과 직접 영향을 주고받는 현상을 말한다.[20] 아직 사

제3차 암살 시도:안옥윤과 생존 임시정부 요원에 의해 염석진이 총을 맞고 쓰러진다.

건으로 형상화되지 않은 대중의 욕구를 영상에 옮긴다면, 그것은 대중예술의 하나로서 영화가 재현을 지양하고 현실을 직접 드러내 새로운 사건으로 실재하도록 만드는 표현 작용을 하는 것을 의미한다. 세 번째 암살로 귀결되는 영화 〈암살〉이라는 사건이 이러한 표현으로 발전한 사례라 할 수 있다.

과거 극복과 미래 전망을 위한 역사 청산

역사 청산은 단순히 기억과 처리로 끝나는 것이 아니다. 기억과 처리는 궁극적으로 미래를 올바로 세우기 위한 작업이기 때문이다. 그리고 과거 극복과 미래 전망을 제대로 연결시키기 위해서는 현재를 정확하게 진단하고 처방하여 개척해 나가는 것이 필요하다. 그렇지만 역사가 그래 왔듯이 그 청산은 여러 세력들 간의 투쟁으로 진행된다. 그 투쟁은 결국 미래와 관련해 진보와 보수의 대결로 나타난다. 〈암살〉의 역사 청산 작업도 이러한 싸움의 구도 속에 전개된다.

영화에서 네 번에 걸친 암살로 전개되는 다툼 속에 한국의 진보와 보수의 대립이 드러난다.[21] 이때 보수와 진보는 각각 기존 질서를 유지하려는 사고 및 그 세력과 개혁하려는 사고 및 그 세력을 지칭한다. 영화 전반에 걸쳐 보수와 진보가 모두 나타나지만, 그 세부 갈래와 관련해서는 보수와 달리 진보의 경우는 자세히 반영되지 못했다(〈표 5-2〉 참조). 그것은 일제 강점기와 해방 후 반민특위 조사 및 재판으로 짜인 서사 구조로 인한 것으로 보인다. 진보의 갈래는 독립운동이 이념에 따라 뿔뿔이 갈라져 있다는 대사가 두 번 나오는 정도로 간단히 처리되었을 뿐이다. 다시 말해 사회주의나 공산주의 이념에 따른 독립운동 세력들에 대해 영화는 침묵한다. 공산주의 독립운동을 전개한 김원봉의 경우조차 김구 노선에 따른 것으로 통합되어 처리되었다.

이 영화에서 진보는 민족주의 진보로만 대표된다. 다만 그 민족주의 진보가 배타적 민족주의나 파시즘적 민족주

<표 5-2> 영화 <암살>에 나타난 보수와 진보

갈래	대표적 등장인물	성격
파시즘적 보수	강인국, 염석진	비인간적 반민족주의
합리적 보수	하와이 피스톨	비인간적 민족주의 -> 인간적 비민족주의
(민족주의) 진보	안옥윤, 속사포	인간적 민족주의

의가 아니라 인간주의적 민족자결주의로 나타난다. 하지만 다른 한편으로 민족자결주의는 앞에서 설명한 것처럼 당시의 엄혹한 전망 부재의 상황에서 현실적이지는 않지만, 지배층과 민간인의 본질을 구별하고 조선 독립을 찬성하는 일본인과도 연합할 줄 아는 합리적 민족주의이기도 하다.

반면 보수에 대해서는 친일파 강인국과 해방 후까지 권력을 구가하는 염석진으로 대표되는 파시즘적 반인륜적 보수와 하와이 피스톨로 대표되는 합리적 인간적 보수의 두 갈래가 모두 재현된다. 그중 염석진은 이 영화의 핵심 주인공이다. 안옥윤과 염석진, 두 등장인물만을 놓고 볼 때 〈암살〉은 악역인 염석진을 주인공으로 전개되는 악인의 서사다. 무엇보다 네 번의 암살에서 안옥윤은 세 번 등장하지만 염석진은 네 번 모두 등장한다. 첫 번째와 세 번째 암살에서 염석진은 직접 암살자가 되거나 암살의 표

제4차 암살 시도 : 하와이 피스톨이 속사포를 암살하려다 발각되어 격투를 벌인다.

적이 되며, 두 번째와 네 번째 암살은 염석진이 조직하거나 사주한 것이다. 그래서 염석진이 열렬한 항일투사였음을 보여 주는 장면이 개막 영상[22]의 절반 정도를 차지하고, 안옥윤의 심경 변화보다 염석진의 심경 변화에 더 많은 영상이 할애된다.

물론 일제 강점기에는 강인국 같은 친일파가 보수 세력을 대표한다. 하지만 그 대표적 상징으로서 강인국은 두 번째 암살을 통해 처단된다. 그럼에도 그 세력들은 염석진을 통해 일부 숨겨진 모습으로 살아남아 해방 후 한국 사회까지 지배한다. 그러한 점에서 염석진은 강인국을 계승한다.

죽기 직전 안옥윤으로부터 '왜 동지를 팔았나?'라는 질문을 받고 염석진은 "몰랐으니까. 해방이 될지 몰랐으니까. 알면 그랬겠어?"라고 대답한다. 이때 '동지'同志는 뜻을 같이

하는 사람을 의미한다. 그러므로 동지를 팔았다는 것은 뜻이 바뀌었다는 것(동지를 버리거나 떠남)이 아니라 '죽였다'와 마찬가지로 뜻을 버렸다는 것을 의미한다. 다른 뜻을 가진 사람을 선택한 것이 아니라 뜻 자체를 팔아치웠다(죽였다)는 것이므로, 그 질문은 왜 독립운동의 뜻을 포기하고 친일 행각을 했는가라는 물음과 다를 바 없다.

그에 대한 '해방될 줄 몰랐다'는 대답은 미당 서정주가 해방 후 친일 행적에 대해 "일본이 그렇게 쉽게 질 줄 몰랐다."고 말한 일화에서 따온 것이라고 한다.23 하지만 정말 해방될 줄 몰라서 친일 부역을 한 것일까? 그렇다고 하더라도 두 가지 의문이 남는다. 첫째, 그런데 왜 그렇게까지 적극적인 친일을 하는가? 이것은 다음 의문과 연결된다. 둘째, 그렇게 두뇌가 명석한 사람들이 그토록 황당한 얘기를 변명으로 내놓을까? 그들의 변명은 그야말로 '합당한 변명'으로 설득력이 있을 것이라고 숙고해서 내놓은 것이다. 그들은 서정주의 말대로 적어도 일제가 수백 년은 갈 것, 다시 말해 자신과 직계 비속 두 세대가 생존하는 동안에는 지속될 것이라고 보았을 것이다. 그렇다면 당시의 누구라도 친일을 했을 것이라는 얘기이고, 자신도 그 누구들 중의 한 사람이었을 뿐이라는 변명이다.

그러나 이 대답은 첫째 의문과 모순을 일으킨다. 그 장삼이사張三李四에 해당하는 그 누구들은 그렇게까지 적극적으로 친일하지는 않았기 때문이다(그리고 일제 강점기에도 염석진과 서정주는 결코 장삼이사가 아니라 사회 지도층의 일부였다). 그들은 해방될 줄 알았더라도 친일 행위를 했을 것이다. 힘 관계가 균형을 벗어나 한쪽으로 현저히 기울었을 때 그들은 망설임 없이 권력을 좇을 것이기 때문이다. 그들의 계산에 따르면, 힘 관계가 변하여 해방되더라도 명석한 두뇌를 이용해 다시 권력을 장악하거나 적어도 권력층에 편입되려고 수단과 방법을 가리지 않고 노력하면 된다.

실제로 서정주는 해방 후 바로 이승만 정권에 편입되고 전두환 정권을 위해서도 「전두환 대통령 각하 56회 탄신일에 드리는 송시」를 쓰는 등 권력에 편승하려는 모습을 보였다. 그리고 서정주는 성공했다. 그는 반민특위에 회부되지 않았으며 사망할 때까지 천재 시인으로 존경받으며 한국 시단을 좌지우지했다. 사망 이후에야 친일 행적이 본격적으로 도마 위에 올라 사회적 비난을 받았지만 죽은 서정주는 살아 있는 비판 시학을 압도했고 그로 인해 미당未堂의 권력이 여전히 한국 시단을 지배하고 있다. 이것이 한국의 역사 청산이다. 민주화 이후에도 역사 청산은 여전히 합법적인 공개적 통로를 통해 이루어지기 어렵고 비합법적인 비공개적 방법으로 이루어질 수밖에 없는 현실이다. 영화에서는 그것이 암살이라는 방법으로 표현된 것이다.

해방될지 몰라서 동지를 팔고 친일 행각을 했다는 염석진의 최후 진술을 역설적으로 풀어보면, 해방될 것으로 생각했다면 독립운동을 지속했을 것이라는 얘기이기도 하다. 하지만 그것은 힘 관계가 균형을 현저히 벗어난 상태가 아니어서 줄타기해야 하는 상황일 뿐 아니라 독립될 국가에서 권력을 장악하려면 독립운동을 해야 한다고 생각하기 때문이다. 민족주의든 제국주의든 그에게 중요한 것은 이념이 아니라 권력이다. 또한 그가 계승한 강인국에게도 인륜과 인권은 돈과 권력을 위해 얼마든지 수단으로 사용될 수 있다. 강인국을 계승하고 염석진으로 대표되는 한국의 파시즘적 보수는 이와 같은 '권력 지향적 행태'의 화신이라 할 수 있다.

한편 하와이 피스톨은 돈만 주면 아무나 죽인다고 알려졌던 것이 영화가 진행되면서 점차 깨어져 나간다. 그는 아버지를 살해하는 살부계를 조직했지만, 그것은 민족주의와 인간주의를 함께 추구한 고육지책이었다. 그럼에도 그는 아버지를 죽였다는 죄책감에 시달려 돈을 벌어 하와이로 도피하려는 모습을 보인다. 그에게 더 중요한 것은 민족주의보다 인간주의이기 때문이다. 그래서 그는 독립운동가뿐 아니라 인간주의적이라면 일본인들과도 제휴할 수 있는 성향을 소유한다. 살부계를 떠난 이후 그에게 중요한 것은 비인간적이지 않은 한 즐기며 사는 삶일 뿐이다. 그리고 그에게는 '도련님'이라 부르며 그림자나 몸종처럼 따라다니는 '영감'이 있다. 그는 영감의 인격을 존중하며 그를 인간적으로 대우해 준다. 이 점에서 하와이 피스톨은 집사를 함부로 대하는 강인국과 차별된다(안옥윤의 거처를 안다고 보고하는 집사에게 강인국은 늦게 얘기한다는 이유로 "쌍놈의 새끼"라고 욕하며 물건을 던진다). 하지만 기본적으로 전통적 신분 사회를 수용한다는 점에서 두 사람은 다르지 않다. 강인국과 염석진이 파시즘적 보수라면, 하와이 피스톨은 인간적 합리적 보수라고 할 수 있다.

그런데 왜 염석진은 하와이 피스톨을 고용할 때 암살 대상을 독립군에 잠입한 일본 밀정이라고 속이는가? 그것은 일본 제국주의가 비인간적이라는 사실과 하와이 피스톨의 인간주의적 면모를 염석진 자신이 너무나 잘 알기 때문이다. 비인간적 일본 제국주의의 첩자라면 소문과 달리 아무나 죽이지 않는 하와이 피스톨이 수긍하기에 충분한 이유가 되기 때문이다. 이처럼 비록 거짓 정보에 근거해 맺어졌지만, 이 청부 살인의 수락은 인간적 합리적 보수와 비인간적 파시즘적 보수의 동맹이라고 할 수 있다. 하지만 거짓 정보에 의해서만 가능할 정도로 인간주의라는 측면에서 상반된다는 바로 그 점으로 인해 이 동맹은 곧 파기될 수밖에 없다. 이것은 실제 역사에서 자유주의 부르주아와 파시즘 부르주아의 동맹이 파시즘 정권의 폭정이 드러난 후 파기된 것을 반영한다.

영화 〈암살〉에서 첫 번째 암살은 합리적 보수가 등장하기 이전에 일어난 사건이어서 보수 진영 내의 갈등이나 복잡한 보수-진보 구도를 재현하지 않는다. 반면 동시에 진행된 두 번째 및 네 번째 암살은 보수와 진보가 합종연횡하는 구도를 이루었다(〈표 5-3〉 참조). 네 번째 암살 시도는 보수 연합과 민족주의 진보의 대립이었는데 거짓 정보의 진상이 밝혀짐에 따라 보수 연합이 깨져 실패하게 된다. 반면 두 차례에 걸친 두 번째 암살은 연합의 구도가 달라짐으로써 실패에서 성공으로 전환한다. 주유소에서 진행된 일차 시도는 네 번째 암살과 마찬가지로 보수 연합과 민족주의 진보의 대립으로 인해 실패한다. 반면 결혼식장에서 진행된 이차 시도는 파시즘적 보수와 결별한 합리적 보수가 민족주의 진보와 연합함으로써 성공한다. 이 연합은 기본적으로 인간주의적 공감과 연대로 표현되지만(이러한 의미에서 '인간주의 연합'이라고 부를 수도 있다), 하와이 피스톨의 과거를 볼 때 민족주의라는 이념적 연대의 성격을 완전히 배제하기도 어렵다. 〈암살〉은 두 사람의 극도로 절제된 로맨스를 통해 그 가능성을 배제하지도 강조하지도 않는다.

<표 5-3> 암살 작전에 나타난 보수와 진보의 연합 및 대립

암살	연합 및 대립
1	미분화 보수 대 민족주의 진보
2	보수 연합(파시즘적 보수 + 합리적 보수) 대 민족주의 진보 → 파시즘적 보수 대 인간주의 연합(합리적 보수 + 민족주의 진보)
3	새로운 파시즘적 보수 대 민족주의 진보
4	보수 연합(파시즘적 보수 + 합리적 보수) 대 민족주의 진보

하지만 하와이 피스톨은 안옥윤에게 활로를 열어주고 염석진과 대결하다가 장렬하게 죽음을 맞는다. 특히 이 장면은 서부 영화의 촬영 기법을 도입해 스펙터클하게 연출되었다.[24] 안옥윤으로 대표되는 민족주의 진보는 비록 신분을 숨기고 살아남게 되지만, 파시즘적 보수는 일부 구성

원들이 사라졌음에도 불구하고 공식적으로 권력을 유지한다. 이것은 해방 후 오랫동안 진보 세력들이 성장하지 못하고 비합법 혹은 반합법 공간에서 활동해야 했던 민주화 이전의 엄혹한 시기를 떠올리게 한다. 해방 정국과 4·19 혁명을 거치면서 자유주의 부르주아들의 반격이 시도되었지만 다시금 이승만 정권과 군부에 의해 짓밟힌 것도 오버랩된다.

세 번째 암살은 이러한 현실을 뒤집어 표현한 것이다.[25] 현실에서는 파시즘적 보수가 권력을 유지하지만, 영화에서는 이들이 처단됨으로써 과거 극복의 청산이 이루어진다. 해방 후 암살은 오히려 김구와 여운형 암살에서 보는 것처럼 파시즘적 보수의 전유물이 되었다. 하지만 영화에서는 민족주의 진보를 제거하려는 네 번째 암살조차 합리적 보수가 민족주의 진보에 동화되어 파시즘적 보수를 제거하는 역사 청산 행위로 전환된다. 이것은 기억을 넘어 미래 전망을 열어주는, 영화적 표현에 의한 역사 청산이라 할 수 있다. 보수에 대한 천착과 달리 진보에 대해서는 민족주의 진보에 관심을 국한한 것이 한계로 지적될 수 있지만, 일제 강점기를 다루되 악역을 핵심 주인공으로 한다는 점에서 이 허구는 오히려 적절한 설정이기도 하다.

제3차 암살(친일파 처단)의 성공으로 염석진이 황야에 쓰러져 있다.

요약과 함의

이 글은 영화의 줄거리를 이루는 네 번의 암살 사건을 통해 일본 제국주의와 친일파 및 민족주의를 살펴보고 과거사에 대한 역사 청산과 이를 통해 현재의 개혁과 미래 전망을 위한 의미를 도출했다. 또한 이것은 네 번의 암살 진행 과정에서 나타나는 진보와 보수의 갈등과 투쟁을 분석하는 것과 연결시켰다. 미래 전망과 관련된다는 점에서 역사 청산은 보수와 진보의 갈등 속에 이루어지기 때문이다.

〈암살〉에서 표현되는 일본은 제국주의 지배층이라는 반인륜적 존재들과 민간인이라는 인간주의적 존재들의 총합이다. 그중 전자는 암살이라는 직접 처단의 대상이 되지만, 후자는 설득과 논리적 싸움의 대상이다. 특히 설득과 논리적 싸움을 통해 조선 독립을 찬성하게 된 민간인은 동지도 될 수 있는 존재다. 반면 조선인이라도 친일파는 일본 제국주의에 포섭된 존재로서 처단 대상이 되며, 거세당한 돼지나 돈만 밝히는 물질주의자의 경우는 연민이나 멸시 혹은 거부의 대상이 된다. 따라서 〈암살〉이 표현하는 민족주의는 침략적 민족주의와 인종 차별적 민족주의가 아니라 인권 보장이 가능한 민족자결주의에 토대를 둔 인간적 민족주의다.

이러한 구분은 민족주의와 인간주의를 두 축으로 하는 진보와 보수의 구도로 연결된다. 곧, 인간적 민족주의, 인간적 반민족주의, 비인간적 민족주의, 비인간적 반민족주의가 그것이다. 이것을 조선인 등장인물에 한해 적용하면, 인간적 민족주의와 비인간적 반민족주의는 각각 암살 대원들로 상징되는 민족주의 진보와 친일파로 상징되는 파시즘적 보수를 의미한다. 그리고 그 가운데 인간적 반민족주의와 비인간적 민족주의가 자리하는데, 이 두 경우는 하와이 피스톨로 상징되는 인간적인 합리적 보수로 귀결된다. 하와이 피스톨은 살부계 활동을 할 당시에는 비인간적 민족주의였지만 곧 죄책감과 환멸을 느껴 인간적 살인청부업자라는 인간적 반민족주의로 전환하기 때문이다. 이 때 하와이 피스톨의 반민족주의는 염석진의 경우와 달리 변절을 통한 친일로 나아가지 않고 독립운동과 친일의 중간 지대에서 돈을 추구하는 물질주의를 의미하는 비민족주의에 가깝다. 따라서 그는 비인간적이지 않은 한 물질적 이득을 위해 누구와도 제휴한다는 의미에서 합리주의적 사고를 갖는다.

개막 영상에서 조선 총독을 대상으로 한 첫 번째 암살은 보수의 분화뿐 아니라 진보와 보수의 분화도 일어나기 이전에 발생한 사건이다. 그래서 이 암살은 보수와 진보의 대결이 아니라 조선(민족주의)과 일본(제국주의) 간 싸움의 연장이었다. 따라서 이 암살은 이후 갈등들의 전사前史를 알리는 기능을 하는데, 구체적으로 암살의 실패가 염석진의 변절 계기로 연결되고 안옥윤의 탄생 배경이 된다.

조선 주둔군 사령관 카와구치와 친일 사업가 강인국을 대상으로 한 두 번째 암살은 보수와 진보가 합종연횡함으로써 실패와 성공이라는 굴곡을 겪는다. 주유소에서 진행된 일차 시도는 보수 연합과 민족주의 진보의 대립으로 인해 실패하지만, 결혼식장에서 단행된 이차 시도는 보수 연합이 파기되고 합리적 보수와 민족주의 진보가 연합함으

로써 성공한다. 그럼에도 역설적으로 이 암살을 통해 파시
즘적 보수는 염석진을 통해 계승되어 권력을 유지하는 반
면, 합리적 보수는 파시즘적 보수에게 패해 사라진다. 민족
주의 진보도 안옥윤이 미치코로 신분을 바꾸어 살아가게
됨으로써 지하로 숨게 된다.

염석진을 목표로 한 세 번째 암살은 해방 후 대한민국
을 무대로 한다. 비록 해방되었지만 강인국을 계승한 염석
진으로 상징되는 파시즘적 보수가 권력을 장악해 여전히
비인간적 파시즘 체제가 지배하는 상황이다. 반민특위 활
동이라는 합법적 경로를 통해 민족주의 진보가 역사 청
산을 시도하지만 실패한다. 결국 암살이라는 비합법적 경
로를 통한 역사 청산이 시도되고 현실에서와 달리 영화에
서 이 시도는 성공한다.

다른 암살들과 달리 암살대원들을 겨냥한 네 번째 암
살 시도는 두 번째 암살 시도와 동시에 전개된다. 이것은
보수 연합과 민족주의 진보의 대립이었는데 거짓 정보를
토대로 한 보수 연합이 깨짐에 따라 실패하고 합리적 보수
와 민족주의 진보의 연합을 통해 두 번째 암살로 흡수된
다. 이 암살은 보수 연합의 등장과 변화를 알리는 데 기여
한다.

과거 극복 및 미래 전망과 관련된 역사 청산에서 가장 중요한 것은 세 번째 암살이다. 두 번째 암살이 역사 청산의 대상으로서 중요하다면, 세 번째 암살은 역사 청산 자체로서 중요하다. 과거사에 대한 진상 규명과 처리를 상징했던 반민특위 활동이 실패함으로써 역사 청산은 진상 규명과 처리에 머물 수 없는 상황이 도래했다. 기억을 넘어 미래를 위해 부정한 과거사가 연속되는 현실을 과감히 타파하는 청산이 필요해진 것이다. 민족주의 진보에 의한 세 번째 암살이 이것을 수행했다.

　　〈암살〉은 진보의 전망이 민족주의 진보에 한정되어 있다는 비판을 벗어나기는 어렵다. 하지만 현실에서 제대로 이루어지지 못한 일제 강점기 역사의 청산을 영상을 통해 단행했다는 점에서 이 영화는 비록 대리 만족일지라도 통쾌한 카타르시스를 가능하게 한다. 그것은 현실을 재현하는 데 머물지 않고 현실을 극복한 미래를 표현함으로써 대중의 욕구를 사건으로 드러낸 것이라고 할 수 있다. 주권을 가진 민족 구성원인 인민이 인권에 기반을 두고 직접 결정하는 인간적 민족주의를 가능케 하는 역사 청산을 완수하지 않는다면 안옥윤의 독립운동은 끝나지 않은 것이다.

6장

〈베테랑〉: 가부장주의와 집단주의 및 대중의 불확실성

2015년 8월 5일 개봉한 영화 〈베테랑〉(류승완 연출)은 역대 박스오피스 제3위를 기록했으며, 앞장에서 다룬 〈암살〉(최동훈 연출, 2015년 7월 22일 개봉)과 함께 같은 시기에 천만 이상의 관객을 동원했다.[1] 이뿐만 아니라 〈베테랑〉은 짙은 오락성에도 불구하고 2015년 청룡영화상과 한국영화평론가협회상에서 모두 감독상을 수상해 작품성도 인정받았다.

상술한 바와 같이 전체 유권자의 약 3분의 1에 달하는 관객을 동원했다는 것은 특히 1인1구 단순다수제를 실시하는 다수결 민주주의 국가에서 의미하는 바가 자못 크다고 할 수 있다. 실제 〈베테랑〉 관객 수(2016년 3월 말 공식 통계로 약 1,341만 명)는 2012년 제18대 대선 유권자 총수(약 4,046만 명)의 33.1%였다.[2] 게다가 이 관객 수는 유의미한 제3후보자가 존재하지 않은 제18대 대선을 제외하면 어떤 대통령 당선인 득표수보다 많은 수치였다.

〈암살〉이 민족주의와 역사 청산 및 보수-진보 대결에 대한 현대 대한민국 국민의 정서를 읽어내기에 유용하다면, 〈베테랑〉은 가부장주의와 집단주의에 대해 한국의 대중이 가지고 있는 정서를 읽어내는 데 적절하다. 이것은 역시 〈베테랑〉의 흥행 성적으로 보아 이 영화의 관객이 대중이라고 지칭하는 데 부족하지 않기 때문일 뿐 아니라, 영화가 다루고 있는 내용이 이 주제들과 직접 관련되기 때문이다.

분석 방법과 세부 질문

반복되는 이야기지만, 영화는 예술 작품이라는 차원을 넘어 한 시대의 문화적 사건이 될 수 있다. 무엇보다 사회적 논란이 되거나 정치 사회적으로 유의미할 정도로 흥행에 성공한 영화들의 경우는 분명한 하나의 사건^{événement}으로 자리매김된다. 사건이 된다는 것은 본질이 있고 재현이 이어지는 것이 아니라 계열화(맥락화)를 통해 비로소 의미를 갖게 되는 것을 말한다.[3]

그래서 사건으로서의 영화는 당시 사회의 갈등이나 논란 혹은 대중 정서라는 사회적 맥락 속에서 의미를 부여받게 된다. 그리고 이렇게 부여받은 의미는 기존 질서에 균열을 일으켜 새로운 변화의 계기로 작동할 수 있게 된다. 따라서 사회적 논란이나 흥행에 성공한 영화가 갖는 의미는 사회적 맥락 속에서 파악해낼 수 있다. 그것은 곧 그 자체로 사회 속에서 발생한 하나의 사건으로서 영화의 의미를 '읽어내는 것'과 다르지 않다.

〈베테랑〉은 하나의 사건으로서 우리 사회의 모습을 분석하는 대상으로 이해하기에 부족하지 않다. 그럼에도 아직 이 영화를 학술적 분석의 대상으로 삼은 적은 없다. 따라서 이 글은 〈베테랑〉을 분석함으로써 최근 한국 사회의 모습과 대중들의 정서를 읽어내고자 한다. 잘 알려져 있다시피 이 영화는 재벌의 부당한 행태들과 정경유착의 비리를 주요 대상으로 다루어 흥행에 성공했다. 유사한 주제를 다루었지만 상대적으로 덜 주목받은 〈내부자들〉(우민호 연출, 2015)과 비교해 볼 때, 〈베테랑〉은 검찰과 언론 및 조폭이라는 익숙한 소재들을 진지하고 무겁게 내세우지 않았다. 그 대신 재벌을 전면에 내세우고 그 비리를 소시민인 형사가 해결한다는 설정으로 낯설게 하기에 성공했다. 또한 형사들의 폭력적 활약을 흥거운 배경 음악과 웃음 유발 요소들을 통해 쉽게 다가갈 수 있도록 처리했다는 점도 유효하게 작용했다.

이 요소들은 영화의 무거운 주제가 어이와 상식이라는 열쇠어로 전개되는 것과 관련이 있다. 영화 속에서 재벌과 보통사람들은 '어이없다'는 말로 상호 이해가 차단된다. 대체로 소속 집단이 다르면 상식도 다르기 때문이다. 하지만 그 집단들이 공동체를 이루고 함께 생활하려면 공동의 동일한 상식이 필요하다. 〈베테랑〉은 이 동일한 상식을 요구하고, 그것이 관객과 대중의 정서에 닿았다. 〈베테랑〉은 때로는 지나가듯 가볍게 처리하기도 하지만 곳곳에서 가족 등 사회적 계층과 집단을 다룬다. 이것은 연출자가 의도했든 의도하지 않았든, 사회의 핵심 구성 요소이기 때문이다. 이 글은 어이와 상식을 씨줄로 하고 계층과 집단을 날줄로 하여 이 영화의 사회적 의미를 읽어낸다.

이 글이 읽어낼 주요 질문은 다음과 같다. 첫째, 재벌과 보통사람들의 상식은 어떻게 다르고 그것이 갖는 사회적 의미는 무엇인가? 둘째, 〈베테랑〉이 주인공을 통해 내세우는 보통사람들의 상식에 입각한 사회상은 어떠한 사회를 말하는가? 이 두 가지 질문은 다음 절('어이와 상식 및 바람직한 사회상')에서 다룬다. 두 번째 질문은 첫 번째 질문을 토대로 성립되므로 두 질문은 순서대로 첫째 항과 둘째 항을 이룬다. 이 영화가 내세우는 사회상은 보통사람들의 상식과 '죄는 짓고 살지 말자'라는 화두에 초점을 두고 있다. 그러므로 이 영화가 재구성한 '죄'의 의미를 읽어냄으로써 사회상의 기본 성격을 알아낸다.

그리고 이 질문들은 다시 소영웅 가부장주의와 집단주의 및 대중의 불확실성에 대한 파악을 통해 구체화된다. 먼저 세 번째 절 '소영웅 가부장주의와 집단주의 및 대중의 불확실성'의 첫째 항에서 가족과 가부장주의에 대한 표현과 그 사회적 의미를 읽어내고, 그 다음 항에서 집단주의와 소영웅주의 및 대중의 불확실성에 대한 표현과 그 사회적 의미를 파악한다. 특히 이 세부 질문들은 〈베테랑〉이 표현하는, 보통사람들의 상식에 입각한 사회가 적어도 현재 한국 사회의 현실적 대안이 될 수는 있지만, 기본적으로는 소영웅 가부장주의와 정의적情誼的 집단주의 및 대중의 불확실성을 반영하고 있음을 드러낼 것이다.

어이와 상식 및 바람직한 사회상

재벌과 보통사람들의 대립 및 상식의 사회

류승완 감독은 언론 시사회에서 "나도 뉴스를 보고 살아가는 사람인데 (실제 사건들의) 영향이 없었다면 거짓말"이라고 하며, "내가 가진 분노나 상실감들에 대해 많은 분들이 같은 느낌을 가질 거라고 생각한다."고 덧붙였다.4 악덕 재벌 3세인 조태오(유아인 분)는 허구적 인물이다. 그렇지만 류승완 감독의 말처럼 실제 사건의 영향을 받아 재구성한 인물이다. 강병한의 분석에 따르면, 조태오의 행태는 삐뚤어진 재벌가 자제들이 연루되고 거센 사회적 분노를 야기한 여러 사건들의 "영화적 종합판"에 가깝다.[5] 그중 대표적인 것 한두 가지만 들어보면 다음과 같다.

우선, 부당해고(정확히는 계약해지)로 1인 시위를 벌이는 트레일러 기사 배 씨(정웅인 분)를 집무실로 불러 아들(김재현 분)이 보는 앞에서 하청업체 전 소장(정만식 분)과 싸우게 한 뒤 '대전료'fight money처럼 체불임금 420만 원과 "과잣값" 2,000만 원짜리 수표를 준다. 이것은 SK그룹 창업주(최종현)의 조카인 물류업체 M&M 최철원 대표가 2010년 10월 탱크로리 기사 유 모^某 씨를 폭행한 것과 오버랩된다. 당시 최 대표는 회사 인수합병 과정에서 고용승계를 해 주지 않는다며 SK 본사 앞에서 1인 시위를 하던 유 씨를 회사 사무실로 불러 야구방망이로 십여 차례 폭행하고 '맷값'으로 1,000만 원짜리 수표 두 장을 건넸다.

조태오는 이른바 '약쟁이'고 연예인을 액세서리처럼 취급한다. 그는 경찰들의 포위망이 좁혀지는 가운데서도 '환각 파티'를 벌이다 체포된다. 한화그룹 회장 차남과 정주영

조태오가 트레일러 기사 배 씨에게 아들이 보는 앞에서 구타당하게 한 후 맷값을 건넨다.

현대그룹 회장의 손녀 한 명도 대마초 흡연 혐의로 처벌되는 등 재벌가의 마약류 흡입과 환각 파티 등은 언론 보도에 자주 오르내렸다. "집에서 키우던 개가 거울을 보면 놀란대……지가 사람인 줄 알았거든." 극 중 연예인 다혜(유인영 분)에게 조태오가 한 말이다. 연예인의 인권을 농락하고 '노리개' 취급하는 조태오의 데자뷰는 1975년 망나니 재벌 2세들의 역대급 스캔들인 '칠공자' 사건이다. 당시 영화배우 강 모 씨와 동침하던 중 체포된 시온그룹 장남 박동명 태광실업 대표의 사건을 계기로 이른바 '박동명 리스트'와 재벌 2세 그룹 '칠공자' 얘기가 떠돌았다. 이것은 박동명과 함께 염색 행각을 벌인 백여 명의 연예인 명부와 그 재벌 2세들을 이른다. 이것은 비단 수십 년 전만의 얘기가 아니다. 2009년 자살한 연예인 장자연 씨 사건이나 최근 연예인 해외 원정 성매매 사건도 이와 무관하지 않다. 연예인들이 자발적으로 행동했느냐는 것은 중요하지 않다. 이러한 비인간적이고 불법적인 행태들이 (경제적) 권력에 의해 자행된다는 것만으로도 충분히 권력층 비리와 구조적 폐단으로 간주될 수 있다.

한 경제 신문의 논설실장은 〈베테랑〉이 재벌과 노동자·민노총의 이항 대립을 배경으로 한다고 썼다.[6] 과연 그런가? 이 글은 "영화 '베테랑' 속 재벌과 민노총"이라는 제목처럼 민노총을 직접 겨냥한다. 하지만 영화 속에서 노동자를 대표하는 배 기사가 화물연대 소속으로 설정되어 있지만 적극적인 조직 행동을 보이지는 않는다. 조직 행동으로 보이는 장면은 중개사무소 앞에서 집단 항의를 하는 모습이 전부다. 하지만 이때에도 배 기사는 그 항의에 적극적으로 가담하지 않고 뒤에서 담배를 피워 물며 그들이 떠나갈 때까지 기다린다. 집단 항의가 끝나고 홀로 남은 그가 전 소장에게 항의하다 오히려 거칠게 내침을 당한다.

그 후에도 배 기사는 밀린 임금을 받기 위해 회사를 상대로 1인 시위를 벌이고 서도철 형사(황정민 분)에게 사적으로 도움 요청을 시도하는 등 개인적으로 싸울 뿐이다. 회사와 관련해서도 대부분의 사원들은 재벌 총수의 명령

드라마 회식 자리에서 조태오가 옆에 앉은 연예인들을 패악을 저지르며 괴롭힌다.

에 무조건 복종하고 비인격적 대우를 참아야 하는 피해자로 묘사된다. 영화가 표현하는 구체적 갈등은 회사라는 집단적 차원의 대응이 아니라 궁극적으로는 전 소장과 재벌 3세 조태오의 비인격적 대응으로 귀결된다.

〈베테랑〉에서 일차적으로 나타나는 대립 구도는 재벌(자본가)과 노동자(조직 노동자)의 갈등이 아니라 '못된' 재벌과 '순진한' 노동자 개인의 갈등이다. 이 영화에서 노동자 개인은 자본가와 대립하는 무산계급으로서의 노동자라기보다 보통사람들 중 한 사람이다. 〈베테랑〉이 대중적 공감을 얻은 이유들 중 하나는 재벌 비리라는 구조적 문제를 보통사람들의 얘기로 풀어가고 보통사람에 의해 해결하도록 설정한 것이다. 서도철 형사는 말단 형사로서 보통사람들로 이해되는 소시민의 한 사람이다. 그는 강력계 형사로서 완력을 자랑할 뿐 달리 뚜렷이 내세울 게 없는 사람이다. 최소한 '죄는 짓지 말고 쪽팔리지 않게 산다.'는 소시민적 상식에 충실할 뿐이다.

〈베테랑〉은 상식에 호소한다. 하지만 보통사람들의 상식과 재벌의 상식은 충돌한다. 〈베테랑〉이 호소하는 상식은 재벌의 상식이 아니라 보통사람들의 상식이다. 한마디로 〈베테랑〉에서 표현되는 한국적 상황은 '어이'가 지나치게 크고 비대해서 '어이없다'.

영화에서 '어이'는 조태오의 대사를 통해 맷돌의 손잡이로 설명된다. 그 밖에도 어이는 지붕 위에 올리는 동물 모양의 토우土偶를 말한다고도 알려져 있다. 하지만 국어사전에 따르면, 어처구니나 어이는 "상상 밖의 엄청나게 큰 사람이나 사물"을 말한다.7 물론 그 다양한 유래와 표준 뜻풀이가 어떠하든 '어이'란 낱말은 '없다'와 함께 쓰여 뜻밖이거나 한심해서 기가 막힘을 이르는 말이다.

조태오는 '어이없다'는 말을 두 번 내뱉는데, 그것은 주어진 상황에 대해 재벌의 시각에서 판단한 결과를 표현한다. 하지만 그것은 맷돌의 손잡이가 아니라 사전적 의미에 따를 때 뜻이 더욱 분명해진다. 조태오가 말하는 '어이없음'의 대상은 주로 재벌의 권위를 인정하지 않는 상황이나 사람이다. 배 기사가 그러하고 서 형사가 그러하다. 이들은 '상상 밖의 엄청나게 큰 사람이나 사물'인 재벌과 그 권위를 인정하지 않는다.[8]

조태오가 친절한(?) 설명과 함께 '어이없다'를 말하는 첫 번째 장면은 배 기사가 체불임금 420만 원 때문에 시위를 한다는 얘기를 들었을 때고, 두 번째 장면은 서도철과 격투를 벌이는 장면에서 여형사 미스 봉(장윤주 분)에게 맞고 쓰러져 체포된 것을 수긍하는 순간이다. 이때 봉 형사는 형량이 '20년'이라는 말과 함께 발길질로 조태오를 가격한다.[9] 첫 번째 장면에서 조태오는 단돈 420만 원 때문에 힘든 품을 팔아 1인 시위까지 한다는 사실과 감히 재벌 회사에 항의한다는 사실을 이해하지 못한다. 또한 두 번째 장면에서는 보통사람인 말단 형사에게 체포된다는 사실과 재벌이 20년 형량을 받을 수 있다는 주장을 납득하지 못한다.

〈베테랑〉은 어이로 군림하는 재벌의 어이없는 상식을 어이 아닌 보통사람들의 상식으로 풀어나간다. 그러나 그러한 해결을 위해 이 영화는 폭력의 용인과 소영웅주의에 의존한다. 누구에게도 지지 않는 강력한 완력을 소유하고 쉽게 유혹에 빠지지 않는 강력한 의지를 가진 '소영웅'(어이와 대비되는 의미에서)은 '베테랑'vétéran(사전적 의미로 '어떤 분야에 오랫동안 종사하여 기술이 뛰어나거나 노련한 사람'인 숙련가나 전문가를 뜻함)이며, 그 구체적 인물은 서도철 형사. 이 영화의 제목이기도 한 '베테랑'은 영화의 대사로 유추할 때 '쉽게 속지 않는 사람'을 지칭한다.[10] 다시 말해 '뇌물이나 권력에 쉽게 유혹되거나 굴복하지 않는 사람'으로 해석할 수 있다. '어이'(사전적 의미의) 없이 베테랑이 인정받는 상식적 사회가 이 영화가 추구하는 사회상이다.

보통사람들의 상식 및 범죄의 의미와 재구성

보통사람 서도철 형사에게 상식적 삶은 적어도 죄를 짓지 않고 사는 것이다. 그렇다면 그에게 죄는 과연 무엇인가? 그리고 그 죄를 응징하는 것은 누구며, 어떻게 처단해야 하는가? 이 영화에서 폭력은 때로 '즐기듯이' 난무한다. 폭력은 죄가 아닌가?

우선 이 영화에서 '죄'는 앞의 설명에 따르면 비상식적 행위다. 이때 상식은 당연히 재벌과 같은 '어이'의 상식이 아니라 보통사람들의 상식이다. 드라마 회식 자리에서 한바탕 행패를 부리고 난 조태오에게 서도철은 "근데, 죄는 짓고 살지 맙시다."라고 응수한다. 그 대사 직전에 부린 행패들은 죄가 아닌가? 설사 그것도 죄라고 간주했다 하더라도 이 정도는 눈감아 줄 수 있으니 앞으로는 죄를 짓지 말라는 의미로 해석된다. 죄였다고 하더라도 용인될 수 있는 죄였다는 것이다. 그가 말하는 죄는 추상적·도덕적 의미의 죄가 아니라 '법규를 어기고 저지른 잘못'이라는 법적·사회적 차원의 '범죄'를 의미한다. 그렇다면 서 형사를 통해 이 영화가 표현하려는 범죄의 재구성은 사회적 용인의 범주를 넘어서는 경우를 염두에 둔다. 이는 보통사람들도 이미 사회적 현실에 일정하게 순치되었음을 드러낸다.

이것은 조태오 대신 자수한 최대웅 상무(유해진 분)와 서도철의 대화에서도 나타난다. 자수한 최 상무에게 서도철은 "당신이 생각해도 이상하지 않아? 그냥 '미안합니다,' 한마디만 하면 될 일이 어떻게 이렇게까지 커질 수 있지? 사회적으로 욕먹고 사는 거 당신네들 익숙하잖아?"라고 따진다. 최 상무가 "그래서 내가 자수하러 왔잖아요. 더 크게 벌이지 않으려고."라고 대답하자 서도철이 "아……니들 정말 나쁜 새끼들이다."라고 탄식하듯 말하며 대화는 끝난다. 서도철도 사건을 근본적으로 파헤치고 정의를 수립할 생각까지는 갖고 있지 않다. 이미 재벌들이 악행을 하고 욕먹는 것은 세상의 기정사실이 되었으니 미안하다고 사과 하면 용인될 수 있다는 말이다. 그런데 최 상무가 '자수하 기로 한 죄'는 무엇인가? 기본적으로 그들의 상식에서 죄를 구성하는 요건은 없다. 다만 일이 더 커지지 않게 하려고 자수했을 뿐이다. 이것은 조태오의 대사 중 '문제 삼지 않으 면 문제가 안 된다.'는 진술과도 통한다. 더 이상 문제 삼지 않게 하려고 자수했을 뿐이다.

서 형사가 다시 구치소로 최 상무를 찾아가 면회하면서 "뭐로 자수했는지 알아 처먹어야 할 거 아니냐!"라고 내뱉 는 것은 죄의 의미를 다시 한번 생각하게 한다. 이 영화는 추상적·도덕적 죄를 법률적·사회적 범죄로 축소 재구성했 다. 서도철 같은 보통사람들의 상식에서 볼 때 최 상무는 죄가 없는가? 잠시 〈소피의 선택〉Sophie's Choice(알란 J. 파 큘라 연출, 1982)이라는 영화를 보자. 아우슈비츠에 도착 한 소피(메릴 스트립 분)에게 독일군 장교는 그의 두 아이 들 중 한 아이만 선택하게 한다. 그렇게 하지 않을 경우 두 아이들을 모두 죽인다는 말과 함께. 선택을 거부하던 소피 는 두 아이들을 모두 죽이라는 장교의 명령을 듣고 어쩔 수 없이 한 아이를 선택하게 된다. 이때 소피에게 죄가 있는 가? 주판치치A. Zupančič가 주장하듯이, 윤리와 의무의 한계

구치소 면회실에서 서 형사가 죄에 대해 다그치고 최 상무가 자신의 행동을 은폐하고 합리화한다.

를 구성하는 것은 인간성과 욕망의 문제다. 자신의 '인간성'을 대가로 치르지 않고서는 의무를 이행할 수 없는 상황이라면, 도덕적 실패라는 죄를 물을 수 없다.[11] 어려운 상황일지라도 욕망에 의한 선택이 가능할 때 비로소 죄를 물을 수 있다.

그런데 최 상무는 과연 그러한 상황에 처했는가? 그는 조태오 아버지 조 회장(송영창 분)에게 조태오를 대신해 매를 맞고 자수해 죄를 뒤집어쓰면서까지 충성을 다한다. 그 보상으로 그는 재벌가의 일원(조태오의 외사촌 형)으로 권력을 구가하고 가족들에게도 많은 혜택을 약속받지만, 그 요구를 거절할 경우에는 보상을 받기는커녕 재벌가에서 배척되고 회사에서도 쫓겨날 수 있다. 상황적 강제에 처했다고 볼 수 있다. 하지만 그 상황은 자신의 욕망에 따라 선택할 기회가 전적으로 배제된 상태는 아니다. 소피의 상황과 달리 그가 처한 상황은 비인간적 선택을 해야만 하는 어쩔 수 없는 상태가 아니었다. 그는 오히려 자신과 타인의 인간성을 욕망의 실현과 거래하는 선택을 한 것이며, 그러므로 그의 행동은 추상적·도덕적 의미에서 죄가 되지 않을 수 없을 뿐 아니라, 사주를 받아 수행한 법률적·사회적 범죄도 인정된다. 이것은 최 상무로 대표될 뿐, 재벌 회사에 근무하면서 자발적이든 비자발적이든 비리에 참여한 대부분의 사원들에게도 동일하게 적용된다.

류승완 감독은 〈베테랑〉이 응징과 처단의 문제까지 다루지는 않았다고 밝혔다.[12] 영화는 경찰이 체포하는 데까지 다루었을 뿐 이후 재판 과정은 대상으로 삼지 않았다는 것이다. 그러나 그는 간접적으로 그 응징의 주체와 처단을 얘기한다. "진정한 사법 정의, 사회의 정의는 우리의 몫이라는 것을 얘기하고 싶었다. 시민의 역할이 정말로 중요하다는 점을 강조하고 싶었"다고 덧붙였기 때문이다. 조태오보다 그 범죄와 비리의 배후인 조 회장에 대한 응징도 스크린 안에서는 관심 밖이다.

이런 점에서 〈베테랑〉은 재현을 넘어 표현으로 한발 더 나아간다. 조태오와 최 상무를 비롯해 조 회장과 그 부정의 네트워크에 포함된 권력층들에 대한 사회적 응징의 주체는 대중(시민)과 관객으로 설정되었기 때문이다. 이 대중은 서도철과 조태오의 격투 장면에서 주위를 둘러싼 시민으로 나타난다. 하지만 영화 속에서 그들은 구체적으로 나서지 않는다. 오히려 관객들에게 이들이 어떻게 행동해야 하는가를 묻는다. 〈베테랑〉은 한 말단 형사가 끈질긴 추격 끝에 "경찰 역사상 누구도 건드린 적이 없는" 조태오 라인의 수뇌를 체포하는 상황을 관객에게 제시했다. 이제 이 상황을 어떻게 처리해야 하는가? '30분 아니 길어야 1시간' 안에 다시 놓아줄 것인가? 마땅한 형량인 '20년' 수감을 실현할 것인가? 영화는 관객에게 묻고, 사건으로서의 영화는 지속된다.

이제 폭력 얘기로 넘어가자. 영화에서 폭력은 활극의 주요 요소로 배치되어 웃음 요소의 하나로 연출되었다. 러시아 밀수업자들을 체포하는 영화 도입부에서 폭력은 경쾌한 음악을 배경으로 코미디처럼 그려진다. 심지어 서도철은 춤을 추면서 범죄자들을 구타하고 제압한다. 조태오의 신진그룹으로부터 돈을 받은 것으로 추정되는 다른 형사를 제압할 때에도 그는 완력을 사용한다. 특히 서 형사와 봉 형사의 폭력은 경쾌한 웃음을 유발하는 요인으로

러시아 밀수업자들을 체포하는 현장에서 서도철 형사가 음악에 맞춰 춤을 춘다.

자주 설정된다.

반면 조태오가 행사하는 폭력은 무도한 패악으로 묘사되며, 그와 관련된 다른 폭력 장면에서도 웃음은 뒤따르지 않는다. 특히 조태오 사무실에서 배 기사가 전 소장에게 맞는 장면은 느린 동작으로 촬영해 비장하기까지 하다. 그 장면을 배 기사의 어린 아들이 보고 있다. 하지만 남다은에 따르면, 이때 "영화적 시선은 폭력을 즐기는 조태오와 폭력을 강제로 지켜보는 아이 사이에서 위태롭게 흔들린다."[13] 다시 말해 이 영화는 폭력 바깥에 서서 그것을 선악의 구도 속에서 판정하며 스스로를 도덕적으로 무결한 위치에 두는 것이 아니라 폭력의 스펙터클에 매혹된 자신의 시선을 굳이 숨기지 않는다는 얘기다.

〈베테랑〉에서는 죽는 사람이 없다. 심지어 의학적 상식을 무시하고 배 기사도 다시 살아난다(의학의 논리적 상식보다 불쌍한 사람을 살려야 한다는 보통사람들의 감성적 상식이 더 중요한 듯하다). 특히 마무리 장면ending scene에서는 산소 호흡기를 단 배 기사가 눈뜨는 모습을 클로스업으로 잡은 후 전신 깁스한 몸을 풀숏full shot으로 비춘 가운데 "아빠, 힘내!"라고 써진 발바닥으로 초점이 이동하는데, 이것은 행복결말형happy-ending type 오락 활극을 떠올리게 한다. 이러한 설정은 관객들로 하여금 폭력을 활극으로 즐기게 하려는 장치의 하나다.

〈베테랑〉에서 폭력은 누가 어떻게 행사하느냐에 따라 달리 판단된다. 영화는 이러한 시선을 관객에게 그대로 드러낸다. 역시 그 시선과 폭력에 대한 최종적 판단은 관객에게 돌아간다. 하지만 여기에서 한 가지 주의할 것은 배 기사의 행동이다. 그는 전혀 폭력을 행사하지 않는다. 전 소장을 찾아가 체불임금을 요구할 때에는 그에게 떠밀려 넘어지고, 조태오의 사무실에서는 아들이 보는 앞에서 아무런 저항 없이 구타당한다. 방어적 폭력까지 포함해 폭력은 무조건 나쁘다는 가치관을 보여 주기 위함인가? 그렇지 않다. 영화의 곳곳에서 보여 준 것처럼 사법적 정의를 구현하기 위한 폭력과 정당방위에 의한 폭력은 용인된다(특히 서도철과 조태오의 격투 장면에서 서도철은 정당방위라는 정황이 가시적으로 인식될 수 있을 때까지만 조태오에게 맞는 상황을 연출한다). 배 기사는 아들에게 자랑스러운 아버지가 아니라 적어도 부끄럽지는 않지만 힘없고 약한 아버지로 비친다. 이 영화에서 배 기사로 상징되는 비폭력은 죄악의 길항 개념인 선善이나 정의正義가 아니라 유약幼弱의 표출일 뿐이다.

소영웅 가부장주의와 집단주의 및 대중의 불확실성

가족주의와 가부장주의

강성률 영화평론가는 류승완 감독의 영화들을 〈부당거래〉 전과 후로 나눈다.[14] 〈부당거래〉 이전의 영화들인 〈죽거나 혹은 나쁘거나〉와 〈다찌마와 리―악인이여 지옥행 급행열차를 타라〉 등은 액션에 몰두한 나머지 서사가 충분하지 못했다면, 〈부당거래〉는 촘촘한 서사를 직조하는 방향으로 전환했다는 것이다. 그리고 〈베를린〉에서 류 감독은 서사와 액션을 두루 갖춘 감독으로 인정받았다고 한다. 이러한 과정을 거쳐 〈베테랑〉은 희극적 요소와 사회성까지 버무린 성공적인 대중영화로 성공할 수 있었다는 판단이다.

그러나 무엇보다 〈베테랑〉이 대중의 감성을 자극한 가장 중요한 요소로 강성률은 가족주의를 꼽는다. 그에 따르면, 아이가 보는 앞에서 아버지에게 가해지는 폭력을 통해 악덕 재벌의 비인간적 행태가 가장 적나라하게 드러나도록 구성한 것이 주효했다. 물론 여배우에 대한 위악적 폭력이라든가 경호원(엄태구 분)에 대한 패악들[15]도 관객의 분노를 자아내기에 부족하지 않다. 하지만 어린 아들 앞에서 행사된 폭력은 이 영화 서사의 가장 중요한 매듭으로 작용한다. 자신의 관할 영역도 아니고 관할 사건도 아닌 문제에 서도철이 끈질기게 매달리게 되는 이유가 바로 아들에 대한 아버지의 입장을 이해한 것이기 때문이다. 서도철도 배기사처럼 어린 아들 하나를 둔 아버지로 설정된 것이 우연은 아니다. 게다가 사회적 안전망이 없는 한국 사회에서 대부분의 가정에서는 아버지의 존재가 절대적이다. 아버지가 무너지면 가족 모두가 무너지기 때문이다. 특히 배 기사의 경우는 가정을 전적으로 책임지고 있는 가장이다.

황진미 평론가도 이 영화의 가족주의에 주목한다.[16] 그는 배 기사 아들이 입은 상흔을 치유해 주기 위해 '세상 모

전신 깁스한 채 깨어난 배 기사의 발에 "아빠 힘내!"라는 아들의 낙서가 보인다.

든 아버지의 이름으로' 나선다는 것이다. 돈이나 연줄로 자식의 교육을 밀어주는 아버지가 아니라, "쪽팔리지 않게 사는" 아버지로서, 즉 자식 앞에 떳떳한 도덕과 존엄을 지닌 아버지로서 아들들에게 바른 삶을 제시하고자 하는 것이다. 배 기사가 깨어나고 깁스한 발에 '아빠 힘내!'라는 아들의 낙서로 초점이동을 하면서 영화가 마무리되는 것도 이러한 해석을 강력하게 뒷받침한다. 하지만 이 부성애와 가족애는 우리 사회의 가부장주의 틀을 넘어서지 않는다.

서도철은 직장에서 돌아와 잠든 아들을 보자 바로 안아서 방으로 옮겨 눕히는 자상한 아버지다. 하지만 그는 "맞고만 다니지 마라. 때려서 깽 값 무는 건 참아도 쥐 터져서 병원비 내는 건 못 참는다."라고 가르치고, 씻으라는 부인의 말을 듣고 방문에 발을 닦으며 "사나이는 대충 이런 거 신경 쓰는 거 아니"라고 하는 등 마초성을 여실히 보인다. 이러한 장면은 병원에서 배 기사의 아들을 따로 만나 "이런 상황 아무렇지도 않게 이겨내야 사나이야."라고 얘기하는 장면과 동일한 맥락이다.

이것은 비단 서도철의 가부장적 부성애에만 적용되는 것이 아니다. 아들 대신 조카를 때리며 아들의 죗값을 조카에게 치르게 하는 조 회장의 부성애도 잘못된 부성애지만 아버지의 권위와 애정을 보이는 대목이다. 이것은 모두 '아버지의 가오'로 포장된 가부장주의의 표출이라고 할 수 있다. 물론 서도철 부인 주연(진경 분)은 강인할 뿐 아니라 사회복지사로서 자부심을 가진 직장 여성으로 설정되었다. 하지만 이 설정조차도 남편의 '가오'를 세워주기 위한 장치로 기능한다.

주연은 최 상무의 뇌물 공여 시도를 당당하게 물리치고 난 후 경찰서로 찾아가 "쪽 팔리게 살지는 말자." "내가 정말 쪽 팔렸던 게 뭔지 아니? 내 앞에 명품과 돈다발 올려졌을 때 나도 흔들리더라. 나도 사람이고 여자야. 알았냐?"라고 서도철을 다그친다. 최 상무를 대하는 당찬 모습도 그렇지만 많은 경찰관들이 보는 앞에서 남편을 다그치는 강인한 모습은 여장부의 인상을 주는 것으로 보인다. 하지만 그가 말하는 것은 결국 서도철에게 자신이 여자임을 다시 한 번 확인해 주면서 가장의 역할을 똑똑히 하라는 얘기와 다르지 않다.

이와 같이 〈베테랑〉에 반영된 여성의 모습과 가부장주의는 한국의 현실을 잘 반영한다. 여성들의 사회 진출을 표현한 설정도 그러하다. 2016년 3월 여성의 사회 참여나 직장 내 승진을 가로막는 보이지 않는 장벽을 뜻하는 '유리천장'을 점수로 매긴 결과 우리나라는 OECD 회원국 가운데 꼴찌(28위)로 나타났다.[17] '유리천장 지수'는 고등 교육과 남녀 임금 격차, 기업 임원과 여성 국회의원 비율 등을 종합해 점수로 환산한 것인데, 100점 만점에 25.6점을 얻은 한국은 1위를 기록한 핀란드(80점)의 3분의 1 수준이며 국민들의 대부분이 이슬람 신자인 터키(29.6점)보다도 뒤처졌다.

이 영화에서 여성의 사회적 진출을 볼 수 있는 설정은 신진그룹의 중역 회의와 경찰 구성이다. 기저귀를 차고 들어가는 설정으로 관객의 관심을 끈 신진그룹 중역 회의를 상세히 보면, 앞자리에 자리한 20명이 조금 넘는 중역들 중에서 여성은 단 두 명뿐이다. 게다가 그중 한 명은 조태오의 이복 누나이므로 재벌가를 제외한 여성 중역은 많아야

신진그룹 중역회의 장면. 여성은 왼쪽 줄에 앉은 두 명뿐이다.

한 명이라는 얘기다. 경찰 구성에서도 고위 경찰 간부들 중 여성은 등장하지 않는다. 최근 적지 않은 드라마나 영화에서 여성 경찰 간부가 자주 등장하는 것에 비해 이 영화는 더욱 인색하다. 심지어 여성 주연에 해당하는 여형사는 이름으로 불리지 않고 미스 봉으로 불린다.

폭력도 가부장주의를 받쳐주는 장치로 기능한다. 신진물산으로부터 뇌물을 받아 사건을 축소하려는 정황이 보이는 형사와 말다툼하는 과정에서 서도철이 해결하는 방식은 결국 완력이다. 물론 그 형사가 먼저 폭력을 사용했지만, 서도철은 그를 간단히 제압하며 "우리가 돈이 없지 가오가 없어? 수갑 차고 다니면서 가오 떨어질 짓 하지 말자."라고 훈계한다. 만일 서도철이 완력으로 그를 압도하지 못했다면 어땠을까? 마지막 격투에서 서도철이 조태오를 제압하는 것도 마찬가지 맥락이다. 그는 결국 폭력으로 가오를 잡았다.

신진그룹 총수 집안과 기업 조직도 가부장주의를 전형적으로 보여 준다. 한국 사회의 현실이 그렇듯 신진그룹 총수는 적자와 서자를 거느린 족벌 체제로 묘사되며 기업은 철저하게 권위주의적으로 조직되고 운영된다. 신진그룹은 적자를 중심으로 위계질서가 구성되어 있어, 서자인 조태오는 그 권력 쟁투에서 살아남기 위해 안간힘을 쓴다. 그리고 총수의 조카인 최대웅은 상무이사로서 회사의 중역을 맡고 있지만 조태오의 뒤치다꺼리를 도맡아 하는 위치다. 남성 가부장주의를 기반으로 국가 기관이든 민간 기업이든 권위주의 조직 문화에 의해 지배되고 있는 모습이다.

집단주의와 소영웅주의 및 대중의 불확실성

경찰교육원은 2015년 최고의 경찰 영화로 〈베테랑〉을 뽑았다.[18] 2014년부터 경찰교육원은 경찰관들을 대상으로 경찰 활동을 가장 잘 표현한 영화와 그렇지 못한 영화 그리고 가장 실감나게 경찰 역할을 한 배우를 조사해 왔다. 〈베테랑〉은 총 2,104명의 응답자들 중 1,753표를 받았는데, 이것은 2위를 차지한 〈극비수사〉가 받은 101표와 비교

조차 할 수 없는 수치였다. 최고의 경찰 역할 배우로도 〈베테랑〉에 출연한 황정민과 장윤주가 뽑혔다.

이 결과는 경찰의 시각으로 볼 때도 〈베테랑〉이 다루는 내용과 결말 및 경찰의 행동은 경찰의 고충들을 포함해 현실을 잘 반영함으로써 바람직한 모습을 표현한 것임을 짐작할 수 있게 한다. 실제 설문에 참여한 경찰관들은 현실감을 잘 살린 영화에 표를 주었다고 대답했고, 경찰관들이 꼽은 최고의 명대사는 서도철의 "우리가 돈이 없지 가오가 없냐?"였다.[19]

한편 경찰교육원의 발표는 류승완 감독에게는 역설로 다가가기도 한다. 2014년 최악의 영화로 류 감독이 연출한 〈부당거래〉가 선정되었기 때문이다(주연 경찰 역도 〈베테랑〉처럼 황정민이 맡았다). 〈부당거래〉는 〈베테랑〉과 달리 검사에게 약점을 잡힌 경찰이 살기 위해 비굴하게 선처를 호소하는 내용이 담겨 있었고, 일선 경찰들은 검경 관계를 현실과 너무 동떨어지게 묘사했다고 평가했다.[20]

〈부당거래〉와 달리 〈베테랑〉에서 경찰은 독립적 집단으로서 자부심을 가지고자 한다. 경찰이 신조로 삼는 '가오'는 이러한 집단 자부심의 반영이며, '죄를 짓고 살지 말라'라고 외치는 것도 현행법 수호의 역할을 강조하는 의미를 갖는다. 〈베테랑〉에서도 부패한 검경 및 정치인과 재벌의 연루 정황이 명시적으로 포착된다. 하지만 영화의 주인공 경찰은 재벌에 대항할 뿐 아니라 이 부패 네트워크의 '부당거래'에도 용감하게 도전한다.

이 영화에서 경찰은 이중적으로 묘사된다. 경찰들은 스스로 경찰서를 '회사'로 지칭한다. 하지만 이들의 집단공동체 의식은 회사로 표현되지 않는다. '회사'는 '부당 거래'가 가능하고 고위층으로부터 부당한 압력이 행사되는 권위적 문화를 가지고 있어 재벌 기업과 다를 바 없는 근무처 조직일 뿐이다. 반면 서 형사가 오래전부터 생사고락을 함께해온 계장(천호진 분)과 오 팀장(오달수 분)의 지휘를 받는 광역수사대는 동료애로 뭉친 집단 공동체다.

광역수사대 막내 윤 형사(김시후 분)가 칼을 맞자 계장은 "어디, 감히 경찰을 건드려!"라는 일갈과 함께 경찰 집단의 권위를 지켜야 한다는 의식을 노골적으로 드러낸다. 결국 경찰 상부의 압력으로 조사를 진행하지 못하던 상황은 계장의 결심에 의해 사건에 본격적으로 개입하는 방향으로 전환되고, 서도철은 만면에 웃음을 띠며 "다 들었지? 형사 살인 교사로 판 뒤집혔다!"라고 기뻐한다. 시민이나 노동자 한 사람의 억울한 죽음보다 경찰 한 사람의 상해가

서 형사, 오 팀장, 계장이 그동안의 동고동락을 강조하기 위해 다친 상처들을 보여 주면서 서로 설득한다.

이들을 움직이게 한다는 것을 암시하는 대목이다.

또한 상부의 압력으로 조태오를 직접 체포하기 어려운 상황이 다시 전개되었을 때에도 서 형사와 오 팀장은 동료로서 집안 경조사에 성의를 다했다는 사실을 강조하고 함께 수사하거나 상대를 구하려다 다친 상처들을 보여 주며 공동체 구성원으로서의 동료애와 개인적 정의情誼에 호소한다. 계장도 같은 논리로 대응하며 결국 수사 허락을 내린다. 이처럼 범죄자에 대한 체포는 경찰의 성찰과 정의正義 수행의 차원에서 이루어지는 것이 아니라 가부장적 소영웅의 활약과 경찰이라는 집단의 정의情誼에 입각한 집단주의를 통해 이루어진다.

반면 노동자에 대한 계급 집단적 성격은 재벌 회사의 노동자 탄압이라는 설정과는 다소 멀다. 이해관계가 직접

걸려 있는 피해 당사자라는 점에서 '주체 위치'에 있다고 할 수 있는 노동자들은 주체적으로 나서지 않는다. 계급의식이나 조직을 통해 저항하지도 않고 법에 호소하지도 않는다. 1인 시위를 통해 개별적 해결을 모색하다 무자비한 폭력에 맞닥뜨리자 스스로 목숨을 끊어 사회적 관심을 환기하는 방식을 택한다. 이 영화에서 노동자들은 개별적으로 군집한 일반 대중들과 다르지 않다.

'죄는 짓지 말고 살자'는 주장은 재벌들과 권력층에게는 권력 남용을 억제하는 강력한 메시지가 될 수 있다. 물론 그것도 이 영화에서는 '적어도 사회와 현행법이 용인하는 선에서'라는 단서가 붙지만 말이다. 그러나 그것은 현행법상 죄를 짓지 않고서는 살아갈 수 없는 노동자와 피억압 계층에게는 불가능한 주문이다. 현행법이 사회적 상식에 부응한다 하더라도 사회적 소수자를 적극적으로 보호하는 사회 안전망이 존재하지 않는다면, '죄는 짓지 말고 살자'라는 주문은 착한 중산층의 속삭임일 수밖에 없기 때문이다.

배 기사는 "사람같이 살고 싶은데 돈 몇 푼 때문에 인간 이하 취급 받으면서 이렇게는 못 살겠다. 힘없는 놈이 힘 있는 놈들 죄받게 하려면 이 방법밖에 없다."라고 되뇌며 뛰어내리는 극단적 선택을 한 것으로 추정되었다. 나중에 타살로 밝혀지지만 이러한 추정은 사회상을 규정하는데 중요한 의미를 갖는다. 해고와 부당노동행위 등에 맞서 스스로 목숨을 끊어야 했던 수많은 노동자들의 모습이 자연스레 그 위에 겹쳐진다. 그들은 스스로 몸을 던지고 불살라 사회적 관심을 일깨우거나 고공농성같이 현행법에 위배되는 방식으로 싸울 수밖에 없는 처지에 내몰린다.[21]

배 기사가 화물연대의 복장만 하고 나오는 것이 아니라 화물연대와 함께 행동했다면, 이 영화는 조직 노동자의 투쟁을 다룬 영화가 되었을 것이다. 그렇게까지는 아니더라도 처음 추정대로 배 기사가 "힘없는 놈이 힘 있는 놈들 죄받게 하려면 이 방법밖에 없다."라고 되뇌며 자살했다면, 비록 개인적이지만 한 노동자의 목숨 바친 고발로 사회에 경종이 울리고 대중이 깨우치는 계기를 제공하는 영화가 되었을 것이다. 하지만 이 영화는 결국 배 기사를 타살된 것으로 정리한다. 배 기사의 상술한 노동자 설정은 맥거핀macguffin으로조차 작용하지 않는다. 서사 전개의 곳곳에서 배 기사가 적극적인 조직 활동을 하거나 자살할 인물이 아니라는 암시를 주기 때문이다.

류승완 감독은 죄에 대한 응징과 처단을 대중에게 맡

조태오와 서도철 형사가 격투를 하는 주위에서 대중들이 연신 핸드폰 사진을 찍는다.

긴다고 했다. 그러면 대중의 모습은 어떤가? 조태오와 서도 철의 격투 장면은 5~6분에 걸친 오랜 영상이 할애될 정도로 강조되는데, 이는 두 주인공의 활극을 보여 주는 흥미 유발 요소이기도 하지만, 대중의 모습과 관련해서도 중요한 메시지를 전달한다. 두 사람의 격투를 수많은 시민들이 둘러싸고 핸드폰으로 촬영하며, 도망가려는 조태오를 아트박스 사장이라는 한 시민(마동석 분)이 막아선다. 이를 두고 소설가 겸 PD인 이재익은 "조태오를 잡은 역할은 열혈 형사 서도철이지만 잡힌 조태오를 철벽같이 가두는 역할은 현장을 구경하던 수많은 시민들"이라고 풀이하며, 이 장면을 〈베테랑〉의 최고 명장면으로 꼽는다.[22]

과연 그런가? 두 사람이 싸울 때 대중은 구경하는 것으로 보이기도 한다. 대중이 그 정도로 깨어 있었다면 애초에 재벌들의 전횡은 일어나지 않았을 것이다. 이 장면에서 시민들은 사진을 찍을 뿐 개입하지 않는다. 관전하듯 감시하듯 모호한 태도로 카메라를 찍어대는 시민들의 모습을 통해 이 영화는 '당신의 모습은 어디 있는가?'를 묻는다. 아트박스 사장이 잠시 나서지만 적극적으로 개입하지는 않는다. 이 설정도 다른 시민들과 관객의 입장을 묻는 것으로 보인다. 결국 조태오 체포는 서도철에 의해서만 수행되고, 금방 다시 풀려날 것이라는 조태오의 자신감을 반박하는 것은 봉 형사의 발길이다. 조태오의 응징과 처단은 여전히 미결정으로 남는다.

핸드폰 카메라가 번쩍이고 CCTV가 돌아가는 상황에서도 조태오는 거리낌이 없다. 이 사회에서는 "문제 삼지 않으면 문제가 되지 않는"다는 사실을 누구보다 잘 알고 있기 때문이다. 김영진에 따르면, 서도철은 문제 삼으면 문제가 되는 상황을 연출하기 위해 격투 장면에서 정당방위를 만들어내고자 한다.[23] 이때 '문제 삼으면 문제가 되는 상황을 연출한다'는 것을 바꾸어 말하면 '문제가 되도록 문제로 삼는다'는 것을 말한다. 하지만 이것은 '문제 삼지 않으면 문제가 되지 않는 상황'을 바꾸는 것이 아니다. 여전히 문제 삼으려는 자들을 제거하기만 하면 되기 때문이다.

서도철이 연출하려는 것은 "문제 삼으면 문제가 되는 상황"이 아니라 '그 자체로 문제가 되는 상황'이다. 서도철은 정당방위 직전의 상황, 즉 일방적으로 폭력의 희생자가 되는 문제적 상황을 연출하여 드러내고자 한 것이다. 그 문제적 상황은 그 자체로 범죄가 되는 상황이기 때문이다. '문제가 있음에도 문제 삼지 않으면 묻히는 사회'가 부당한 사회라면, '그 자체로 문제라면 문제가 되는 사회'가 올바른 사회이고 상식적 사회다.

서도철은 문제 삼지 않으면 문제되지 않은 사회에서 문제로 삼으려다 실패한 경험을 지속적으로 겪었다. 그래서 그는 조태오와의 격투에서 그 자체로 문제가 되는 상황을 연출해 대중에게 보여 주고자 한다. 대중은 개인들이나 하위 집단들의 개별적 군집의 형태로 존재할 뿐 공동체 의식을 가진 하나의 집단을 구성하지는 않기 때문에 수동적이며 말이 없다. 하지만 명시적으로 드러난 문제에 대해서는 더 이상 침묵하지 않는다. '그 자체로 문제라면 문제가 되는 사회'는 대중의 눈이 살아있을 때 가능하다. 하지만 〈베테랑〉의 대중들은 '나'도 '너'도 '그들'도 아닌 '4인칭 복수'24로 존재한다. 이 영화는 익명에 의한 관조와 익명에 의한 감시의 사이에 있는 불확실한 대중에게 궁극적으로 어떻게 할 것인가를 묻는다.

요약과 함의

　〈베테랑〉은 보통사람들의 상식에 충실한 영화다. 하지만 한국의 현실은 보통사람들의 상식에 충실하지 못하다. 이 영화가 주목받은 것은 현실을 그대로 재현한 것이 아니라 현실을 뒤집어 대중이 원하는 바를 표현했기 때문이다. 또한 이 재현과 표현의 사이에서 〈베테랑〉은 활극과 웃음을 통해 그 비현실감의 괴리를 극복했다.

　보통사람들의 상식을 실현하는 행위자도 보통사람의 한 사람인 말단 형사다. 하지만 그는 베테랑으로서 뇌물과 권력의 유혹에 넘어가지 않는다. 베테랑 형사 서도철을 페르소나로 삼아 이 영화가 추구하는 사회상은 현실적인 대안이다. 주인공의 직업이 형사라는 것도 이러한 현실성과 어울린다. 이 사회상은 '죄를 짓지 않고 죄를 지으면 처벌을 받는 사회'로 표현되는데, 이때 죄는 '법규를 어기고 저지른 잘못'이라는 법적·사회적 차원의 '범죄'를 뜻한다. 그리고 이 범죄에 대한 처벌도 사회적 용인의 수준을 넘어가는 경우에 한한다.

이 영화는 '(죄가 있어도) 문제로 삼지 않으면 문제가 되지 않는' 잘못된 사회를 '그 자체로 문제라면 문제가 되는 사회'('죄가 있으면 마땅히 처벌을 받는 사회')로 바꾸고자 한다. 후자는 문제가 항상 공개되는 투명성과 공개된 문제에 대해 올바로 대응하는 대중들의 존재라는 두 가지 조건이 충족된다. 하지만 아직 후자로 전환되기 전인 현재 사회에서는 문제가 성공적으로 은폐되고 있으므로 문제로 삼으려는 적극적인 노력이 필요하다. 이 문제 삼는 자가 〈베테랑〉에서는 서도철 형사인데, 그는 보통사람들의 상식을 실현하는 강직한 소영웅이다.

하지만 문제 많은 현실에서 서도철이 문제를 문제 삼아가는 과정은 성찰과 정의正義 수행의 차원이 아니라 논리보다 완력을 앞세운 소영웅의 활약과 경찰이라는 집단의 정의情誼의 차원에서 이루어진다. 또한 서도철은 가부장주의를 체현한 마초적 인물이다. 서도철 부인과 여형사의 설정이나 경찰 조직 및 재벌 기업의 미장센들도 가부장주의적 구성을 받쳐준다.

〈베테랑〉은 재벌과 보통사람들의 갈등을 핵심 문제로 다룬다. 하지만 보통사람들은 주체적 의식을 가진 집단으로 조직되지 않은 대중이다. 노동자들도 배 기사를 통해 드러나듯이 적극적인 조직 행동을 하거나 계급의식을 가진 사회집단으로 묘사되지 않는다. 대중들은 개인들로 구성되거나 기껏해야 가족과 같이 개인의 사적 관계에 기초한 소규모 집단들로 이루어진 군집으로 묘사될 뿐이다. 문제 삼아야 할 그 문제들은 보통사람들을 기만하고 억압하는 재벌과 그 영합 세력들이 보통사람들을 기만하고 억압하는 것에 한정되며, 가부장적 권위주의와 계급 착취 같은 구조적 모순은 포괄하지 않는다.

새로운 사회의 두 번째 조건인 대중의 존재와 관련해 〈베테랑〉의 결말은 더 열려 있다. 류 감독의 인터뷰 내용처럼, 영화는 서 형사가 조태오를 체포하는 과정까지만 다룰 뿐이다. 범죄와 범죄자에 대한 처단과 응징에 대해서는 관객과 대중에게 열어둔다. 이 관객과 대중은 스크린에서 서도철과 조태오의 격투 장면에서 카메라를 든 시민들로 등장한다. 체포하는 과정은 영화의 카메라가 담아 문제로 삼지만, 이후 처단과 응징은 대중들의 카메라에게 맡긴 것이다. 그리고 아트박스 사장의 깜짝 등장을 통해 시민과 관객 대중에게 어떻게 할 것이냐는 물음을 반복하고 대답을 다그친다. 그 자체로 문제가 된다면 문제가 되는 사회의 주역이 대중이라는 점을 의심하지 않는다. 하지만 그 결정조차 대중에게 있음을 이 영화는 확인하고자 한다.

〈베테랑〉은 어이없는 영화다. 보통사람들의 의지에 따라 상식과 원칙이 통하는 사회를 만들어가는 뻔하게 보편적인 줄거리를 가지고 있음에도 말이다. 하지만 바로 그렇기 때문에 이 영화는 내용적으로 '어이'가 없어지는 영화다. 사전적 의미의 '어이'가 체포됨으로써 부당한 권력을 행사하는 '어이'가 없어지는 희망을 다루었기 때문이다. 그러나 다른 한편으로 이 과정은 개인적 저항에 머물고 마는 사회적 약자들의 모습과 가부장적 권위주의를 체현한 소영웅적 해결에 의존한다는 점도 이 영화가 어이없는 이유다. 결국 사회적 사건의 하나로서 이 영화를 완성하는 것은 대중이다. 하지만 영화에서나 현실에서 대중은 여전히 불확실성 속에 존재한다. 〈베테랑〉은 이 대중들이 영화가 표현한 사회의 어이없음을 성찰하고 해결하는 계기가 되는 사건이다.

7장

〈포화 속으로〉와 〈고지전〉:
국가관과 전쟁관의 변화

2010년과 2011년에 각각 제작된 〈포화 속으로〉와 〈고지전〉은 2000년대 초반 이후 제작된 한국전쟁 영화들 중 가장 높은 흥행 성적을 기록한 영화들이다. 2016년 3월 말 통계로 볼 때, 〈포화 속으로〉는 약 339만 명의 관객을 동원했고, 〈고지전〉은 총 295만 명의 관객을 동원했다.[1]

비록 이전 한국전쟁 영화들에 비해 성적은 저조했지만, 두 영화는 최근 대규모 관객 동원 영화들이 잇달아 등장한 두세 해 이전까지 역대 한국 영화들 중에서 80위 안에 드는 주요 흥행 기록 영화들이었다. 게다가 역대 한국전쟁 영화들 중에서는 각각 3위와 4위를 기록해 〈태극기 휘날리며〉와 〈웰컴 투 동막골〉 다음으로 흥행에 성공한 영화들이다. 따라서 이 두 영화는 2000년대 초반의 〈태극기 휘날리며〉와 〈웰컴 투 동막골〉 이후 나타난 국가관과 전쟁관의 변화를 읽기에 상대적으로 가장 적절한 작품들이라 할 수 있다.

〈포화 속으로〉와 〈고지전〉은 그 허구성의 정도가 크게 차이 나기는 하지만 실화를 토대로 했다는 점에서 유사하다. 물론 〈고지전〉의 경우 실화에 기반을 두었다는 점을 명시적으로 밝히지 않았고 실화성보다 허구성이 더 강하지만 전투의 시기와 배경 및 서사의 골격은 실제 사건에 토대를 두었다고 할 수 있다.

반면, 두 영화는 각각 한국전쟁 초기의 학도병 전투와 전쟁 막바지의 고지전을 소재로 했다는 점에서 대조적이다. 또한 〈포화 속으로〉가 애국심을 고취시키고 학도병의 희생을 기리는 목적을 가진 것과 반대로, 〈고지전〉은 지루하면서도 참혹한 전투를 치르면서 전쟁에 대한 회의가 팽배해지고 그로 인해 요구되는, 전쟁에 대한 새로운 사고를 표현한다.

이 대조적 성격은 두 영화에 대한 비교 가능성을 크게 약화시키는 것으로 보인다. 그러나 앞서 말한 것처럼 영화가 특정한 시대의 사회적 배경과 대중의 의식을 반영한다면, 비록 과거의 사건을 재현했다 할지라도 그것은 현재의 거울로 기능한다. 특히 흥행에 성공한 영화는 텍스트에 내재된 의미나 갈등 혹은 그 정치·사회적 의미가 관객에게 전이되었음을 시사한다.[2]

또한 파울슈티히W. Faulstich에 따르면, 관객은 영화 속의 허구적 세계를 진지하게 받아들인다. 다시 말해 관객은 허구의 세계 속에 자신을 내맡기며, 영화 속의 사건들을 현실의 잣대로 측정하지 않고, 영화 속의 사건이 진실이냐 아니냐 하는 문제를 제기하지 않으며, 영화 관객으로서의 자신

과 그가 흡수된 영화 사이에 뚜렷한 구분을 하기 어렵다
는 것이다. 바로 이러한 점 때문에 영화는 흥행 당시의 사
회와 대중의 성격을 반영한다.[3] 그러므로 최근 비슷한 시기
에 나온 이 두 영화는 상반되는 메시지에도 불구하고 현대
한국의 사회적 배경과 현대 한국인의 의식을 반영할 수밖
에 없을 것이다.

분석 방법과 세부 질문

기억은 사물화되거나 죽은 것에 새로운 생명을 부여
하고자 했던, 신화 속의 오르페우스Orpheus와 피그말리온
Pygmalion의 작업에서 연유한다고 한다. 기억한다는 것은
사라진 것들을 망각의 무덤에서 불러내어 새로운 생명을
부여하는 것이다. 전쟁 영화는 역사 속의 전쟁을 기억하고
현재의 대중들에게 재현함으로써 새로운 생명을 부여한
다. 따라서 기억을 통해 재현된 영화 속 전쟁은 더 이상 과
거의 전쟁이 아니라 현재의 전쟁이 된다.
물론 이 현재의 전쟁은 과거에 즉물화된 전쟁이 아니라
현재의 사회적 배경과 대중 및 평론가의 의식을 반영하고

또 이를 통해 재창조되는 유동적인 사회적 현상이다. 이때 영화의 작가인 감독의 예술적 행위도 사회적 배경과 대중의 의식으로부터 자유로울 수 없다. 영화를 하나의 사회적 현상으로 볼 때 작가주의는 의미를 상실한다. 영화는 감독 개인의 표현 수단에 그치지 않고 사회 시스템의 거대한 구조 속에서 다양한 중층성에 의해 결정되기 때문이다.[4]

역사 발전이 단계를 생략할 수 없다면, 근대화가 늦은 한국의 역사는 급격한 압축적 발전을 해 왔으며, 영화 또한 이러한 발전 경로를 거쳐 왔다. 그러나 경제 발전과 달리 예술 장르로서 영화의 발전은 정치권력의 민주성과 밀접하게 연관되어 전개되었다. 그것은 영화가 갖는 사회 권력적 혹은 문화 권력적 성격에 기인하는 것이라 할 수 있다.

더욱이 전쟁 영화라는 장르는 국가 및 이데올로기와 직접 관련되는 전쟁을 다루므로 정치의 직접적 통제 대상이 되어 왔다. 따라서 우리나라 전쟁 영화는 오랜 개발 독재기에 완만한 발전을 보인 반면, 민주화 이후 예술의 자율성이 확보되자 급속한 발전을 거듭했다. 이제 민주주의의 공고화 단계에 들어선 만큼 우리나라 영화도 정치권력의 압력 없이 사회적 배경과 대중의 의식을 반영할 수 있게 되었고, 특히 전쟁 영화는 이를 파악하기 위한 중요한 수단으로 기능할 수 있게 되었다. 그중 전쟁이라는 오브제는 무엇보다 국가관과 긴밀하게 관련되며, 국가 간의 무력 다툼이라는 전쟁에 대한 관점도 국가관과 밀접하게 관련된다.

따라서 이 글은 한국전쟁을 대상으로 한 전쟁 영화에 나타난 국가관과 전쟁관의 변화를 개괄하면서 가장 최근에 제작된 두 영화, 〈포화 속으로〉와 〈고지전〉을 통해 현 시기 한국인의 국가관과 전쟁관을 들여다본다. 2000년대 초반까지 제작된 한국전쟁 영화들을 개괄하는 것은 두 영화를 읽어내기 위한 배경 지식으로 작용하기도 하지만, 그 자체로 현대 한국인의 국가관과 전쟁관의 역사적 변화를 고찰하기 위한 것이기도 하다. 그러므로 이 부분도 가능한 한 상세하게 설명해 두 영화 분석과 충분히 연결하고자 한다.

우선 한국전쟁 영화의 발전을 시대별로 개관하고 이를 통해 영화에 나타난 국가관과 전쟁관이 어떻게 변했는지를 추적하면서 시작한다. 이어지는 절에서는 〈포화 속으로〉와 〈고지전〉을 중심으로 현 시기 한국인의 국가관과 전쟁관을 읽어낸다. 분석의 세부 대상은 스토리, 미장센, 대사 및 허구 설정이며, 이들을 분석해 일차적으로 적에 대한 규정과 북한에 대한 인식을 밝혀낸다. 그리고 이를 통해 전쟁을 수행하면서 나타나는, 군인 및 학도병들의 국가관과 전쟁관을 파악해 우리(남한 국민)의 국가관 및 전쟁관으로 연결시킨다. 이때 국가관과 전쟁관은 상술한 바와 같이 긴밀하게 맞물려 전개되는 만큼 그 상호 관계에 대해서도 관심을 두고 추적한다.

이 장의 초점은 두 영화를 비교 고찰하는 것 자체에 있지 않고, 두 영화에 나타난 국가관과 전쟁관의 일반적 특징을 읽어내는 데 있다. 따라서 두 영화를 묶어서 비교하는 방식이 아니라 각각 별개의 절로 분리해 고찰하고 그 결과를 결론에서 비교·종합하는 방식으로 글을 구성한다.

한국전쟁 영화의 발전과 국가관 및 전쟁관의 변화

한국전쟁 영화의 발전

전쟁 영화는 전쟁을 주요 소재로 한 영화를 말하며, 그 주제는 전투를 비롯한 전쟁 중 군인의 행태와 휴머니즘, 전쟁과 관련된 군인과 가족의 서사 혹은 스릴이나 서스펜스이다.[5] 따라서 한국전쟁 영화는 한국전쟁을 주요 소재로 하는 영화를 말한다. 영화에 대한 데이터를 가장 많이 보유하고 있는 한국영화데이터베이스를 통해 조사한 김형주에 따르면, 한국전쟁을 다룬 영화는 2012년 기준으로 219편이었다.[6] 그리고 2016년 4월에 다시 조사한 본 결과, 극영화뿐 아니라 애니메이션과 다큐멘터리 등을 포함해 이 데이터베이스에 등록된 모든 영화들 중에서 '한국전쟁'을 키워드로 검색하면 233편이고, '6·25'를 키워드로 검색하면 272건이다.[7]

전쟁 영화가 연구자들에 따라 다양하게 분류되는데, 한국전쟁 영화도 이러한 분류에 입각해 다양하게 분류된다. 이영일은 형식에 따라 직접 전투를 묘사한 형식, 전쟁중 군인의 행동을 묘사한 휴머니즘 형식, 사회 복귀 후 군인과 그 가족의 모습을 다룬 전시戰時 사회극 형식, 전쟁을 소재로 한 스릴러나 서스펜스 드라마 같은 미학적 형식으로 나누었고,[8] 김권호는 구체적 대상에 따라 전쟁을 직접다룬 영화, 전쟁의 상처와 후유증을 다루는 영화, 단순 액션 활극 첩보물 같은 영화로 분류했다.[9] 한편 김형주는 주제 혹은 전하려는 감독의 의도나 메시지를 근간으로 분류했는데, 전쟁의 재현에 있어서 휴머니즘과 허무주의를 내포하고 있는 영화, 전쟁의 상흔과 가족애를 다루고 있는 영화, 전쟁의 폭력성과 잔혹성으로 인간성이 상실된 전쟁

영웅의 양면성과 국가의 허상을 통해 반전 메시지를 구현하는 영화라는 세 분류가 그것이다.[10]

그러나 이 분류들은 모두 전쟁 영화 전체를 대상으로 하는 만큼 한국전쟁 영화에 범위를 좁혀서 적용하기에는 다소 무리가 따른다. 따라서 이 글에서는 한국전쟁을 다룬 영화들만을 대상으로 그 특수성에 따라 새로운 분류를 시도한다. 한국전쟁 영화들은 역사적으로 국내 정치적 상황을 반영하여 특히 그 주제와 메시지의 변화가 뚜렷하게 나타났으므로 주제와 메시지를 중심으로 반공 이데올로기 영화, 전쟁 휴머니즘 영화, 전시 사회극 영화, 전쟁 스릴러나 서스펜스 영화로 분류한다.

반공 이데올로기 영화는 반공 이데올로기를 주입하고 선전하기 위해 제작한 영화로 주로 국책 영화에서 많이 나타나고, 전쟁 휴머니즘 영화는 전쟁 중 군인들의 행태를 통해 반전을 비롯한 휴머니즘적 메시지를 전달한다. 그리고 전시 사회극 영화는 전쟁 후 사회로 돌아간 군인이나 전쟁 중 혹은 전쟁 직후 드러나는 가족 혹은 사회의 모습을 묘사함으로써 전쟁의 상흔과 가족애 또는 공동체 의식의 피폐를 다루는 반면, 전쟁 스릴러나 서스펜스 영화는 전쟁을 소재로 하되 전쟁의 사회적·정치적 의미가 아니라 스릴이나 서스펜스의 흥미를 유발하려 한다.

정부 수립 후 한국전쟁 영화는 오랜 개발 독재의 영향으로 반공 이데올로기 영화로 점철된 시기가 길었다. 김권호의 시기 구분을 한국전쟁 영화에 준용하면, 형성기(1954~1962), 양산기(1963~1972), 침체기(1973~1980)가 모두 반공 이데올로기 영화의 시대다.[11] 이 시기 구분은 한국전쟁 영화가 반공 이데올로기 주입에 따라 도입, 양산, 침체의 주기를 겪었다는 인식에 의한 것이다. 곧, 형성기는 이 이데올로기 주입의 시행착오를 통해 한국전쟁 영화가 형성되는 시기이고, 양산기는 이 이데올로기의 안착을 통해 한국전쟁 영화가 양적으로 성장한 시기이며, 침체기는 한국전쟁 영화가 국가의 엄격한 통제 아래 국책 영화로 전락한 시기다.

물론 형성기에도 이강천 감독의 〈피아골〉(1955)처럼 반공 이데올로기를 떠나 인간적 갈등과 욕망 같은 근원적 문제를 다루어 전쟁 휴머니즘 영화로 분류되는 영화들이 제작되었다. 또한 그 이후에도 이러한 영화들이 없었던 것은 아니지만, 전체적인 흐름은 반공 이데올로기 영화들이 주류였다는 점을 부인할 수는 없다.

1980년대 전두환 정부에 와서 한국전쟁 영화는 과도기

(1981~1987)에 들어갔다. 그것은 정부의 통제가 약해졌다기보다 이른바 3S 정책(Sports, Sex & Screen)과 이산가족 찾기의 선풍 때문이었다. 3S 정책으로 비이데올로기 분야의 오락 영화가 양산되고 전쟁 영화보다는 분단의 고통을 다루는 이른바 분단 영화가 증가하면서 한국전쟁 영화는 명목만 유지하는 상태였다.

시대별 제작 편수를 구체적으로 살펴보면, 1954년 전창근 연출의 〈불사조의 언덕〉이 제작된 후 한국전쟁을 소재로 다룬 영화들이 발표되었으나 형성기의 영화들은 손에 꼽을 정도에 불과했다. 그와 달리 대부분 양산기인 1960년 대에는 한국전쟁 영화가 가장 많이 제작되어 총 73편을 헤아렸다.[12] 하지만 주로 침체기인 1970년대에는 큰 폭으로 줄어 총 40편이 제작되었고, 대개 과도기인 1980년대에는 더욱 줄어 총 18편 정도가 제작되었다.

한국전쟁 영화가 재생되기 시작한 시기는 민주화 이후 이다. 민주화를 통해 국가의 통제가 사라져감에 따라 민간 영화가 성장해가면서 정부와 관변 단체 주도로 제작되는 반공 이데올로기 영화 외에도 민간 영화 산업이 상업적 흥행을 노리고 제작하는 전쟁 스릴러나 서스펜스 영화가 생겨났다. 그러나 민주화를 전후해 역사 문제를 다룬 감독들은 자신의 비전을 갖고 작가 영화를 모색하면서 질곡의 한국 현대사를 되돌아보고 한국전쟁과 국가 및 분단의 문제를 재해석하려고 했다.[13] 특히 1980년 광주항쟁 이후 미국에 대한 시각이 바뀌고 신군부에 대한 도전이 시작되면서 한국전쟁 영화도 변화를 맞이하기 시작한 것이다. 다만 신군부의 새로운 탄압에 의해 민주화 이전까지 그 변화가 가시화되지 못했을 뿐이다. 이러한 점에서 민주화 이후 1990년대 한국전쟁 영화의 재생은 양적 측면의 재생이 아니라, 반공 이데올로기를 벗어난다는 의미에서 재편에 해당한다.

실제 1990년대에 한국형 블록버스터 영화들이 양산되기 시작했음에도 한국전쟁 영화 제작은 총 11편에 머물렀고, 2000년대에도 총 13편에 머물렀다.[14] 〈쉬리〉(강제규 연출, 1999), 〈공동경비구역 JSA〉(박찬욱 연출, 2000), 〈실미도〉(강우석 연출, 2003) 등 2000년대 들어 분단 영화들은 다시 변화해 작가 영화의 입지가 줄어들면서도 최고 흥행 기록을 경신해갔지만, 한국전쟁 영화의 재편은 더 오래 기다려야 했다. 하지만 2005년 역대 흥행작 베스트 5 가운데 〈친구〉를 뺀 모든 영화가 분단과 한국전쟁을 배경으로 했다는 점에서 2000년대는 양적 팽창보다 질적 향상이 두드러진 시기였다.[15]

2000년에 제작된 전시 사회극 〈건〉[註](윤용훈 연출)에서 시작해 2011년 박건용 감독의 〈적과의 동침〉이라는 전쟁 휴머니즘에 이르기까지 남과 북에 대한 새로운 시각을 요구하는 영화들이 증가하기 시작했다. 그러나 대부분 흥행에 실패했고, 〈태극기 휘날리며〉(강제규 연출, 2004)와 〈웰컴 투 동막골〉(박광현 연출, 2005), 두 편만 크게 성공하며 시대적 상황을 잘 재현해 냈다.

한국전쟁 영화에 나타난 국가관과 전쟁관의 역사적 변화

반공 이데올로기 영화가 설정한 국가관은 기본적으로 자유 민주주의 사상에 입각했다. 국민의 자유를 보장하는 외적·내적 테두리로서 국가는 지켜나가야 하는 보호 장치였다. 그러나 조선 시대 봉건주의를 온전히 탈피하지 못하고 일제 강점기의 경험을 벗어나지 못한 상태에서 국가의 존재는 가족의 의미보다 더욱 중요한 충성의 대상이기도 했다. 이러한 상황에서 발발한 한국전쟁은 북한의 이미지를 규정하는 데 결정적으로 기여했다. 전쟁 이전의 이념 갈등은 전쟁으로 인해 대부분 사라졌고, 남한 민중들에게 북한은 해방군으로 다가온 미국과 유일한 정통성을 가진 '자유 대한'을 부정하고 그에 대적하는 불순한 세력이자 공

산 세력의 괴뢰로 간주되었다.[16]

반공 이데올로기 영화가 지배하던 시대에 남한 국민들에게 국가는 '자유 대한'이라는 유일한 조국이었으며, 북한은 괴뢰군이 장악한 미수복 지역에 불과했다. 그리고 이러한 이데올로기는 당시 한국전쟁 영화를 통해 재현되고 재생산되었다. 한국전쟁의 기억이 반공 이데올로기로 되살아나 선과 악의 이분법 논리로 재현된 것이다. 여기에서 전쟁은 조국을 수호하고 악으로부터 선을 지키는 정의의 전쟁이었다. 게다가 북한의 도발이라는 엄연한 현실은 이러한 사고를 뒷받침했고, 전쟁의 구체적 진실과 상흔은 이 논리속에 묻혔다.

하지만 1980/90년대 과도기 및 재생기를 거치면서 새로운 시각을 요구하는 전쟁 휴머니즘이나 전시 사회극 류의 한국전쟁 영화와 분단 영화들이 제작되기 시작했고, 이를 통해 반공 이데올로기적 국가관과 전쟁관도 변하기 시작했다. 특히 2000년대의 두 대표적 한국전쟁 영화인 〈태극기 휘날리며〉와 〈웰컴 투 동막골〉에서 그 변화는 절정을 맞았다.

〈태극기 휘날리며〉는 블록버스터 흐름의 영향을 받아 1천 175만 명에 가까운 관객을 동원한 놀라운 흥행을 기록했다.[17] 이 영화는 미학적으로 혹평을 받기는 했지만,[18] IMF 시대를 거친 당시 우리나라 관객들에게 자신의 가족만 잘되면 나라를 망치는 전쟁 따위야 상관없다는 '가족 이기주의'를 설득력 있게 호소했다.[19]

이 영화에서 국가는 가족과 무관한 존재로 설정되었다. 국가가 다른 가족들을 포함하는 공동체라고 한다면, 이 영화의 가족주의는 철저히 가족 이기주의로 현상한다. 영화에서 형이 전쟁에 참여하는 이유는 오로지 집안이 잘되기 위해서다. 그 목적을 위해 형은 죽이고 또 죽인다. 이때 적은 남한군과 북한군이 아니라 가족의 부흥을 가로막는 모든 것이다. 국가는 가족을 부흥시키지 못하는 한 의미 없는 존재다. 여기에는 더 이상 대를 위해 소를 희생한다거나[사소취대捨小取大] 대의를 위해 부모형제를 돌보지 않는다는[대의멸친大義滅親] 논리가 설 자리는 없다. 과거에 사소취대나 대의멸친은 장기적으로나 공동체적 관점에서 대가 소를 위해 혹은 국가가 가족을 위해서도 필요한 덕목이었다. 그러나 오랜 독재 정권의 탄압을 겪고 특히 IMF 이후 빈부 차이가 더욱 심화된 2000년대의 상황에서 국민들은 더 이상 이러한 논리를 수용하지 않게 되었다.

물론 가족이라는 의미를 민족이라는 의미로 치환할 수

있다. 남한군과 북한군을 넘나드는 형의 행동은 사상보다는 민족으로 치환된 가족을 지키려는 노력으로 해석할 수도 있다. 그러나 그러기 위해서는 북한군과 남한군을 동일한 공동체 구성원이라는 시각에서 바라보는 설정이 필요하다. 물론 영화 속의 또 다른 인물인 영만이 "막말로 이놈의 전쟁 누가 이기든 무슨 대수야. 난 사상이 뭔지 모르겠는데, 형제들끼리 총질할 만큼 중요한 건가?"라고 외치는 장면도 이를 뒷받침하는 듯이 보인다. 그러나 이 장면도 동생이 죽은 줄 알고 북한군에 항복해 북한군에 편입된 형과 여전히 남한군에 살아남아 있는 동생이 대적한 이후 설정된 장면이다. 〈태극기 휘날리며〉에서는 오로지 공부 잘하는 동생을 귀가시켜 집안을 일으킨다는 목적만 부각된다. 여기에서 주인공은 태극기 휘날리며 가족애를 불태울 뿐이다.

이 영화에서 나타나는 전쟁관도 이러한 국가관과 연결된다. 전쟁은 남한과 북한 혹은 이념과 이념의 대립이 아니라 가족과 형제를 고난에 들게 하는 장애물에 불과하다.[20] 상술한 정성일의 평가처럼 이러한 메시지는 한국전쟁이 아니어도 전달할 수 있다. 그런데 굳이 한국전쟁을 배경으로 한 것은 작가주의로 해석하자면 한국전쟁이라는 기억을 활용함으로써 전달력이 강화될 수 있기 때문이었을 것이다. 하지만 작가주의 시각을 벗어나면, 현재에 재현된 민족 공동체의 기억이 한국전쟁의 의미를 재해석하는 데 동참한 것이라고 할 수 있다.

이듬해 개봉해 〈쉬리〉에 이어 당시 흥행작 6위(약 800만 관객)를 차지한 〈웰컴 투 동막골〉은 판타지를 가미한 전쟁 휴머니즘 영화다. 반미 영화라는 구설에 오를 정도로 민족 공동체적 메시지가 강한 이 영화는 판타지 요소를 통해 논란을 잠재우려 했지만, 외세를 배격하고 이념을 넘어 '우리 민족끼리' 살아가야 한다는 강하면서도 처절한 메시지를 담고 있다.[21] 영화에서 동막골에 공감한 미군도 결국은 떠나가고 동막골을 지키기 위해 UN군에 대항해 함께 싸우다 죽은 남북 군인들이 다섯 마리의 나비가 되어 날아가는 장면이 이를 극대화한다.

〈웰컴 투 동막골〉에서 동막골 주민들에게 국가는 존재하지 않는다. 존재한다면 그것은 동막골의 모습과 같은 한반도 전체의 민족 공동체여야 한다. 동막골 촌장처럼 '특별히 어떤 방식으로 다스리는 것이 아니라 많이 먹이면 되는' 그런 국가여야 한다. 민족은 존재하지만 국가는 민족 공동체의 공존과 평화를 지킬 뿐 어떠한 이념이나 집단적 갈등도 유발해서는 안 된다. 얼핏 보면, 반공 이데올로기 영화가 설정한 자유 민주주의 국가의 원형인 것 같지만, 체제 이데올로기성 유무에서 두 국가관은 엄격히 다르다.

이 영화가 반영하는 전쟁관도 마찬가지로 민족 공동체를 위협하는 적들에 대한 투쟁이다. 동막골 주민들이 직접 싸우지 않는다는 점에서 평화주의를 내세우는 것 같지만, 이미 이들에게 동화된 남북 군인들이 대신 싸운다는 점에서 굳이 이들이 직접 싸우지 않는다고 해서 평화 지상주의라고 볼 근거는 사라진다. 전쟁은 남북 간의 싸움이 아니라 남북 공동체를 지키기 위해 외세와 그에 협력하는 세력들에 대해 수행되어야 하는 싸움으로 간주된다.

〈태극기 휘날리며〉와 〈웰컴 투 동막골〉은 IMF 환란을 겪은 대중들의 가족주의적 욕구를 반영하는 한편, 남북 화해 분위기를 반기고 반미 감정이 강화된 국민들의 정서를 반영하는 대표적인 전쟁 영화라고 할 수 있다. 물론 여기에 블록버스터와 판타지라는 오락적 요소가 흥행의 한 요인으로 작용하기는 했지만, 천만 안팎의 관객을 동원한 흥행 성적은 비단 이 요소만으로 설명하기에는 부족하다.

이후 2000년대에 한국전쟁 영화들 중 가장 높은 흥행 성적을 기록한 영화들이 앞에서 밝힌 것처럼 〈포화 속으로)와 〈고지전〉이다. 따라서 이하에서는 이 두 영화를 대상으로 〈태극기 휘날리며〉와 〈웰컴 투 동막골〉 이후 나타난 국가관과 전쟁관의 변화를 읽어낸다.

〈포화 속으로〉에 나타난 국가관과 전쟁관

침묵 속의 무능력한 국가

〈포화 속으로〉는 1950년 8월 11일에 포항여자중학교에서 일어난 실화를 바탕으로 제작되었다. 영화가 시작되기 전에 이 사실을 공지하고 영화가 끝난 후 생존자들의 증언을 수록함으로써 이 실화성을 여실히 드러냈다. 특히 학도병 참전을 주제로 함으로써 학도병의 용기와 애국심을 기리고자 한 의도가 충분히 감지되는 영화다. 전쟁 스릴러에 가까울 정도로 주인공들이 총을 여러 번 맞고도 오뚝이처럼 일어나는 람보 식의 마지막 전투 시퀀스는 과장된 의도로 보이기조차 한다.

또한 실화에 바탕을 둠에도 불구하고 허구가 가능한 예술 장르로서 이 영화는 곳곳에 허구를 삽입했다. 비록 행정 요원들이었지만 실제 당시 전투 시점에 육군 제3사단

이 학교 뒤편에 배치되어 모두 철수한 것이 아니었고, 영화가 끝난 뒤 인터뷰에 나오는 것처럼 생존자가 있었다는 것은 영화의 설정과 다른 사실이다. 당시 학교 뒤편에 배치된 육군 제3사단 2개 소대도 30여 명이 전사하는 피해를 보았으며, 총 71명의 학도병들 중 23명은 부상당했지만 사망하지는 않았다.[22] 그럼에도 정규군이 모두 낙동강 전선으로 전환 배치되고 학도병들만 남아 전투 중에 전원 사망하는 것으로 설정한 것은 극적 효과를 극대화하려는 의도로 보인다.

이와 같은 설정들이 드러내고자 한 것은 학도병의 애국심과 용기다. 특히 그들의 애국심은 관객의 호응을 받은 것으로 간주할 때 현재 한국인들의 국가관을 반영한다. 하지만 영화에서 애국심은 단순히 조국에 대한 충성심으로 재현되지는 않는다. 역시 실제와 다른 설정이지만 소년원에 들어가는 대신 학도병으로 자원한 구갑조(권상우 분)와 그 친구들은 다른 학도병들과 달리 고아이며 학생도 아니다. 이를 통해 애국심에 불타 참전했다는 학도병 집단의 선입감은 배제되며, 국가관의 다양성을 소폭이나마 반영했다. 또한 사실과 다르지만 포항시가 2009년에 추모비를 건립하고 이후 여러 콘서트 등으로 발표되어 잘 알려진 학도병의 편지[23]를 쓴 이우근이 중대장 오장범(최승현 분)으로 설정되고 그 편지 글이 내레이션으로 삽입됨으로써 암묵적이지만 이들의 국가관을 드러냈다.

우선, 구갑조와 그 친구들의 참전 동기는 소년원 수감을 대신하는 선택이거나, 전투 중 오장범과의 대화에서 드러나듯이 학생 행세를 하고 싶어서다. 그 이유가 명확히 드러나지는 않지만 그들에게 조국이나 국가는 존재하지 않는다. 나중에 구갑조가 적극적으로 전투에 참가하게 되는 계기도 애국심을 깨우쳐서가 아니라 친구가 총에 맞아 죽었기 때문이다. 그뿐만 아니라 친구가 죽은 다음 그는 학도병 중대를 떠났으며, 나중에 복귀한 것도 전투를 통해 애국심을 느껴서가 아니라 동료애가 확산되었기 때문이라고 볼 수 있다. 현재 한국에서도 이와 같은 처지에 있는 사람들에게 국가는 무엇일까를 반문해 주는 대목이다. 〈태극기 휘날리며〉에서 가족 이기주의 아래 국가가 설 여지가 없었던 것처럼, 구갑조와 그 친구들에게 국가는 무의미하다.

오장범의 내레이션에서도 국가에 대한 충성심에 불타는 대목은 나오지 않는다. 오히려 북한군 병사를 처음 죽인 후 오장범이 한 "제가 아는 북한군은 머리에 뿔이 달린 괴수였습니다. 그런데 그들의 입에서 나온 말은 저희와 같

학도병들과의 전투를 앞두고 북한군 박무랑 소좌가 아들과 찍은 사진을 들여다본다.

이 어머니를 찾고 있었습니다."[24]라는 내레이션에는 인간적 비애와 동족상잔의 비극이 아로새겨진다. '나라'라는 단어가 명확히 드러나는 장면은 낙동강 전투의 치열함과 학도병 지원의 여력이 없음을 알게 된 후 한 학도병이 "이러다가 나라 빼앗기는 거 아이가?"라는 걱정을 할 때뿐이다.[25] "니는 재수 없게. 나가 있어라!"라는 일갈 외에 그에 대해 일언반구 논리적 대꾸는 없다.

반면, 북한군의 대화를 통해 드러난 북한의 국가관은 조선노동당과 그보다 위에 있는 김일성 수령과 동일시된다. 물론 1950년에는 아직 김일성 우상화나 주체사상이 확립되지 않은 시기여서 지나친 설정이기는 하지만, 이것은 현재 한국인이 보는 북한의 공식적 국가관을 대변한다. 그러나 다른 한편으로는 오장범의 내레이션 이후 바로 이어지는 장면에서 북한군 대대장 박무랑 소좌(차승원 분)가 아들과 함께 찍은 사진을 본 다음, "남조선 인민을 해방하자!"라고 쓰인 구호와 함께 벽에 걸린 김일성 초상화로 말없이 시선을 옮기는 것은 사뭇 다른 의미를 전달한다. 북한의 공식 국가관과 달리 개인적 존재로서의 북한군은 가족애를 가지고 "남조선 인민을 해방하자!"는 전쟁의 명분에 무언의 회의를 갖는다는 것이다. 그리고 이것은 현재 한국인들이 북한과 북한 주민들을 구별해서 보는 관점을 대변한다.

학도병이라는 주제 자체가 애국심이라는 무거운 존재감을 갖지 않는다면, 이 영화는 〈태극기 휘날리며〉 이후 팽배해진 국가에 대한 회의를 은유하고 있는 셈이다. 더 나아가 학도병이라는 강력한 주제로 설파하는 회의기에 반어적이기까지 하다. 게다가 국가를 상징하는 국군은 할리우드 액션 영화에서 언제나 '너무 늦게' 도착하는 경찰처럼 학도병 중대장 오장범까지 최후의 일인으로 장렬하게 전사할 때 나타난다. 국군 강석대 대위(김승우 분)는 어렵게 학도병을 구하러 오지만 마지막 한 사람을 안고 그 죽어가는 모습을 애타게 지켜볼 뿐이다. 국가는 목숨 바쳐 싸우는 학생들조차 지켜주지 못하는 약한 존재다.

학도병으로 자원해 전쟁터로 떠나는 오장범에게 어머니는 아무 말이 없다.

굳이 국가의 또 다른 상징을 떠올린다면, 그것은 어머니로 상징되는 조국이다. 마지막 전투를 앞두고 오장범은 어머니를 떠올리는 내레이션에서 "어머니, 오늘 저는 죽을지도 모릅니다. 저 많은 적들이 우리를 살려두고 그냥 물러갈 것 같지 않으니까 말입니다."라며 전사의 결심을 굳힌다. 그러나 그것은 조국을 위해 산화한다는 비장한 결의가 아니다. 다만 적들이 자신들을 살려두지 않을 것이기 때문에 죽는다는 것이다. 이것은 역으로 어머니로 상징되는 국가에 자신들의 죽음을 알리고 왜 죽어야 하는가를 애타게 묻는 것으로 볼 수 있다. 그러나 이들은 조국을 위해 죽을 수 있지만, 국가나 조국은 수의를 떠올리는 내의를 내어줄 뿐 아무런 대답이 없다. 국가관에 대해 영화가 침묵하는 것처럼 극 중의 어머니는 한마디도 하지 않는다. 그저 떠나가는 아들을 조용히 바라보고, 떠나간 아들을 기다리며 말없이 아들의 내레이션 대상이 될 뿐이다. 역시 〈태극기 휘날리며〉에서 설정된 어머니의 모습과 너무나 닮았다.

숙명으로서의 전쟁과 전쟁의 무의미성

이 영화를 통해 반영된 국민들의 정서는 목숨 바쳐 지켜야 할 국가의 존재가 아니라, 평화로운 조국에서 평범한 학생으로 살고 싶은 어린 학생들(당시 학도병들은 15~17세 정도였다)을 죽음으로 내모는 전쟁에 대한 비판적 인식이다. 이것은 학도병의 용기와 애국심을 기리는 영화이면서도 현대 한국인의 정서를 반영할 수밖에 없는 대중 영화의 아이러니라고 할 수 있다.

이 영화에서 나타나는 전쟁관 역시 국가관과 무관할 수 없으며, 분단국가에서 그것은 또한 필연적으로 적에 대한 인식과 연결된다. 오장범에게 적은 '빨갱이'지만, 이미 첫 전투에서 북한군을 '어머니를 찾는 같은 인간'으로 보기 시작한 그에게 어린 병사는 그 범주에 들지 않는다. 오장범의 만류에도 불구하고 총 든 어린 북한군을 사살한 구갑조에게도 적은 국가의 적이 아니라 친구를 죽인 병사들이다. 정치위원에게 "군인이라면 벌써 죽였소. 동무 눈에는 쟤들이

학도병들을 속히 섬멸하라고 독촉하는 정치위원에게 박무랑 소좌가 총으로 위협
하며 제압한다.

군인처럼 보이오?"라고 묻는 박무랑 소좌에게도 적은 군
인에 해당될 뿐 학생은 아니다. 직접 학도병 진지를 찾아
와 항복을 권유하고 마지막 순간까지 기회를 주려는 그의
배려는 아들의 사진을 보며 김일성 초상화를 말없이 처다
보던 개인적 존재로서의 북한군의 모습이다. 초기의 구갑
조나 북한군 정치위원 같은 부류가 아닌 '정상적'인 남북한
사람들에게 적은 체제나 체제 이데올로기를 대변하는 의
식적(대자적für sich) 존재들일 뿐이다.[26]

따라서 한국전쟁은 두 조국의 싸움이 아니라 두 체제
의 충돌이며 그 체제를 대변하는 의식적 존재들의 전투
다. 이것이 동족상잔의 비극으로 치닫는 것에 대해 '정상
인'들은 모두 말없이 저항한다. 다만 마지막 전투 시퀀스
첫머리에서 오장범이 학도병의 전투 의지를 고양시키기 위

한 연설을 통해 "학도병은 군인이다!"라고 복창하게 했는데, 이것은 명확한 적으로 정의되는 북한군 정규군에 맞서 배신자나 이탈자 없이 정규군처럼 적의 적으로 싸우자는 의지의 표현이라 할 수 있다.[27]

하지만 '전쟁을 왜 해야 하는가'라는 근본적인 질문에 이 영화는 마지막까지 대답하지 않는다. 물론 평화를 지키기 위해 싸운다는 평화주의적 해석이 가능하다. 실제 이우근의 편지는 앞의 내레이션 뒤에 "죽음이 무서운 게 아니라, 어머님도 형제들도 못 만난다고 생각하니 무서워지는 것입니다.……저는 꼭 살아서 다시 어머니 곁으로 가겠습니다. 상추쌈이 먹고 싶습니다. 찬 옹달샘에서 이가 시리도록 차가운 냉수를 한없이 들이켜고 싶습니다."라고 이어진다. 조국의 품에서 평화로운 생활을 영위하고 싶다는 소망이 간절히 담긴 내용이다. 하지만 영화에서는 이 내용이 삭제되어 평화주의로 해석할 여지가 크게 약해진다. 오히려 영화는 "전쟁은 왜 해야 하나요? 이 복잡하고 괴로운 심정을 어머님께 알려드려야 내 마음이 가라앉을 것 같습니다."라는 내레이션을 통해 어머니로 상징되는 대답 없는 조국 혹은 국가에게 묻는다. 체제와 체제 이데올로기를 대변하지 않는 보통 사람들에게 전쟁에 대한 근본적인 질문은 공허한 메아리로 떠돌며 회의로 돌아온다.

현대의 전쟁은 전쟁을 위해 국가의 모든 인적·물적 자원이 총동원되는 이른바 총력전의 형태를 띤다.[28] 동원이든 자원이든 학생들이 전쟁에 참여하는 것도 이러한 총력전의 인력 동원이라고 볼 수 있다.[29] 물론 이 영화는 학도병들의 자원을 전제한다. 하지만 구갑조의 경우처럼 구조적 환경이 그들을 전쟁으로 내몰았다고 볼 수 있는 여지도 없지 않다. 그러나 모든 경우에 이들에게 전쟁은 명확히 설정된 국가라는 존재를 지키려는 싸움이 아니라 말없이 막연하게 떠오른 어머니 같은 존재의 조국을 지키기 위한 싸움이다. 그래서 이들은 국가관이 막연하면서도 배신은 하지 않는다. 오히려 포로로 잡혔다가 돌아온 학도병을 배신자로 간주하고 인민재판과 유사하게 징벌하는 것을 통해 드러나듯이, 배신은 배격되어야 할 일이다.

조국이 전쟁에 휩싸였을 때 이들이 배신하지 않고 싸워야 할 이유는 국민의 '의무'가 아니라 국민이 되어버린 '숙명'이다. 마지막 전투 시퀀스가 끝나고 박무랑 소좌가 처참하게 끝나고만 "불상사"를 두고 "어쩌겠소, 동무는 남조선에서 태어났고, 난 북조선에서 태어난 것을."이라고 내뱉는 대사가 이를 잘 반영한다. 어린 학생들조차 죽음(전

"어쩌겠소, 동무는 남조선에서 태어났고, 난 북조선에서 태어난 것을."이라고 내 뱉은 후 박무랑 소좌가 오장범의 총을 맞고 함께 최후를 맞는다.

원 사망)으로 내모는 전쟁을 다룬 이 영화는 명확한 국가 관을 반영하기보다 분단국가가 처한 숙명이라는 전쟁관을 반영하며 그 숙명을 어찌해야 하는지를 관객의 숙제로 남 겨둔다.

〈고지전〉에 나타난 국가관과 전쟁관

능력 있는 좋은 정부를 요건으로 하는 교체 가능한 국가

〈고지전〉은 한국전쟁의 휴전 협정이 막바지에 이를 무렵 '애록 고지'를 차지하기 위한 남과 북의 군사적 극한 대치를 통해 숱하게 죽어간 병사들의 이야기를 다룬 전 쟁 휴머니즘 영화다. 애록 고지는 KOREA를 뒤집어써

AEROK이라고 작가가 작명한 지명이며, 실제로는 중부 전선의 '철의 삼각지대'(철원, 김화, 평강)에 위치한 제395고 지로 철원 평야와 서울을 연결하는 군사적 요충지다.[30] 제 395고지는 해발 395미터 지점이라 해서 붙여진 공식 명칭 이지만, 30만 발이 넘는 포격으로 고지가 온통 파괴되어 공중에서 볼 때 백마와 같다고 하여 '백마고지'라는 별칭 으로 더 잘 알려져 있다. '애록'AEROK이라는 작명은 백마고 지의 처참함을 통해 전쟁으로 피폐화된 분단국가인 한국 을 상징하려는 의도로 읽을 수 있다.

영화 속에서는 남과 북의 대치와 휴전 협정의 지루한 줄다리기, 그리고 그사이에 발생한 처참한 희생을 강조하 기 위해 시점을 1953년 2월부터 7월까지로 설정하고 남한 군과 북한군의 전투를 전면에 배치했다. 그러나 실제 제 395고지 전투의 시점은 1952년 10월 6일에서 15일까지였으 며, 당시 전투도 남한군과 중공군 사이에 벌어졌다.[31] 하지 만 총 12번의 격전이 벌어져 그만큼 고지의 주인이 바뀌었 으며, 중공군은 1개 군단을 투입해 1개 사단 병력을 잃고 남한군은 3,146명이 죽거나 다쳐 총 약 2만여 명의 사상자 가 난 치열한 격전지였다는 사실은 영화에 충분히 반영되 었다.

분단국가의 남쪽인 남한에 대한 〈고지전〉의 인식은 영화의 첫 시퀀스에서 역사관과 함께 등장한다. 방첩대 장교인 강은표 중위(신하균 분)가 전후 사상범 처리를 두고 상관과 대화하는 가운데 친일파 청산 문제를 거론하며 전후 마녀 사냥식 메카시 선풍을 염려하는 것이 그 장면이다. 이것은 이후 애록 고지에서도 그대로 재현되는데, 독립군 출신인 양효삼 상사(고창석 분)의 위상과 동료들의 대응이 이것을 잘 보여 준다. 양 상사는 기회만 되면 과거 항일 전투를 되뇌지만, 병사들은 짜증을 내며 더 이상 귀담아듣지 않고 강 중위조차 무신경하게 지나간다. 게다가 강 중위 스스로도 초기와 달리 자신도 모르게 부대의 사정을 고려하지 않고 모든 상황을 북한군과 내통하는 것으로 생각하며 방첩대 장교로서의 역할에 충실하고자 함으로써 애록 고지 부대원들과 충돌한다.

이와 같이 〈고지전〉에서 국가는 처음부터 과거사를 제대로 청산하지 않아 국민들로부터 신뢰받지 못하는 존재로 설정되었으며, 전쟁 후에도 병사들의 사상을 검증하고 마녀 사냥식 숙청을 감행하리라는 예감이 들게 한다. 이것은 영화 속에서 이후 전개되는 애록 고지 악어부대원들의 행동을 이해하는 코드임과 동시에, 1980년대 과도기를 거치면서 변화해온 현실 세계 국가관의 연장선으로 이해할 수 있다.

양 상사의 행동도 이를 뒷받침한다. 그는 항일 전투를 자랑하지만 그것을 통해 조국과 민족을 이야기하지 않는다. 또한 북한군과의 내통을 추궁하는 강 중위에게 김수혁 중위(고수 분)는 "군사 기밀이라도 팔아넘겼을까 봐? 거기 우리 목숨이 달려 있는데!"라고 반문하는 장면은 국가는 안중에 없고 자신들의 목숨만 의미를 갖는다는 인식을 보여 준다.

서브플롯인 포항 전투의 트라우마도 마찬가지다. 모두 승선할 수 없는 철수 장면에서 당시 승선을 가로막는 아군을 신일영 이병(이제훈 분, 이후 애록 고지에서 임시 중대장 임무를 수행하는 대위)이 모두 사살하고 나서야 그가 속한 부대원들이 승선할 수 있었다. 그리고 이를 두고 부대원들은 신 이병이 자신들을 살린 것이라고 정당화한다. 물론 이 사건으로 이상억 병사는 포항 전투에 머문 정신이상자가 되고, 신일영 대위는 모르핀 중독자가 되지만, 이후에도 두 사람이 찾고 추구하는 것은 동료들의 목숨이다.

이 영화에서도 국가의 존재는 그 이상 명확하게 드러나지 않는다. 물론 전쟁 휴머니즘 영화라는 하부 장르의 특

김수혁 중위가 참패와 몰살이 예상되는 작전을 명령하는 중대장을 사살한다.

성 때문이라고 할 수 있다. 하지만 첫 시퀀스에서 나타난 회의적 국가관은 동료애를 통해 민족에 대한 인식으로 달리 재현된다. 악어부대원들의 생존 본능은 각자 제 살길을 추구하는 sauve qui peut 이기주의로 발현되는 것이 아니라, 자신의 목숨을 버리면서까지 동료들 전체의 목숨을 지켜나가는 노력으로 나타난다. 굳이 국가를 언명하라면, 그것은 공동체라고 할 수 있다. 하지만 이 공동체는 생사를 함께 한 동료들에 국한되어 강은표 중위도 처음에는 공동체에 포함되지 않는다. 심지어 학도병 나이(17세)에 투입된 남성식 이병도 동료 집단에 포함되지 못해 저격수 '이 초'를 잡는 데 미끼로 이용된다. 이것은 마치 〈웰컴 투 동막골〉의 공동체 의식과 유사하다.

북한군 현정윤 중대장이 작전 회의 도중 이의를 제기하는 부하를 제지하고 자신이 직접 상관에게 의문을 제기한다.

　반면, 북한에 대한 인식은 국가의 테두리와 무관하게 이해의 대상이 된다. 아군의 지휘관도 무능하거나 자신의 출세를 위해 전쟁을 일으키고 동료들을 희생시킨다면 적으로 간주된다. 야망을 위해 실전에 참가한 무능한 유재호 신임 중대장(조진웅 분)과 역시 무능해 부대원을 살리지 못했던 이전 중대장은 김수혁 중위에게 사살당하거나 혹은 그렇게 추정된다. 이와 달리 북한군은 끝없이 싸우는 대상이지만 적개심을 불태우는 대상은 아니다. 오직 동료들의 목숨을 앗아가는 존재이기 때문에 적으로 간주될 뿐이다. 북한군 역시 현정윤 중대장(류승룡 분)이 무능한 상관에게 이견을 제기하는 작전 회의 장면이 악어부대 작전 회의 장면과 유사하다. 무능한 상관은 복종의 대상이 아니라 제거의 대상이 되듯이 무능한 국가는 복종의 대상이 아니라 교체의 대상이 될 수 있다는 해석이 가능하다.

적으로서의 전쟁과 전쟁의 참상

전쟁에 대한 기억은 개인의 파편화된 기억이 아니라 사회적으로 인정되는 집단적 기억이며, 전쟁 영화에 재현된 전쟁의 기억은 현재적 시각에서 재현되는 새로운 현상으로서 재현의 재현이다.[32] 〈고지전〉에 나타난 전쟁은 이전에 볼 수 없을 정도로 자신의 생존을 위해서는 적이든 아군이든 상관없이 죽일 수 있는 생존 본능에 충실하게 묘사된다. 이것은 전쟁에 대한 현재 사회의 집단적 재현을 의미한다.

하지만 다른 한편으로는 상술한 바와 같이 〈고지전〉에서 상대하는 적은 북한군이라는 생물학적 존재가 아니다. 북한과 북한군에 대해서는 이미 국가나 체제로서의 북한과 개인으로서의 북한군 혹은 북한 주민을 구별해서 보기 시작한 현재 한국인의 시각이 잘 반영되어 있다. 강 중위가 북한군 현정윤 중대장과 인사하고 헤어지는 마지막 전투 직전 장면이나, 동료들을 무수히 죽인 저격수 '이 초'(김옥빈 분의 차태경)가 근처 마을의 처녀 이미지로 다가오고,

김수혁 중위가 '이 초'가 사진 속의 여자임을 알게 되자 그
녀를 쉽게 죽이지 못하는 장면 등이 이를 드러낸다. 특히
북한군과 편지를 왕래하고 필요한 일과 물건들을 서로 교
환하는 장면은 〈공동경비구역 JSA〉 이후 형성된 집단적
기억의 반복에 해당한다.[33]

〈고지전〉에서 적은 무능한 상관이든 북한군이든 이들
을 구성 요소로 하는 전쟁 자체다. "전쟁에서 이기는 건 사
는 거라 그랬어, 살아남는 거라고. 우리는 빨갱이랑 싸우는
게 아니라 전쟁이랑 싸우는 거"라는 김수혁 중위의 말을
빌린 신일영 대위의 대사처럼 악어부대원들이 싸우는 대
상은 빨갱이가 아니라 전쟁이다.[34] 그들은 "명령에 살고 명
령에 죽는" 군인이 되기보다 50개의 알로 태어나 부화하여
생존 투쟁에서 살아남아 늪을 지배해야 하는 한두 마리의
악어가 되고자 한다. 늪은 전장이며 이 전장은 김수혁 중
위의 죽기 전 대사처럼 "서로 죽고 죽이는 것을 반복"하는
지옥 그 자체로 묘사된다.

〈고지전〉에서 전쟁은 어떠한 경우에도 국가를 수호하
는 정의로운 전쟁일 수 없으며, 오직 고아와 정신이상자와
모르핀 중독자를 양산할 뿐 아니라, 아군끼리조차 서로 죽
고 죽이는 비인간적인 극단적 생존 투쟁이 정당화되는 더

애록 고지의 최후 전투가 끝나고 지하 벙커에서 북한군 현승룡 중대장이 싸우는 이유를 묻는 남한군 강은표 중위에게 '너무 오래 돼서 잊었다.'고 대답한다.

할 수 없는 지옥일 뿐이다. 남과 북의 정치 세력들이 자신들의 입지를 위해 계속하는 전쟁에서 양측의 병사들은 왜 싸우는지도 모르면서 좀비가 되어 간다.[35] 강은표와 김수혁이 포로로 잡혔을 때 '남한이 패배하는 이유는 왜 싸우는지를 모르기 때문'이라고 강변하던 북한군 현정윤 중대장도 마지막 시퀀스에서 강은표 중위와 만나 다시 묻는 말에 '확실히 알고 있었지만, 너무 오래돼서 잊었다.'고 대답한다. 그 또한 담배를 피우며 정전 협정 발효 소식을 듣고 헛웃음 치다 숨이 끊어진다.

전선야곡을 남북 병사가 함께 부르는 것을 두고 민족적 동질성을 확인하는 장면이라고 해석하는 것은 지나치다. 한국전쟁은 〈웰컴 투 동막골〉에서처럼 민족 공동체를 수호하는 싸움이 되어야 한다는 주장도 〈고지전〉에서는 무의미하다. 그들은 안개 낀 전선에서 동족을 죽이고 싶지 않아 안개가 걷히지 않기를 바란 것이 아니라, 다시 죽을지도 모르는 전투를 피하기 위해 안개가 자욱하기를 바랐을 뿐이다. 장훈 감독 스스로 "남북한 병사들을 동등하게 바라보려 했다. 군복을 입고 있지만 군인이 아니라 그들은 그냥 인간이었을 거라고 생각했다."[36]는 언급이 작가주의 해석이 아니더라도 충분히 표현되었다고 할 수 있다.

하지만 〈고지전〉에서 전쟁은 〈포화 속으로〉에서와 마찬가지로 숙명이지만, 벗어날 수 없다면 지배해야만 살아남을 수 있는 것이다. 결국 이들의 경우도 외부인인 강은표 중위를 제외하고 애록 고지의 북한군과 남한군 모두 전사하는 결말로 치닫는다. 늪을 지배하는 악어도 늪에서 죽을 수밖에 없듯이 악어부대원과 그에 맞서 싸운 북한군들도 결국 애록 고지라는 전쟁터에서 죽어야만 했다. 악어부대에 소속된(외부인이지만 애록 고지 전투를 함께 수행했다는 의미에서) 사람들 중 유일하게 살아남은 강은표 중위는 김경욱의 날카로운 분석처럼 관객을 설득하기 위한 장치다. 강 중위의 수긍을 통해 관객은 과거 영화에서와 달리 예사롭지 않은 악어부대원들의 처지와 의식을 이해하고 동의할 수 있게 된다. 곧, 포항 전투의 비밀을 알게 되고 신임 중대장을 사살한 후 '네가 지휘해서 병사들을 살릴 수 있겠느냐?'고 다그치는 김수혁 중위 앞에서 총을 내려놓고 수긍하게 되는 것은 관객인 현실 세계 한국인의 동의를 대변한다.

〈고지전〉은 전쟁 중 병사들의 애환과 숙명을 다룬 휴머니즘 영화다. 그러나 〈포화 속으로〉가 숙명에 대한 해결을 관객에게 남겨두었듯이, 〈고지전〉도 병사들로서는 빠져나갈 수 없는 늪과 같은 전쟁에 대한 해석을 관객에게 남겨둔다. 모르핀 중독으로 좀비처럼 되어버렸지만, 살아 있는 시체처럼 고통을 느끼지 못하고 다시 일어나 싸우던 신일영 대위도 죽는 순간 감지 못한 눈에 한 방울의 눈물이 맺힌다. 그것은 지옥을 벗어난 안도의 눈물일 수도 있고, 숙명을 해결하지 못한 한恨의 눈물일 수도 있다.

북한군 현정윤 중대장이 죽은 다음 강은표 중위가 지하 벙커를 나와, 시체 실은 백마처럼 쌍방의 시체로 점점이 그러나 켜켜이 덮이고 포격으로 황폐해진 고지를 보며 눈물을 머금는 장면에 대한 해석도 관객의 몫이다. 더할 수 없는 지옥을 직접 보고 겪은 외부인의 공감은 이후 전후

전쟁이 끝난 애록 고지가 포탄으로 황폐해지고 시체들이 켜켜이 쌓여 죽어 쓰러져 있는 백마 등처럼 보인다.

처리에서 어떻게 나타날까? 영화의 첫 시퀀스에서 암시했듯이 전후 정세는 사상범 처리로 혼란스러울 것이다. 악어 부대원들의 실상과 진실을 알았다 하더라도 방첩대 장교로서 그의 역할은 전쟁이 숙명이었듯이 구조적 제약을 극복하지 못할 가능성이 크다. 전쟁의 상흔과 무의미함을 해결하고 그 반복을 방지하는 방안을 강구하는 것은 관객과 당시대인의 몫이며, 그것은 전쟁에 대한 새로운 집단적 기억을 형성해 내는 현대인의 전쟁관을 규정할 것이다.

요약과 함의

전쟁론의 고전을 집필한 클라우제비츠K. Clausewitz에 따르면, 전쟁은 "다른 수단에 의한 정치의 연속"으로서 폭력에 의한 전투를 수단으로 적을 굴복시켜 자국의 의사를 실현하는 것을 목적으로 한다.[37] 폭력에 의한 전투를 수단으로 하는, 국가의 정치 행위라는 의미다. 특히 폭력에 의한 전투를 수단으로 사용하는 전쟁은 그 자체로 정당화될 수 없기 때문에 목적에 의해 정당화되어 왔다. 방어 전쟁은 공격 전쟁의 성격에 따라 정당화되며, 공격 전쟁은 인권 수호라는 목적에 한해 정의의 전쟁으로 규정되어 정당화된다.[38]

현실주의자들의 시각에서 전쟁은 계급 중심적이든 국가 중심적이든 전쟁 수행 집단의 이익을 추구하는, 무력에 의한 정치적 행위이며, 평화주의자들의 시각에서 전쟁은 정치가 잘못되었을 때 발생하는, 사회의 병리적 현상이다.[39] 물론 인류학적·심리학적 접근론에서는 전쟁을 인간의 본성에 기인하는 것으로 보기도 한다. 그러나 실제 세계에서 전쟁은 계급 중심적이라 하더라도 국가라는 행위자 형식을 띠지 않는 경우를 내전이라고 특칭하는 것 외에는 흔히 전쟁이라고 부르지 않으며, 전쟁 영화들 중에서도 한국전쟁 영화는 인류학적·심리학적 접근을 따르지 않는다.

따라서 한국전쟁 영화는 전쟁관뿐 아니라 국가관과도 밀접한 관계를 갖는다.

다만 분단국가 내의 전쟁이라는 이유로 한국전쟁은 특수한 예에 속한다. 당시 북한은 UN에 가입하지 않은 상태였고, 대한민국 헌법은 대한민국의 영토를 '한반도와 그 부속 도서'로 규정함으로써 북한을 국가로 인정하지 않았다.[40] 그래서 한국전쟁은 법 해석상으로는 내전이나 반란으로 보아야 하지만, 이후 UN과 중국의 참여 및 실질적인 국가 간 무력 충돌이라는 점에서 전쟁이라는 용어를 사용하는 데 별다른 이견은 없다.

한반도의 분단은 근본적으로 전후 승전국들의 이해관계에 따라 이루어졌음에도 불구하고 체제 대립이 반영되어 이데올로기적 대립으로 굳어졌다. 게다가 민주적 정당성을 갖추지 못한 남북의 집권 세력은 이 체제 이데올로기를 이용해 통치했으며 문화적 파급력이 큰 영화를 강력하게 통제했다. 그에 따라 특히 남북 간 전쟁을 다루는 한국전쟁 영화는 민주화 이전까지 정부의 엄격한 통제 아래 반공 이데올로기에 입각한 국가관과 전쟁관을 설파했고, 이것이 대중들에게 수용되었다.

그러나 민주화를 전후해 분단과 전쟁 및 국가에 대한

새로운 시각이 요구되었고 정부의 통제가 약화되어감에 따라 한국전쟁 영화는 작가 영화를 통해 대중의 의식을 선도하거나 적어도 대중의 새로운 의식을 반영하기 시작했다. 그에 따라 민주주의가 공고화되는 1990년대 말부터 2000년대 초·중반까지 한국전쟁 영화는 기존 국가관의 해체를 노정했다. 특히 〈태극기 휘날리며〉와 〈웰컴 투 동막골〉이 그 대표적인 작품으로 전자는 가족 이기주의에 가까운 국가관과 전쟁관으로 그리고 후자는 판타지로 처리한 유토피아적 민족 공동체를 설정했다.

이와 같이 해체된 기존 국가관과 전쟁관은 2000년대 후반 〈포화 속으로〉와 〈고지전〉을 통해 새로운 모습으로 구체화되어 나타났다. 두 영화는 정도의 차이는 있지만 공통적으로 국가와 전쟁에 대한 회의를 보이면서 관객에게 새로운 시각을 요구한다. 〈포화 속으로〉는 실화를 토대로 한 학도병들의 애국심과 용기를 다루는 오브제적 한계에도 불구하고 국가에 대해서는 명시적 언급을 회피함으로써 국가관의 변화를 요구하고, 전쟁에 대해서는 그 목적을 의심하는 주인공을 통해 무의미성을 드러낸다. 그리고 〈고지전〉은 상관 사살과 정부의 정통성 부정을 통해 명시적으로 국가관의 재정립을 요구하고, 벗어날 수 없는 극단적 생존 투쟁을 통해 전쟁의 참상을 표현한다.

두 영화를 묶어 볼 때, 영화가 재현하는 이 시대 한국인의 국가관은 국가를 무조건적인 사랑과 충성의 대상으로 보지 않고 공동체의 평화와 생존을 보장하는 '능력 있고 좋은' 정부를 가진 나라만 수호할 가치가 있는 국가라는 인식으로 나타난다. 또한 이 영화들에서 형성된 새로운 집단 기억으로서의 전쟁은 클라우제비츠의 잘 알려진 명언처럼 '위대한 서사시와 위대한 영웅을 남기는 게 아니라 눈물과 고통, 피만 남기는 비참한 것'이다. 특히 한국전쟁은 능력 있는 좋은 정부들이 국민들의 평화와 생존을 위해 벌인 전쟁이 아니라 지배 집단의 이해관계에 의해 발발하고 오랜 기간 지속된 전쟁으로 인식된다. 이 재현은 과거 반공 이데올로기 영화와 달리 더 이상 지배 기억과 대중 기억의 갈등을 드러내기보다 그 대중 기억의 반영에 더 충실했다고 할 수 있다.

두 영화는 "역사는 과거와 현재의 끊임없는 대화"라는 역사학자 카E. H. Carr의 역사관을 구체화하는 데 적절한 매체로 인정되는 역사 영화의 한 장르[41]로서 전쟁 영화의 목적을 잘 수행했다고 평가할 수 있다. 대중 기억의 반영에 충실하면서도 새로운 국가관과 전쟁관의 마지막 과제를 관객들에게 남겨두었다는 점에서 더욱 그러하다. 하지만 여기에서 더 나아가 "전쟁 속으로 들어가서가 아니라 전쟁 바로 곁에서 참상을 바라보는" 종군기자적 관점[42]에서 구성된 영화를 통해 이 시대 한국인들이 전쟁에 대한 새로운 해석을 시도하고 전쟁의 참상과 반복을 방지하기 위해 새로운 해결책을 강구하는 재현의 재현을 가능케 할 또 다른 계기가 마련되기를 기대해 본다.

1923년 이탈리아 출신의 이론가 카누도 Ricciotto Canudo 가 영화를 제7의 예술로 규정한 이래 영화는 독립적인 예술의 한 영역으로 인정되어 왔다.[1] 이제는 영화를 종합 예술로 지칭하는 것조차 영화의 자율성을 포기하는 처사로 간주되기도 한다.[2] 그러므로 사회적 현상의 하나로서 영화라는 예술 영역이 사회에 미치는 영향이나 사회에 대해 갖는 관계를 논하는 경우가 아니라면, 영화가 텍스트 자체로서 사회과학적 분석의 대상이 되기는 어렵다고 인식되었다. 예술은 주관적 정서와 감성의 표출을 존재 근거로 하는 반면, 사회적 현상을 분석 대상으로 하는 사회과학은 객관성과 논리성을 핵심 요건으로 하기 때문이다.

게다가 텍스트 자체로는 인용이 불가능하다는 의미에서 영화는 '인증할 수 없다'introuvable고 한다.[3] 영화는 시각적인 것(촬영된 대상들에 대한 묘사, 색, 움직임, 빛 등), 영상적인 것(영상 편집), 청각적인 것(음악, 크고 작은 음향 효과, 목소리의 강약이나 음조), 시청각적인 것(영상과 소리의 관계)에 속한 것들을 모두 포괄하고 있어 글이라는 다른 코드로 온전히 바꿔 놓기가 어렵다는 이야기다. 따라서 논리적 글을 통해 객관적 진리를 전달하는 사회과학 글쓰기로서 영화 분석이 적절하다는 판단을 내리기는 쉽지 않다.

그중에서도 논리성과 객관성에 대한 요구 수준이 가장 높은 학술 논문으로서 영화 텍스트 분석이 가능한가는 상세히 짚어봐야 볼 문제이다.

물론 1970년대 영국에서 발원한 문화 연구Cultural Studies나 지젝Slavoj Žižek 등의 사회 철학적 영화 분석이 이루어져 온 것은 사실이다. 하지만 문화 연구는 주로 문학 영역에서 사회과학적 연구 방법을 도입해서 이루어졌을 뿐 아니라, 대중문화가 사회에서 갖는 역할이나 의미를 파헤치기 위해 텍스트 외적 요소에 관심을 가졌다. 그리고 지젝의 연구도 비록 텍스트에 많은 관심을 기울였지만 인문학과 사회과학의 경계 학문인 철학에 바탕을 두고 영화를 분석한 경우이다.

이와 달리 이 글은 사회 철학적 관점에 머물지 않고 정치학이나 사회학, 경제학 등 전형적인 사회과학의 영역에서 영화 분석이 가능한가라는 질문에서 출발하며 영화 분석 중에서도 텍스트 분석에 초점을 둔다. 이때 텍스트는 시나리오로 표현될 수 있는 대사나 미장센들뿐 아니라 실제 구현된 영상물 전체를 의미한다.

글은 크게 사회과학과 사회과학 글쓰기로 나누어 구성된다. 우선 다음 절인 '영화 분석의 사회과학적 성격'에서 사회과학의 특성을 알아보고 이를 토대로 영화 분석의 사회과학적 분석의 의미와 성격을 규명한다. 그리고 이어지는 절('사회과학 논문 작성을 위한 영화 분석')에서는 사회과학 글쓰기 중 논문 작성을 중심으로 역시 그 특성과 요건을 고찰한 후 이에 비추어 사회과학 논문으로 성립하기 위해 영화 분석이 갖추어야 할 요건과 분석 방법들을 제시한다.

영화 분석의 사회과학적 성격

사회과학의 특성

사회과학은 인간 개인의 자질, 성격, 동향을 연구 대상으로 함과 동시에 인간 상호 간의 대립과 행동의 조정 혹은 통제 등을 주요 과제로 한다.[4] 이때 사회의 조직과 제도도 인간의 상호 관계와 사회적 행위를 포함하고 있으므로 사회과학의 범주가 된다. 이러한 특성에 따라 자연과학 및 인문학에 대한 사회과학의 차이에 대해 종종 논의가 이루어져 왔다.

특히 자연과학에 대한 본질적인 차이를 강조하는 지적

이 있다.[5] 사회 현상과 가치를 다루는 사회과학은 엄밀한 실험이 불가능하고 정의正義나 미美 같은 추상적 가치를 연구하므로 과학적 분석의 대상이 될 수 없다는 것이다. 그러나 최근 사회과학은 실험 방법과 같은 과학적 방법을 도입해옴으로써 이러한 주장이 의미를 상실하게 되었다.

사회과학이 자연과학과 구별되는 더 중요한 이유는 인간 개개인의 심리뿐 아니라 그 심리가 행동으로 표출되는 행위 및 그 행위들의 상호 관계까지 연구 대상으로 삼는다는 점이다. 하지만 이 점은 자연과학에 대한 차이를 명확하게 드러내 주는 반면, 인문학에 대한 차이를 어렵게 만든다. 예술의 성격까지 가지고 있는 시문학뿐 아니라 어문학 같은 전통적인 인문학 영역도 인간의 개별적·사회적 성격과 행위를 대상으로 하기 때문이다. 굳이 차이를 드러내자면, 인문학은 인간 자체의 본질에 더 천착하는 반면 사회과학은 인간관계에 더 관심을 둔다고 할 수 있다.[6]

이와 같이 현대 사회과학은 사실상 계열학문 간의 경계가 무너지는 현상의 한가운데 있다. 사회과학은 1920년 중·후반 이후 자연과학의 영향을 크게 받았을 뿐 아니라 1960년대 말을 전후해서는 사회 비판 경향의 확대로부터도 큰 영향을 받았다.[7] 그에 따라 무엇보다 연구 과제가 다양해졌다. 또한 교통과 통신 및 산업 등 사회 제 분야가 발전하고 개인의 행동과 사회생활이 복잡해지면서 환경 문제나 국제 문제 등 연구 대상도 다양해졌다. 기술 발전의 직접적 산물이라고 할 수 있는 영화의 발전과 이를 중심으로 이루어지는 영화 산업도 이 대상에서 예외가 아니다.

둘째, 학제적 연구 방법이 활성화되었다. 수학이나 통계학 혹은 심리학의 실험 방법에 이르기까지 과학적 연구가 활성화된 것은 과학주의의 도입이 가져온 결과임은 두말할 필요가 없다. 하지만 기존에 발전해온 담론 분석도 더욱 발전하면서 과학주의를 새로운 담론으로 연구하는 경향까지 생겨났다. 영화에 대한 접근 방법도 담론 분석과 실증 분석이 모두 가능한 영역으로 전환했다.

세 번째 특징인 공통 언어 사용이 확대된 것도 이 경향과 관련된다. 분과학문별로 체계화 수준이 높아지면서 엄밀한 개념 정의가 강조되고 그에 따라 공통된 언어를 사용하는 경향이 강화되었다. 혼동의 여지가 있는 용어들은 엄격히 개념 정의하여 연구를 논리적이고 체계적으로 구성해야 한다는 규범이 정착되는 한편, 다른 분과학문의 용어를 원용하는 경우도 확대되었기 때문이다. 특히, 가장 늦게 출발한 학문의 하나인 영화학을 비롯한 영화 연구 분야는

과학 기술 용어와 문화 예술 용어를 활용하는 데에서 더 나아가 새로운 용어들을 적극적으로 구상하고 정립해가야 할 처지였다.

마지막으로, 사회 비판적 성격을 다시 획득하려는 경향이 나타나고 있다. 이것은 과학주의가 지배적 패러다임으로 정착한 이후 사회 비판적 성격이 약화된 데 따른 반작용만은 아니다. 자본주의가 정착하고 그 상부 구조인 자유민주주의가 발전해가면서 그에 대한 부정적 측면들도 강화되고 가시화되었기 때문이다. 진리를 추구한다는 학문의 본질상 사회적 현상은 긍정적이든 부정적이든 사회과학의 분석 대상이 될 수밖에 없다. 이러한 의미에서 영화도 사회의 흐름을 반영하는 문화적 현상의 하나라는 점에서 사회과학 분석의 대상이 되기 시작했다.

영화 분석의 사회과학적 의미와 성격

영화가 사회과학적 분석의 대상이 되는 경우는 영화의 텍스트 외적 요소들이 사회에 미치는 영향을 분석하는 경우가 대부분이다. 영화 산업이 미치는 경제적 효과나 이데올로기적 효과뿐 아니라 등장인물의 행태가 대중에게 미치는 심리적·행태적 영향 등이 그 주요 대상이다. 이러한 분석 경향들이 사회학이나 경제학에서 중요한 연구를 축적한 것은 사실이며, 여전히 중요한 연구 대상들이다.

하지만 영화가 대중 생활 깊숙이 침투함으로써 이제 텍스트 내적 요소들도 사회과학적 요소로 부상하고 있으며 그에 따라 사회과학적 분석의 대상이 되어 가고 있다. 현대 사회에서 영화는 문화 정치적 실천으로서 작가의 의도와는 관계없이 특정 시간과 공간의 문화적 현상이기도 하다.[8] 이제 영화는 감독이라는 작가가 창조한 예술 작품에 그치지 않고 사회 문화적 사건의 하나로서 사회를 반영할 뿐만 아니라 사회에 지대하고 직접적인 영향을 미치기도 한다.

이른바 '도가니 법' 제정을 촉발시킨 영화 〈도가니〉(황동혁, 2011)나 부림 사건을 둘러싼 사회적 갈등을 다시 불러일으킨 영화 〈변호인〉(양우석, 2013)[9]의 경우가 대표적이다. 두 영화는 제작 자체가 이미 직접적이고 지대한 사회적 영향을 미쳤을 뿐만 아니라 텍스트가 담고 있는 사회적 의미도 그에 못지않게 중요했다. 이 영화들은 제작 자체가 이미 의미심장한 사회적 사건이었던 것이다.[9]

영화는 재현하지만 represent, 한걸음 더 나아가면 관객이 영화를 통해 표현한다 express. 감독은 영화를 생산함으로써 사회를 재현하지만,[10] 관객은 영화를 소비함으로써 표현한다는 것이다. 따라서 한 시대의 문화적 사건으로서 영화는 재현의 수단임과 동시에 표현의 수단이기도 하다. 정치학적으로 볼 때 문화는 정치가 실현되고 정치적 의미가 발생하는 장場으로 이해된다.[11] 다시 말해 사회과학적으로 볼 때 문화적 사건으로서 영화는 사회가 실현되고 사회적 의미가 발생하는 장場으로 이해된다.

따라서 영화 분석은 영화가 대상을 어떻게 재현하는가를 넘어 당대의 시대정신과 대중의 정서가 어떻게 표현되는가도 볼 필요가 있으며, 이때 사회과학적 영화 분석은 더욱 확대된 의미를 갖는다. 물론 표현은 영화라는 사건에 수렴됨으로써 다시 재현의 영역에 포함될 수도 있다. 하지만 사회과학적 영화 분석과 관련해 중요한 것은 영화를 사건으로 간주하고 분석하는 것이 텍스트로서의 영화의 재현과 그 텍스트를 통한 대중의 정서적 표현을 함께 규명할 수 있게 한다는 것이다.

이 글에서 말하는 영화 분석은 영화를 대상으로 그 사회적 의미를 파악하고자 하는 일체의 글쓰기를 의미하는 것이 아니다. 앞에서 언급했듯이 이 글의 '영화 분석'은 사회과학이라는 계열학문의 한 영역으로서 과학적·학술적 분석을 수행하는 것을 말한다. 그러므로 영화 평론과는 다르다.

일반적으로 평론은 문헌, 영화, 연극, 전시회, 드라마, 소설, 시 등에 대해 간략하게 논리적·비판적으로 평가한 글을 지칭한다. 이와 달리 과학적·학술적 분석은 학술 논문의 형식을 갖춘 연구 논문research paper을 작성하기 위해 독창성 있는 재구성이나 문제 해결 혹은 일반적 원리의 구성을 목표로 하는 행위이다. 따라서 그 결과물인 연구 논문은 기존 지식의 비판적 소개에서 더 나아가 독창적 연구를 토대로 새로운 지식의 전달을 목적으로 한다는 점에서 평론과 다르다.

영화 평론은 주관적 감성의 토로가 가능한 예술적 감상과 비평을 중시하고 문학적 형식 미학도 추구하므로 예술과 학문 및 문학의 영역에 두루 걸쳐 있다(〈표 8-1〉 참조). 그래서 낮은 차원의 분석이나 비판에 만족한다.[12] 반면 영화 분석은 학술 논문 작성을 목표로 하는 만큼 객관적이고 깊이 있는 분석과 비판을 중시하는 학문이라는 영역을 벗어나지 않는다.

창의적이어야 한다는 점에서 영화 평론과 영화 분석은 동일하다. 하지만 영화 평론은 문학·예술 작품의 의미도 갖는다는 점에서 동일한 주장을 다른 방식으로 제시하는 것이 허용된다. 물론 문학·예술적 형식 미학을 추구할 수 있다는 전제가 충족될 때에 한해서다. 이와 달리 영화 분석은 연구자의 독창적 시각이나 접근 방식이 반드시 드러나야 한다. 그러한 의미에서 영화 분석은 더욱 엄밀한 창의성을 요구한다. 그것은 자신만의 단일하고 고유한 창의성이라는 뜻의 독창성을 말한다.

<표 8-1> 영화 평론과 영화 분석의 차이

	영화 평론	영화 분석
형식	평론	논문
관점	주관적	객관적
연구 방법	감상과 낮은 차원의 분석(비판)	깊이 있는 분석(비판)
창의성 수준	창의성	독창성(단일한 창의성)

사회과학 논문 작성을 위한 영화 분석

사회과학 논문의 특성과 요건[13]

과학적으로 분석해 논리적으로 설득력 있게 서술한다는 점에서 사회과학 논문도 다른 계열학문의 논문과 다르지 않다. 인문학과의 차이점은 더욱 적다. 엄밀한 과학적 분석을 추구하는 것이 사회과학이 자연과학에 대해 갖는 공통점이라면, 과학적이면서도 주관성이 개입될 수 있다는 것은 사회과학이 인문학에 대해 갖는 공통점이다. 이것은 앞서 말한 엄정한 객관성과 일견 상충되는 것으로 들릴 수 있다.

하지만 사회과학도 주관적 관점에서 출발하고 또 상당한 정도 주관적 관점을 띨 수밖에 없는 것이 사실이다. 각자 생각과 입장이 다른 사람의 사상과 의지 및 행태를 구성 요소로 하는 사회를 다루는 학문이기 때문이다. 다만 인문학과 달리 가능한 한 주관성을 배제하거나 최소한 억제하고 보편적이고 객관적인 원리나 진리를 궁구한다는 점에서 사회과학은 객관성을 추구한다는 것이다.

그러므로 사회과학 논문은 미학적 감상의 차원에 머물러서는 안 된다. 하지만 현상에 대한 설명까지 배제하지는 않는다. 사회 현상에 대한 설명에 의의를 둘 수도 있고, 더 나아가 예측과 처방을 제시할 수도 있다. 다시 말해 사회과학 논문은 기술description을 통해 사회 현상을 설명explanation하거나 결과나 전망을 예측prediction하는 기능을 수행한다.[14]

기술은 복잡한 현실을 체계적이고 일관된 관점에서 재

구성하여 나타내는 것을 말한다. 다양하고 복잡한 사회 현상을 체계적으로 파악하여 일관된 관점에서 재구성하는 작업은 학술적 분석과 이해를 요구한다. 그러나 학문으로 성립하려면 분석과 이해에서 끝나지 않고 글쓰기를 통해 '나타나야' 한다. 따라서 사회과학 논문은 사회과학적 탐구의 핵심적 표현 수단이다.

설명은 어떤 현상들 간의 인과 관계를 밝혀 드러내는 작업을 말한다. 사회과학적 분석의 요지는 복잡한 사회 현상의 인과 관계를 밝혀 글쓰기를 통해 '드러내는' 것이며, 이것이 바로 설명이다. 기술이 '재구성하여 나타내는' 표현을 말한다는 점에서 논문 쓰기의 기본에 해당한다면, 설명은 원인과 결과에 대한 각각의 기술들을 논리적이고 설득력 있게 '연결시켜 논증하는' 작업이라는 의미에서 논문 쓰기의 핵심에 해당한다.[15] 사회과학 논문은 기술에서 시작해 설명에서 끝날 수 있다. 사회 현상에 대한 기술과 그에 대한 인과 관계 설명, 혹은 이론과 사상의 비교와 설명이 중심을 이루는 설명 지향적 논문이 이에 해당한다.

마지막으로 예측은 이론이나 법칙에 기초해 미래에 일어날 일을 미리 추측하는 것이다. 기술의 방식으로 논증된 성과들이 일반화를 거쳐 명제로 발전하면 이론이나 법칙으로 성립된다. 이러한 이론이나 법칙은 미래에 발생할 현상들을 예측할 수 있게 한다. 따라서 사회과학은 미래의 사회적 현상들을 추측하는 근거가 되며, 사회과학 논문은 이러한 예측의 기능을 제공한다. 사회과학 논문은 설명보다 예측에 중점을 둘 수도 있다. 하지만 이때 예측은 처방을 통해 도출되어야 한다. 그것은 소극적 처방에 따른 예측일 수도 있고 적극적 처방에 따른 예측일 수도 있다. 전자는 현재의 상황을 그대로 두면 앞으로 어떻게 될 것이라는 예측인 반면, 후자는 인위적인 정책 개입의 결과로 앞으로 어떠한 변화가 일어나리라는 예측이다. 이와 같이 인과 관계에 대한 설명보다 문제를 해결하는 방책을 제시하고 그 결과를 예측하는 데 역점을 두는 유형은 처방 지향적 논문이라고 부른다.

사회과학 논문 쓰기의 기본 요건은 크게 내용과 형식으로 나눌 수 있다. 내용에 해당하는 것은 독창성과 전문성이며, 형식에 해당하는 것은 객관성, 검증성, 정확성, 평이성이다. 전문성은 전문 분야의 대상을 전문적 방법론을 사용해 그 분야의 발전에 기여할 수 있는 결론을 도출하는 덕목을 말한다. 앞서 말한 대로 독창성은 혼자만의 고유한 창의성을 말하는 것으로 어떠한 경우에도 동일한 주장의 존재를 허용하지 않는다. 독창성은 다음과 같은 요건들 중 하나 이상을 갖추면 충족된다고 할 수 있다:① 새로운 현상에 대한 연구, ② 선행연구에서 잘못 해석된 부분이나 미비한 부분의 보완, ③ 비교가능성이 있는 여러 이론들이나 현상들의 비교, ④ 새로운 방법론에 입각한 연구, ⑤ 새로운 해석, ⑥ 새로 발견된 자료의 제시와 해석, ⑦ 새로운 결론의 도출.

① 새로운 현상에 대한 연구는 선행 연구들이 다루지 않은 사회 현상을 연구하는 경우에 해당한다. 현재 진행 중이거나 만료된 지 얼마 되지 않아 연구가 이루어지지 못한 새로운 현상에 대한 연구는 그 자체로 학술적 연구로 인정된다. 물론 학술 연구의 기본 형식과 수준을 갖추어야 하는 것은 당연하다.

② 동일한 사회 현상에 대한 선행 연구나 기존의 사상 혹은 이론에서 잘못된 부분을 지적하고 이를 보완하는 작업도 훌륭한 학술적 연구가 될 수 있다. 이론적 논쟁의 성격을 띤 논문들이 대부분 이러한 유형에 속한다.

③ 비교 가능성이 있는 여러 이론이나 현상들을 비교하여 분석하는 작업도 독창성 있는 연구다. 이때 비교 가능성은 현실적 비교 가능성과 논리적 비교 가능성으로 나눌

수 있다. 논리적으로 비교 가능성이 없음에도 불구하고 정책적으로나 사회적으로 현실적인 이유에 의해 비교 연구의 필요성이 대두된 경우가 현실적 비교 가능성이다. 현실적 비교 가능성에 따른 연구도 학술적 작업으로 인정될 수 있지만, 학술적 연구에서 더 중요한 것은 논리적 비교 가능성이다.

논리적 비교 가능성은 다시 최대유사체계의 경우와 최대상이체계의 경우로 나뉜다. 대개 핵심을 포함해 일반성(공통점)이 많고 특수성(차이점)이 적은 경우가 전자이며, 반대로 핵심을 포함해 특수성의 비중이 높고 일반성의 비중이 낮은 경우가 후자이다. 전자의 경우에는 일반성 속에서 특수성이 나타나는 원인을 밝히는 데 비교 분석의 초점이 두어지며, 대조적인 경우를 말하는 후자의 경우에는 대조적인 특수성 속에서 일반성이 나타나는 이유를 설명하는 데 비교 분석의 초점이 두어진다.

④동일한 주제와 대상을 다루었을지라도 선행 연구와 다른 새로운 방법론을 적용하는 경우도 독창적인 연구로 인정할 수 있다. 주의할 것은 방법론이 독특하다고 해서 반드시 독창적이라고 할 수는 없다는 것이다. 학문은 기존의 학술적 상식을 넘어설 수 있어야 한다는 점에서 볼 때

이 경우는 다음의 두 가지로 가정할 수 있다. 그 첫 번째가 〈A는 a방법론으로 연구해야 A'를 도출할 수 있다〉는 것이 학술적 상식으로 되어 있을 때 〈b나 c 혹은 다른 방법론을 사용해도 A'를 도출할 수 있다〉는 것을 증명하는 경우이다. 두 번째는 〈A를 a방법론으로 연구하면 A'를 도출할 수 없다〉가 학술적 상식으로 되어 있을 때, 〈A를 a방법론으로 연구해도 A'를 도출할 수 있다〉는 것을 증명하는 경우이다.

⑤ 새로운 해석을 시도하는 것도 독창성 있는 사회과학 연구다. 선행 연구들의 해석을 두루 섭렵한 후 그와 다른 해석을 논리적·체계적으로 진술하는 경우이다. 이 해석은 최종 결론의 전前 단계에서도 가능하지만, 해석에 중점을 두고 주장을 구성해야 한다는 점에 유념해야 한다.

⑥ 새로 발견된 자료를 제시하고 해석하는 것도 독창적 연구다. 새로운 자료의 제시는 반드시 그에 따른 학술적 해석과 진술을 통해 기존 학설의 발전에 기여할 수 있어야 한다.

마지막으로, ⑦ 주지하듯이 새로운 결론을 도출하는 것도 당연히 독창성 있는 연구다. 동일한 주제와 동일한 대상을 같은 방법으로 분석할지라도 결론이 새롭다면 학술적으로 중요한 의미를 갖기 때문이다. 이때 새로운 결론이란 새로운 해석이나 주장을 포함하는 것으로 새로운 진리의 발견과 직결된다.

사회과학 논문에서 객관성이란 주관을 객관화한 것을 말한다. 아무리 과학적 연구라 할지라도 사회과학은 인간의 행태를 연구하는 학문이므로 선호나 가치관이 개입될 수 있고 연구 결과도 관점에 따라 달리 해석될 여지가 있기 때문이다. 따라서 사회과학은 그 주관을 객관화할 수 있어야 하며, 사회과학 논문은 논리를 갖추어 객관화를 통해 설득력을 담보해야 한다. 특히 영화라는 예술을 분석의 대상으로 하는 사회과학적 영화 분석은 예술적 주관성의 발로를 가능한 한 철저히 배제하고 억제할 필요가 있다.

사회과학 논문의 검증성은 '반증 가능성'과 관련된다. 증명 가능할 뿐만 아니라 반증명도 가능해야 한다. 비록 가설적 주장이라 할지라도 그 주장은 참과 거짓을 판단할 수 있는 진술인 '명제'의 형태로 제출되기 때문이다. 논문의 내용을 이루는 문제 제기와 그에 대한 결론 도출은 진위를 측정할 수 있어야 한다는 의미에서 검증성을 갖추어야 한다.

마지막 두 요건인 정확성과 평이성도 검증성과 무관하

지 않다. 검증이 가능하기 위해서는 정확하게 전달되어야 하고, 정확하게 전달되기 위해서는 평이해야 하기 때문이다. 정확성과 평이성은 특히 영화 분석과 같이 예술적 대상을 과학적으로 분석하는 데 있어 중요한 요건이다. 예술은 작가의 주관성을 허용할 뿐만 아니라 감상하는 사람의 주관성도 허용하지만, 사회과학은 이를 억압하고 배제해야 하기 때문이다. 시나 음악, 미술과 마찬가지로 영화에서도 작가의 다양한 의도가 복합적으로 표출될 수 있고 관객의 해설과 감상도 사람마다 다양하게 나타날 수 있다. 심지어 이러한 다양성을 중요한 미덕으로 보기까지 한다. 하지만 이를 과학적으로 분석하는 사회과학적 영화 분석은 연구자가 의도하는 바를 명확하게 전달하고 독자는 이를 한 가지로 명확하게 이해해야 한다. 열 명이든 백 명이든 모든 독자들은 저자의 주장을 동일하게 이해할 수 있어야 제대로 집필된 논문이라고 할 수 있다.

사회과학적 영화 분석의 요건과 특징

예술은 작가의 독자적 정서를 표출해 작품을 창조하는 활동이나 그 작품을 말한다.[16] 따라서 예술은 기본적으로 작가주의auteurism를 포기하지 않는다. 영화를 감독의 개인적 비전과 스타일을 담은 예술 작품으로 보고 그 비전과 스타일을 발견하고자 하는 것이 영화 예술에서 말하는 작가주의다. 비단 감상의 차원이 아니라 학술적 분석의 차원에서도 예술적 측면에서 감독의 의도와 스타일을 연구하려는 영화학적 분석은 작가주의에 입각한다.

영화 분석은 기본적으로 분해와 해체와 비판의 작업이다. 이것은 감상을 넘어서는 것이며 평론보다 더 강도 높은 수준을 요구하는 것이다. 이러한 작업을 토대로 영화 분석은 최소한 재구성을 비롯한 일체의 창조 행위를 통해 영화를 더욱 의미 있게 만든다. 영화 분석 행위 자체가 영화를 재창조하고 더욱 확대하는 기능을 수행한다는 것이다. 물론 이것은 감상이나 평론의 경우도 다르지 않다. 또한 분해와 해체 및 비판의 작업으로 이루어지는 분석을 통해 이러한 기능을 수행한다는 점은 예술적 분석에서든 과학적 분석에서든 동일한 속성이다.

하지만 사회과학적 영화 분석은 사회과학적 전문성과 독창성을 내용으로 확보하면서 객관성, 검증성, 정확성, 평이성이라는 형식적 요건을 갖추어야 한다. 특히 명료한 전달을 통해 검증 가능한 객관성을 확보한다는 것은 예술적 분석이나 문학적 분석과도 성격을 달리하는 것이다. 이와 관련해 바노아와 골리오-레트Vanoye and Goliot-Lete는 피해야 할 분석 자세를 잘 지적한 바 있다.[17]

우선, 묘사에 그칠 때도 해석하고 재구성한다고 생각하는 것을 피해야 한다. 이것은 기술description에 머물지 말고 설명explanation으로 나아가야 한다는 뜻이다. 촬영의 기법이나 연출 혹은 시나리오 전개에 대한 묘사나 기술에 불과한 것을 해석이나 재구성 같은 분석으로 착각해서는 안 된다는 의미다. 기술과 묘사 이후에 분해나 해체, 비판을 통해 평가하고 의미를 도출해야 한다.

하지만 묘사하기도 전에 해석하려는 역편향도 피해야 한다. 이러한 역편향은 장황한 주석 달기에 불과하다. 논문에서 기술에 해당하는 묘사는 기본이다. 기술이 있은 후에야 설명이 가능하기 때문이다. 처방 지향적 논문에서도 마찬가지다. 영화 산업과 관련된 논문에서 보듯이 영화 분석에서도 처방 지향적 논문이 가능한데, 이 논문도 역시 기술이 이루어져야 이를 토대로 처방이나 예측을 제시할 수 있다.

세 번째는 분석 대상 영화의 범주를 벗어나 지나치게 상상하는 것을 삼가야 한다는 것이다. 이것은 사회과학적 분석에서 무엇보다 중요한 객관성을 상실하는 오류다. 예술이라는 측면에서 영화는 사실 이러한 상상력을 필요로 한다. 하지만 그것은 분석자가 아니라 예술가인 감독이나 제작자에게 어울리는 태도이다. 분석은 어디까지나 대상이 되는 영화에 한정되고 논리적 범위 안에서만 확장될 수 있다. 논점 일탈의 오류를 피해야 한다.

네 번째로 잘못된 가정에 빠져 그것을 끝까지 옹호하려는 행위는 허용되지 않는다. 학술 논문은 객관적 검증이 가능해야 한다. 그것은 비단 독자를 향해서만이 아니라 연구자 자신을 향해서도 적용된다. 잘못된 가정인지 철저하게 검증하고 오류로 판명되면 과감히 포기해야 한다. 감성적 선입감 혹은 이데올로기적 편견이나 고집에 따라 이를 옹호하려는 사변이나 억지는 과학과 병존할 수 없다.

이러한 요건을 갖추기 위해 분석자는 느긋한 관객의 입장을 포기하고 성실한 연구를 수행할 각오를 해야 한다 (〈표 8-2〉 참조). 관객은 특별한 목표 없이 영화를 지각하고 보고 듣지만, 분석자는 영화를 자세히 보고 주의 깊게 들으며 따져볼 지표들을 찾는다. 분석자는 감상하지 않고 분석하기 때문이다. 그러므로 관객은 수동적이거나 최소한 분석자보다는 덜 능동적이다. 더 정확하게 말하면 관객

<표 8-2> 관객과 분석자의 태도 차이

	영화 평론	영화 분석
사고 방식	수동적, 혹은 분석자보다 덜 능동적, 보다 정확하게는 직관적이고 비이성적으로 능동적.	능동적, 의식적으로 능동적. 이성적이되 체계적으로 능동적.
관람 자세	특별한 목표 없이 영화를 지각하고 보고 들음.	영화를 자세히 보고, 주의 깊게 듣고, 그 지표들을 찾음.
관람 과정	영화에 복종해서 안내를 받음.	자신의 분석 도구와 가정들에 영화를 복종시킴.
	자기 동일시의 과정	거리를 둔 냉정한 판단의 과정
작업 범주	여가 활용	성찰과 지적 생산
	놀이	일

출처 : Vanoye and Goliot-Lete(1997), 22쪽을 재구성

은 직관적이며, 능동적일 경우에도 비이성적으로 능동적일 뿐이다. 반면 분석자는 의식적으로 능동적이며 이성적이되 체계적으로 능동적이어야 한다. 의식적 분석 행위가 이루어져야 하기 때문이다.

관객은 영화의 흐름에 수동적으로 반응한다는 점에서 영화로부터 안내를 받아 영화의 흐름을 저항 없이 따른다. 하지만 분석자는 스스로 마련한 분석 도구와 가정들에 맞추어 영화를 분석하므로 영화를 자신의 의식의 흐름에 맞춘다. 관객의 관람이 영화에 대한 자기 동일시의 과정이라

면, 분석자의 관람은 거리를 둔 냉정한 판단의 과정이라고 할 수 있다. 따라서 관객의 영화 관람은 여가 활용을 위한 놀이지만, 분석자의 영화 관람은 성찰과 지적 생산을 위한 업무(일)가 된다.

영화 분석의 대상은 텍스트 내적 요소와 텍스트 외적 요소로 나눌 수 있다. 영화의 내용을 구성하는 텍스트 내적 요소는 시나리오(언어)와 필름(장면)으로 대표된다. 그리고 텍스트 외적 요소는 제작 및 유통 관련 자료들(제작·배급·상영·영화관 관련 자료들)과 영화 관람 자료들(관객의 반응 및 수용, 흥행 관련 자료, 광고 등)을 포괄한다. 그 밖에 영화 촬영에 관한 글이나 영화의 수용에 관한 비평 논문들, 감독과 그의 이력에 관한 정보들, 영화의 역사 등과 같은 영화 평론 주변 자료들과 학술적 영화 분석 글들도 그 자체로 분석의 대상이 될 수 있다. 이들은 경우에 따라 텍스트 분석과 텍스트 외적 자료들의 분석을 위한 2차 자료들로 기능하기도 하지만, 그 자체로 1차 자료로서 분석의 대상이 되기도 한다. 그 자체로 분석의 대상이 되는 경우도 텍스트 내적 분석이나 외적 분석에 모두 포함될 수 있다.

사회과학적 영화 분석은 영화를 허구가 아니라 현실

속의 사건으로 간주하는 데에서 출발한다. 축어적으로 이 것은 영화의 생산과 소비가 현실 속에서 실제로 이루어지는 행위이며 그에 따른 사회적 영향이 발생한다는 의미다. 따라서 그 영향에 대한 연구를 수행하는 것이 사회과학적 영화 분석이 된다.

하지만 예술 작품으로서의 영화는 사실상 허구이며, 허구라는 점을 인정한다 하더라도 다르지 않다. 사회과학적으로 영화는 허구의 허구로 다가온다. 허구라는 예술 작품은 사회과학의 대상으로서 실재라고 가정된다는 점에서 허구의 허구, 즉 부정의 부정이라는 과정을 거친다. 영화는 사회과학의 분석 대상이 되는 순간 허구가 아니게 된다는 것이다. 분석자는 영화의 텍스트를 실제 사건과 동일하게 사고하고 그 안에서 분석을 수행한다.

허구와 실재의 사이에서 영화는 현실 세계를 반영하는 재현의 한 양식이다. 이것을 예술에서는 허구로 인식하고 사회과학에서는 사건으로 인식한다. 영화 속에서 사회는 있는 그대로 나타나는 것이 아니라 연출을 통해 재구성된다. 곧, 영화는 선택과 배제의 작용을 거쳐 선택된 요소들을 조직하고 현실과 비현실 속에서 윤곽을 드러내며 현실 세계와 복잡한 관계를 맺는 어떤 가능태의 현실을 구성한다. 재현을 의미하는 이 재구성은 비록 스크린에서 이루어지지만 실제로 발생하는 사회적 사건이기도 하다.

영화의 재현은 현실의 직접적 반영일 수도 있고 전도된 반영일 수도 있다. 이때 전도된 반영은 현실 세계의 중요한 양상들을 가리거나 이상화함으로써 또는 어떤 결함들을 과장하거나 하나의 '반대되는 세계'를 제안하는 형태를 말한다. 어떠한 형태의 반영이든 영화는 동시대의 이러저러한 양상에 대해 특정한 관점을 구축한다. 비록 과거나 미래를 다룬 영화일지라도 그것은 현재 시점과 현 시대 사람들의 기술 수준과 사고방식 및 성찰과 전망의 관점을 나타낸다. 사회과학적 영화 분석은 이와 같이 영화 속에 사회의 표상이 조직화되고 구조화되는 과정에 관심을 둔다.

구체적으로 사회과학적 영화 분석이 살펴볼 텍스트 내적 요소들을 예로 들면 다음과 같다.[18] 첫째, 가공의 역할과 사회적 역할의 체계를 이해하고 사회적 위치를 알려주는 문화적 도식을 파악할 필요가 있다. 주요 등장인물들이 어떤 대립 구도 속에서 어떤 대립 지점을 대표하는지, 혹은 특정 문화나 사회적 집단 혹은 위상의 상징으로 기능하는지를 파악하는 것이다.

둘째, 영화에 묘사된 투쟁이나 도전의 유형을 살펴보

고 사건 속에 함축된 사회 집단과 그 역할을 고찰한다. 영상이 재현하는 사회적 갈등이나 집단의 역할을 분석하라는 얘기다. 첫째 요소가 등장인물을 중심으로 재현되는 것을 말한다면, 이 둘째 요소는 집단이나 구조를 중심으로 재현되는 것을 의미한다. 더 나아가 이 집단적·구조적 관심은 사회의 조직화, 위계질서, 사회적 관계들이 나타나는 방식에 대한 관심으로 이어질 필요가 있다. 사회적 성격을 올바르게 파악하는 것은 이와 같이 종합적 고찰을 요구한다.

셋째, 장소와 사실, 사건, 사회 유형, 관계들을 인지하고 인지하게끔 해 주는 비교적 선별적인 방식을 포착한다. 이 방식은 일상이나 상황 및 배경의 묘사를 통해 나타날 수도 있고 특정한 행위나 사건을 통해 나타날 수도 있다. 이것은 사회적 현상의 본질을 재현하고 드러내는 감독의 연출 방식을 이해하는 것이기도 하다. 하지만 작가주의 해석은 지양해야 하며, 작가주의 해석을 일부 사용한다고 하더라도 사회적 현실이나 실재를 파악하는 간접적 수단으로 기능하도록 배치해야 한다.

넷째, 개인적, 역사적, 사회적 시간을 인지하는 방식을 파악해야 하는데, 이것은 앞의 셋째 요소와 긴밀하게 얽혀 있다. 셋째 요소가 공간적 의미를 갖는 것이라면, 이 넷째 요소는 시간적 의미를 갖는 작업을 요구한다. 시간적 의미를 드러내는 방식을 이해하라는 것이다. 이때 행위와 관계는 공간적 의미와 시간적 의미를 모두 갖는다.

끝으로 다섯째, 영화가 관객으로부터 구하는 것을 파악한다. 영화 속에 재현된 행위자의 어떤 역할이나 사회 집단과 행동에 대한 동일시나 연민, 감동 혹은 반감, 반성 혹은 행동 등을 포착하는 작업을 말한다. 이것도 역시 감독의 의도와 긴밀하게 연관되므로 작가주의 해석에 빠질 수 있는 위험이 큰 요소이다. 감독의 의도가 무엇이든 관계없이 영화가 관객에게 미치는 영향을 텍스트 내에서 파악하려는 시도를 통해 이 위험을 극복할 필요가 있다.

문화연구Cultural Studies의 분석 방법을 토대로 사회과학적 영화 분석의 특징을 예술적 영화 분석과 구분해 살펴볼 수 있다(《표 8-3》 참조).[19] 이때 예술적 영화 분석은 문학적 영화 분석을 포괄하는 개념이며, 문학적 영화 분석은 사회과학과 유사한 인문학적 성격을 말하는 것이 아니라 예술 영역과 중복되는 문학적 본질을 의미한다.

영화를 작가가 창조한 예술적 '작품'으로 보는 예술적 (문학적) 영화 분석은 주제, 구성, 인물이라는 삼위일체를

<표 8-3> 예술적(문학적) 영화 분석과 사회과학적 영화 분석의 차이

	예술적(문학적) 영화 분석	사회과학적 영화 분석
분석 초점	·주제, 구성, 인물이라는 삼위일체를 강조하며 총체성을 중시. ·플롯이나 캐릭터의 일관성을 중시. ·플롯과 캐릭터가 작품의 주제와 어떻게 유기적으로 얽혀서 하나의 통합적 효과를 빚어내는가를 중시.	·기호체계, 이데올로기, 젠더, 주체, 타자, 제도, 독자의 지위 등 다양한 요소에 관심을 보임. ·다양한 읽기를 중시해 거대 담론을 부정. ·자칫 놓치기 쉬운 디테일에 주목하면서 다양하게 분석.
분석 방법	·경험론적 인식론 ·실제 비평(혹은 꼼꼼히 읽기) ·정전과 대중문화를 구분. ·정전 연구 ·예술 작품 자체를 중시. ·정전 텍스트의 통일성을 전제.	·생산(과정)에 초점을 둠. ·저자보다 사회적 생산에 관한 탈중심화된 설명에 관심을 가짐. ·동 시대의 텍스트를 중시. ·학문 영역과 일상 영역 간의 이분법을 해체. ·텍스트의 통일된 지위보다 상대적 지위를 강조. ·학제적 연구를 중시.
영화 관점	작가가 창조한 예술적 '작품'	시대를 반영하는 '사건'

강조하며 총체성을 중시한다.[20] 플롯이나 캐릭터의 일관성이 중요시되고 이것이 어떻게 작품의 주제와 유기적으로 얽혀서 하나의 통합적 효과를 빚어내는가가 분석의 초점이다. 경험론적 인식론, 실제 비평(혹은 꼼꼼히 읽기), 정전正典과 대중문화의 구분, 정전 연구를 주요 분석 방법으로 사용한다. 예술적 영화 분석은 예술 작품 자체를 중시해 정전 텍스트의 통일성을 전제한다.[21]

반면 영화를 시대를 반영하는 사회적 '사건'으로 보는

사회과학적 영화 분석은 예술 작품보다 생산(과정)에 초점을 맞추고, 작가보다 사회적 생산에 관한 탈중심화된 설명에 관심을 가진다.[22] 또한 동시대의 텍스트를 중시하고, 학문적 영역과 일상의 영역 간의 이분법을 해체하며, 텍스트의 통일된 지위보다 상대적 지위를 강조하고, 학제적 연구를 중시한다. 그에 따라 기호 체계, 이데올로기, 젠더, 주체, 타자, 제도, 독자의 지위 등 다양한 요소에 관심을 보이며, 다양한 읽기를 중시해 거대 담론을 부정하기도 한다.[23] 이것은 총체성이나 일관성보다는 자칫 놓치기 쉬운 디테일에 주목하면서 다양하게 분석하는 방법과 연결된다.

요약과 함의

영화 분석은 이제 더 이상 예술 영역의 글쓰기에 머무르지 않는다. 인문학적 분석뿐 아니라 사회과학적 분석에도 중요한 대상으로 부상하였다. 이를 반영해 적지 않은 대학에서 영화 분석을 사고와 표현 교육에 활용하고 있으며, 한국사고와표현학회도 영화 분석 콜로키엄을 정기적으로 개최해 단행본[24]을 발간하는 등 글쓰기 수업에 활용하기 위해 노력해 왔다.

이러한 경향은 기본적으로 예술과 과학의 영역이 더 이상 명확히 구분되지 않고 중첩되는 현대 사회의 복잡화와 다양화에서 비롯되었다고 할 수 있다. 하지만 영화 영역에 한정해서 볼 때 영화는 과학 기술 발전의 산물이라는 특징으로 인해 과학의 영역에서 출발했다고 볼 수 있다. 오히려 예술 분야로 인정받은 것이 이후 예술적 평가의 결과였다. 그러나 현대 사회에서 나타난 중요한 변화는 영화의 텍스트 외적 부분의 과학적 성격이 아니라 텍스트 내적 요소가 과학적 분석의 대상이 됨으로써 사회과학적 의미로까지 확장되었다는 것이다.

상호 관계에 중점을 두면서 인간과 사회의 본질과 행태를 대상으로 하는 사회과학도 현대 사회에 와서 과제와 대상 및 연구 방법들이 더욱 다양해지고 복잡해졌다. 그중 비교적 가장 최근에 연구 대상으로 떠오른 것이 영화다. 사회과학적 영화 분석은 학제적 연구 방법을 더욱 다양화하는 등 사회과학의 영역을 한층 더 확대해 가는 효과까지 발휘할 정도로 사회과학에 커다란 영향을 미쳤지만, 사회과학적 분석의 요건과 방법을 엄밀히 정립해야 할 필요성에 처한 것도 사실이다.

사회과학적 영화 분석은 사회과학적 전문성과 독창성이란 내용적 요건을 확보함과 동시에 객관성, 검증성, 정확성, 평이성이라는 형식적 요건을 아울러 갖추어야 한다. 사회과학이라는 계열학문 내에서 인정되는 전문적 내용을 연구자의 고유한 창의성을 갖추어 담아내야 한다. 또한 명료한 전달을 통해 검증 가능한 객관성을 확보함으로써 예술적 분석이나 문학적 분석과 다른 사회과학의 엄밀한 학문적 형식도 갖추어야 한다. 이를 위해 연구자는 관객의 입장이 아니라 성찰과 지적 생산을 목표로 의식적으로 능동적·적극적이며 객관적이고 날카로운 분석자의 입장에 서야 한다. 이 요건들은 상대적으로 사회과학적 분석 조건을 쉽게 갖출 수 있는 텍스트 외적 요소의 분석보다 텍스트 내적 요소의 분석에서 더 긴요하게 요구된다.

사회과학적 영화 분석은 영화를 현실 속에서 실제 발생하는 사회적 사건으로 간주하는 데에서 출발한다. 예술적으로 비록 허구일지라도 사회과학적 분석을 위해 영화는 실재 사건으로 인식될 필요가 있다는 것이다. 허구라는 형식으로 재현했더라도 영화라는 예술의 제작은 실제로 일어나는 사건일 뿐 아니라 영상으로 구성된 텍스트는 허구가 아니라 실재라고 가정된다. 따라서 영화라는 가시적 존재와 허구라는 영상 텍스트가 모두 실재하는 사건으로서 분석의 대상이 된다.

사회과학적 영화 분석이 구체적으로 분석해야 할 텍스트 내적 요소들은 우선 등장인물과 그로 대표되는 집단이나 조직의 사회적 역할과 체계 및 문화적 도식, 그리고 그 사회적 관계와 구조이다. 하지만 텍스트 내적 요소를 좀 더 넓게 파악하면, 시간적·공간적 사안들과 관계들을 영화가 재현하는 방식도 중요한 고찰 대상이 될 뿐만 아니라, 영화가 관객으로부터 기대하는 것도 필요한 분석 대상이 된다. 다만 이 요소들은 작가주의 해석의 위험이 큰 만큼, 감독의 의도에 얽매이지 않고 영화가 재현하는 방식과 관객에게 미치는 영향을 파악하려는 노력이 필요하다. 현실을 반영하는 사회적 '사건'으로 영화를 규정하고 영화를 분석하는 사회과학적 분석은 작가의 의도나 스타일보다 영화의 사회적 생산과 영향에 관심을 가지고 예술 작품으로서의 총체성이나 일관성보다 영화의 디테일에 주목하면서 다양하게 분석할 수 있어야 한다.

이와 같이 이 글은 영화 분석의 사회과학적 의미와 성격 및 그 요건과 방법을 다루었다. 기존에 이미 상당할 정도로 발전해온 영화 분석에 '사회과학'이라는 관점만을 추가해 그 외연을 확대했다는 점에서 큰 의미가 없을 수도 있다. 그러나 사회과학적 영화 분석이 이미 시작된 것은 사실이지만 그 성격과 요건 및 방법에 대해 체계적으로 숙고하거나 정리한 글은 없었다는 점에서 이 논문은 학술적 디테일을 확장했다는 의미를 갖는다. 디테일이 모든 것이라는 명제는 비단 예술에만 배타적으로 적용되지 않는다. 학문에서도 디테일은 모든 것이 될 수 있다.

:: 후주

1장 천만 관객 영화의 정치 사회적 의미

1. 제18대(2012년) 대선에서 박근혜 후보는 약 1,578만 표를 얻었고, 문재인 후보는 약 1,470만 표를 얻었다. 그 밖에 역대 대선에서 2위 후보가 1,000만 표를 넘게 획득한 경우는 제16대(2002년) 대선에서 약 1,144만 표를 얻은 이회창 후보가 유일하다(당시 노무현 후보는 약 1,201만 표). 중앙선거관리위원회 선거통계시스템(http://info.nec.go.kr) 참조.

2. 정병기, 2015a, "영화 분석과 사회과학 글쓰기 : 사회과학적 영화 분석의 요건과 특성," 『사고와 표현』 제8집 2호(한국사고와표현학회), 310~311쪽.

3. 소비자(consumer)와 생산자(producer)의 합성어.

4. '사건'의 개념에 대해서는 이정우, 2011, 『사건의 철학 : 삶, 죽음, 운명』(서울 : 그린비)이 매우 유용한 설명을 제공하고 있다.

5. 이정우(2011), 146쪽.

6. Deleuze, Gilles, 2003, 『스피노자와 표현의 문제』, 이진경·권순모 역(고양 : 인간사랑); 권태일(2006), 293~297쪽.

2장 정치 영화 그리고 재현과 표현의 정치학

1. Storey, John, 2000, "서문 : 문화 연구," John Storey, ed., 『문화연구

란 무엇인가』, 백선기 역(서울 : 커뮤니케이션북스), 23~26쪽.

2. 박종성, 1999, 『정치와 영화 : 영상의 지배전략과 권력의 계산』(고양 : 인간사랑; 박종성, 2008, 『씨네폴리틱스 : 영화는 다 정치적이다』(고양 : 인간사랑).

3. 홍태영, 2008, "문화적 공간의 정치학 : 재현에서 표현으로," 『한국정치학회보』 제42집 1호(한국정치학회), 27~47쪽.

4. 박종성(1999), 179~180쪽.

5. 권력 개념에 대해서는 정병기, 2015b, "표준의 권력성과 조정 기능 및 표준화 거버넌스," 『대한정치학회보』 제23집 2호(대한정치학회), 261~262쪽을 참조.

6. Russell, Bertrand, 2003, 『권력』, 안정효 역(서울 : 열린책들).

7. Weber, Max, 1972, *Wirtschaft und Gesellschaft : Grundriss der verstehenden Soziologie*, fünfte, revidierte Auflage, besorgt von Johannes Winckelmann (Tübingen : J. C. B. Mohr), S.28.

8. Wrong, Dennis H., 1995, *Power : Its Forms, Bases, and Uses* (New Brunswick, NJ : Transaction Publishers).

9. Olsen, Marvin E., 1993, "Forms and Levels of Power Exertion," Marvin E. Olsen and Martin N. Marger (eds.), *Power in Modern Societies* (Boulder, CO : Westview Press), pp.29~36.

10. Lukes, Steven, 2005, *Power : A Radical View*, 2nd ed. with two major new chapters (London : MacMillan); Poggi, Gianfranco, 2001, *Forms of Power* (Cambridge, UK : Polity); 신진욱, 2009, "근대 서양 정치사상과 소프트 파워 : 베버와 그람시," 김상배(편), 『소프트 파워와 21세기 권력 : 네트워크 권력론의 모색』(서울 : 그린비), 59~111쪽 참조.

11. Beetham, David, 1991, *The Legitimation of Power* (London : Macmillan), p.98.

12. Arendt, Hannah, 1970, *Macht und Gewalt* (München : Piper), S.44~47.

13. Guzzini, Stefano, 2005, "The Concept of Power : a Constructivist Analysis," *Millennium : Journal of International Studies*, vol.33, no.3, p.507; Foucault, Michel, 1978, *Dispositive der Macht. Über Sexualität, Wissen und Wahrheit* (Berlin : Merve Verlag); 이수영, 2009, 『권력이란 무엇인가』(서울 : 그린비), 46~47쪽; 한병철, 2011, 『권력이란 무엇인가』, 김남시 역(서울 : 문학과지성사), 60~61쪽;

14. 장덕진, 2009, "정치권력의 사회학적 분해 : 자원권력과 네트워크 권력," 김상배(편), 『소프트 파워와 21세기 권력 : 네트워크 권력론의 모색』(서울 : 그린비), 203쪽.

15. 윤성우, 2004, "미메시스, 재현 그리고 해석," 『해석학연구』 제14권(한국해석학회), 208쪽 참조.

16. Beardsley, Monroe C., 1998, 『미학사』, 이성훈·안원현 역(서울 : 이론과 실천), 28쪽.

17. 신승환, 2004, "근대성의 내재적 원리에 대한 존재해석학적 연구 : 실체와 재현의 사고를 중심으로," 『하이데거 연구』 제9집(한국하이데거학회), 104~115쪽을 참조. 하지만 정치학적·법학적 관점을 별도로 설정해 네 가지로 설명한 신승환과 달리 여기서는 정치학적·법학적 관점을 첫 번째 관점에 포함시켜 세 가지로 설정했다.

18. Goodman, Nelson, 1976, *Languages of Art : An Approach to a Theory of Symbols*, 2nd ed. (Indianapolis, Ind. : Hackett Publishing), p.5; 양민정, 2013, "굿맨의 재현 이론에 대한 재고찰," 『미학』 제75집(한국미학회), 69쪽에서 재인용.

19. Deleuze, Gilles, 2004, 『차이와 반복』, 김상환 역(서울 : 민음사), 144쪽; 권태일, 2006, "들뢰즈의 '재현'과 '표현' 개념으로 본 현대 예술의 다양성 문제 : 현대 회화와 건축의 다양성을 중심으로," 『동서

철학연구』 제40호(한국동서철학회), 285쪽.

20. 사공일, 2011, "들뢰즈의 권력과 정치," 『인문과학』 제23집(경북대학교 인문학술원), 33쪽.

21. 하상복, 2009, "광화문의 정치학:예술과 권력의 재현," 『한국정치학회보』 제43집 3호(한국정치학회), 79쪽 참조.

22. Bourdieu, Pierre, 2005, 『실천이성』, 김웅권 역(서울:동문선), 180쪽.

23. 홍태영(2008), 30쪽.

24. 홍태영(2008), 38쪽.

25. Baudrillard, Jean, 1992, 『시뮬라시옹』, 하태환 역(서울:민음사). 보드리야르의 시뮬라시옹 논의를 포스트모던 시대에서 실재와 이미지 사이의 구별이 사라지는 현상에 적용해 영화를 설명한 것으로는 최병학, 2011, "'재현/현시 해체'와 '2차적 실재'의 귀환:영화적 상상력을 넘어서," 『철학논총』 제63집 1권(새한철학회), 409~430쪽 참조.

26. Baudrillard(1992), 25쪽.

27. 김용규, 2006, "시뮬라크르의 물질성과 탈재현의 정치학:보드리야르, 데리다, 들뢰즈," 『영어영문학』 제52권 2호(한국영어영문학회), 316쪽.

28. Deleuze(2004); 홍태영(2008), 39쪽.

29. 다이진화, 2014, "역사와 기억 그리고 재현의 정치," 김정수 역, 『문화과학』 통권 제79호(문화과학사), 305쪽.

30. 이광일, 2009, "민주주의, 재현, 정체성 정치들과 그 미래," 『황해문화』 제65호(새얼문화재단), 12~34쪽 참조.

31. 강내희, 2000, "재현체계와 근대성:재현의 탈근대적 배치를 위하여," 『문화과학』 제24호(문화과학사), 37쪽. 한편 문성원은 영화의 재현적 특성을 완전히 거부하지 않으면서 재현성을 넘어 표현성을

추구한 예로 타르코프스키(Andrej Tarkowskij)의 영화 〈거울〉을 분석했다. 문성원, 2004, "이미지와 표현의 문제: 무한의 거울로서의 영화?," 『시대와 철학』 제15권 1호(한국철학사상연구회), 33~52쪽.

32. 다음과 같은 주장을 예로 들 수 있다. "영화는……'어떠한 것의 녹화도 아니다.'…… 영화가 녹화할 수 있는 유일한 것 — 스크린에 옮겨지게 되는 현실에 일어나는 사건 — 은 단순히 한 번도 일어난 적이 없는 것이다. 영화는 일종의 기록 수단으로 사용될 수 있다. 뉴스 영화처럼. 그러나 영화에서의 사건은 영화 그 자체에 대해서만을 별도로 생각하면 우리가 결코 그것에 대해 입회(present)할 수 없으며 결코 입회할 수 없었던 사건이다." Cavell, Stanley, 2014, 『눈에 비치는 세계: 영화의 존재론에 대한 성찰』, 이두희·박진희 역(서울: 이모션북스), 274~275쪽.

33. 들뢰즈의 사건 개념에 대해서는 이동성, 2006, "후기 구조주의에서의 의미의 문제: 들뢰즈의 사건을 중심으로," 『동서언론』 제10집(동서언론학회), 263~289쪽을 참조.

34. 정병기, 2015c, "영화 〈변호인〉의 선택과 누락 그리고 공감의 정치학: 공감의 보수성과 민주주의의 보수성," 『경제와 사회』 제106호(비판사회학회), 123~147쪽 참조.

35. Deleuze, Gilles, 2003, 『스피노자와 표현의 문제』, 이진경·권순모 역(고양: 인간사랑); 권태일(2006), 293~297쪽. 잠재성 개념에 대해 더 상세한 내용은 김재희, 2012, "들뢰즈의 표현적 유물론," 『철학사상』 제45권(서울대학교 철학사상연구소), 137~138쪽을 참조.

36. Bazin, André, 2013, 『영화란 무엇인가?』, 박상규 역(서울: 사문난적).

37. Mitry, Jean, 2001, *Esthétique et psychologie du cinéma* (Paris: Editions du Cerf); 김호영, 2014, 『영화이미지학』(파주: 문학동네), 263~265쪽; 안상원, 2010, "영화 이미지의 투명성을 둘러싼 논쟁: 장

미트리를 중심으로," 『미학』 제64집(한국미학회), 35~72쪽.

38. Pasolini, Pier Paolo, 2008, *Ecrits sur cinéma*, ed. de Cahiers du Cinema (Paris:Cahiers du Cinema); 김호영(2014), 319~322, 344쪽.

39. 김호영(2014), 437, 446쪽.

40. Buydens, Mireille, 1990, *Sahara:L'esthétique de Gilles Deleuze* (Paris:Librairie Philosophique J. Vrin), pp.26~28; 박성수, 2000, "재현, 시뮬라크르, 배치," 『문화과학』 제24호(문화과학사), 39~40쪽.

41. 리좀적 사유에 대해서는 Deleuze, Gilles · Félix Guattari, 2001, 『천 개의 고원:자본주의와 분열증 2』, 이진경 역(서울:새물결), 특히 "서론:리좀" 참조.

42. 박성수(2000), 40~42쪽.

43. Kristeva, Julia, 1972, "Bachtin, Das Wort, der Dialog und der Roman," Jens Ihwe (Hg.), *Literaturwissenschaft und Linguistik:Ergebnisse und Perspektiven, Bd. 3:Zur linguistischen Basis der Literaturwissenschaft, II* (Frankfurt am Main:Athenäum), S.345~375.

44. Žižek, Slavoj, 1995, 『삐딱하게 보기』, 김소연 · 유재희 역(서울:시각과언어), 327쪽.

45. 박태순, 2008, "디지털 뉴미디어와 정치 공론장의 구조변동:재현 공론장에서 표현 공론장으로의 이행," 『정치 · 정보연구』 제11권 2호(한국정치정보학회), 122쪽.

46. 박태순(2008), 130쪽.

47. 백민정, 2005, " '노마드'인가 '주체'인가?:들뢰즈의 정치철학에 대한 비판적 검토," 역자 후기, Patten, Paul, 『들뢰즈와 정치:「앙티 외디푸스」와 「천의 고원들」의 정치철학』, 백민정 역(서울:태학사), 364~365쪽 참조.

48. 박태순(2008), 131쪽.

49. 영화 속에서 전개되는 허구의 세계 전부를 말하는 것으로, 스토리 뿐 아니라 관객에게 환기시키거나 상기시키는 모든 것을 포함한다.

3장 <변호인> : 공감과 민주주의의 보수성

1. 조흡, 2014, "〈변호인〉과 저항담론," 『대한토목학회지』 제62권 4호(대한토목학회), 93쪽.

2. 정한석, 2014, "똑바로 쳐다보라," 『씨네21』 12.17, http://www.cine21. com/news/view/mag_id/75276(검색일 : 2014.08.07).

3. 강성률, 2014, 〈변호인〉, 우리 시대에 던지는 질문," 『플랫폼』 제43호(인천문화재단), 59쪽.

4. 영화진흥위원회 역대 박스오피스(공식통계 기준), 2016년 3월 31일 통계, 영화진흥위원회 홈페이지, http://www.kobis.or.kr/kobis/business/stat/offc/findFormerBoxOfficeList.do?loadEnd=0&searchType=search&sMultiMovieYn=&sRepNationCd=(검색일 : 2016.04.10). 영화진흥위원회 역대 박스오피스(공식통계 기준), 2016년 3월 31일 통계, 영화진흥위원회 홈페이지, http://www.kobis.or.kr/kobis/business/stat/offc/findFormerBoxOfficeList.do?loadEnd=0&searchType=search&sMultiMovieYn=&sRepNationCd=(검색일 : 2016.04.10).

5. 김지미, 2014, "영화는 시대를 어떻게 '변호'하는가 : 〈변호인〉과 함께 도래한 문학 정치의 몇 가지 키워드들," 『황해문화』 통권 제82호(새얼문화재단), 365쪽.

6. 송경원, 2014, "보편타당하게 소통한다 : 잘 만든 상업 영화와 정치적 논란 사이, 변호인은 어떻게 흥행했나," 『씨네21』 제938호, http://

www.cine21.com/news/view/mag_id/75683(검색일 : 2014.08.07)

7. 남다은, 2014, "국가 대신 국민을 위해," 『씨네21』 제938호, http://
www.cine21.com/news/view/mag_id/75685(검색일 : 2014.08.07).

8. 영화에서 중요한 것처럼 등장하지만 실제로는 줄거리에 영향을 미치
지 않는 극적 장치로서 관객의 시선을 의도적으로 묶어 두어 공포감
이나 의문을 자아내게 만드는 일종의 '헛다리짚기' 장치를 말한다.

9. 주인공 송우석이라는 이름은 감독(양우석)의 이름과 배우(송강호)
의 성을 결합한 것으로 보인다.

10. 한영인, 2014, "영화 〈변호인〉이 불편한 이유," 『역사문제연구』 통권
제31호(역사문제연구소), 454쪽.

11. 이경진, 2014, "앨리스씨를 위한 동정론," 『문학동네』 제78호,
258~259쪽.

12. 문관규, 2014, "역사와 선비 정신의 소환 그리고 진실의 힘 : 양우석
의 〈변호인〉(2013)," 『현대영화연구』 제17권(한양대학교 현대영화
연구소), 69~93쪽.

13. Stacey, Jackie. 1994. *Star Gazing : Hollywood Cinema and Female
Spectatorship* (New York : Routledge).

14. Baudry, Jean-Louis, 2011, "기본적 영화 장치가 만들어낸 이데올
로기적 효과"(1970), 이윤영(편역), 『사유 속의 영화』, 서울 : 문학과지
성사, 265~286쪽.

15. 박대준은 〈변호인〉이 노무현의 에피파니를 다룬다고 명시적으로 주
장한다. 박대준, 2014, "그 사람의 '에피파니'(Epiphany), 진리와 마주
하는 순간," 『기독교사상』 제662호(대한기독교서회), 120~123쪽.

16. 정병기 · 김찬우, 2013, "산업표준 보유 및 표준화 활동 추이로 본 한
국 산업표준 정책의 특징과 변화," 『한국과 국제정치』 제29권 제3
호. 170쪽. 제5공화국의 신자유주의적 성격에 관한 상세한 논의는
다음 문헌들을 참조. 유석진, 2001, "민주주의와 시장경제 : 제도주

의적 관점," 한국정치학회(편). 『한국 정치경제의 위기와 대응』(서울 : 오름), 64~88쪽; 지주형, 2011, 『한국 신자유주의의 기원과 형성』(서울 : 책세상); 최병두, 2007, "발전주의에서 신자유주의로의 이행과 공간정책의 변화," 『한국지역지리학회지』 제13권 제1호(한국지역지리학회), 82~103쪽.

17. 문관규(2014), 74~75쪽.

18. "어이, 변호사 양반, 당신 생각엔 6·25가 끝난 거 같지? 응? 우리 휴전이야, 휴전, 잠깐 쉬는 거라고. 근데 말이야, 사람들은 전쟁이 다 끝난 줄 알아. 왜 그런 줄 알아? 나 같은 사람들이 있으니까. 나 같은 사람들이 목숨 걸고 빨갱이들 잡아주니까, 너 같은 놈들이 뜨신 밥 먹고 발 뻗고 자는 거야. 집에 가서 곰곰이 생각해봐, 나 같은 사람들이 얼마나 고마운가. 당신이 할 수 있는 애국이 뭔지."

19. 서석구, 2014, "영화 변호인의 허구와 진실 : 영화 변호인 재판장이 말한다," 『한국논단』 제292권(한국논단사), 24~31쪽.

20. 이상훈, 2014, " '영화 〈변호인〉 엉터리다' 부림사건 당시 수사검사 고영주 변호사". 『조선일보』 01.12, http://news.chosun.com/site/data/html_dir/2014/ 01/12/2014011200637.html(검색일 : 2014.08.13).

21. 박대한·한지훈, 2014, "영화 '변호인' 소재 '부림 사건' 재심서 무죄 확정," 『연합뉴스』 09.25, http://www.yonhapnews.co.kr/bulletin/2014/09/25/0200000000AKR20140925098500004.HTML?from=search(검색일 : 2014.09.25).

22. 문관규(2014), 72~73쪽.

23. 성현석, 2014, "〈변호인〉 천만 관객, 좋아할 일만은 아니다 : '위험한 노동'과 '진짜 정의'," 『프레시안』 02.12, http://www.pressian.com/news/article.html?no=114047(검색일 : 2014.02.12).

24. 정윤수, 2014, "영화 '변호인'과 재현의 한계," 『녹색평론』 제135호,

89~99쪽.

25. 천정환, 2014, "〈변호인〉, 천만 관객의 '눈물'에 부쳐," 『한국일보』 01.21, http://news.naver.com/main/read.nhn?mode=LSD&mid =sec&sid1=110&oid=038&aid=0002459274(검색일 : 2014.08.13); 허문영, 2014, "그를 전설의 서사로 추어올리지 마라," http://www. cine21.com/news/view/mag_id/75919(검색일 : 2014.08.07); 허재현, 2013, " '변호인' 실제 인물 '노무현, 정말로 판사와 싸웠어요,'" 『한겨레신문』 12.27, http://www.hani.co.kr/arti/society/society_general/617377.html(검색일 : 2014.08.13).

26. 한영인, 2014, "영화 〈변호인〉이 불편한 이유," 『역사문제연구』 통권 제31호(역사문제연구소), 460~461쪽. 하지만 박진우의 대사 중 계란과 바위의 비유를 보면, 그가 싸르트르(Jean-Paul Sartre)의 실존주의를 잘못 이해했다고 볼 근거는 약하다. 다만 차동영이 잘못 알고 있어서 다른 대답을 요구했을 뿐이다. 이것은 오히려 카(Edward H. Carr)의 『역사란 무엇인가』를 사회주의 서적으로 규정하는 당시 정권의 무지를 상징한다.

27. 앙각(仰角, low angle)은 피사체를 밑에서 올려다보며 촬영하는 각도를 말하며, 이 각도로 촬영한 숏을 앙각 숏(low angle shot)이라고 한다.

28. Close-up의 우리말 표기가 클로즈업으로 통용되고 표준어사전에 그렇게 등재되어 있지만 이 책에서는 원어 발음에 맞게 클로스업이라고 쓴다. 클로스업은 피사체에 가까이 접근해 찍은 장면으로, 대개 피사체를 화면 가득 포착한 장면을 지칭한다.

29. 클로스 숏(close shot)은 머리에서 어깨까지 잡히는 장면이며, 미디엄 롱 숏(medium long shot)은 머리에서 무릎 아래 선까지 잡히는 장면이다.

30. 부감(俯瞰, high angle)은 높은 위치에서 피사체를 내려다보며 촬영

하는 각도를 말한다.

31. 한 화면이 사라짐과 동시에 다른 화면이 점차로 나타나는 장면 전환 기법.

32. 문관규(2014), 77쪽.

33. 박은경, 2014, "영화 '변호인' 1000만 관객 돌파……'법정물·실존인물·정치소재' 세 가지 금기로 '흥행 공식' 깼다," 『경향신문』 01.19, http://news.khan.co.kr/kh_news/khan_art_view.html?artid=2014 01192135565&code=960401(검색일 : 2014.08.13).

34. 민주주의의 네 가지 유형에 대해서는 손호철, 2006, 『해방 60년의 한국정치 : 1945~2005』(서울 : 이매진), 71~75쪽과 정병기, 2007, "21세기 자본주의 사회의 혁명과 반혁명 : 68혁명운동의 의미와 교훈," 『21세기 자본주의와 대안적 세계화』, 제3회 맑스코뮤날레 발표논문집, 문화과학 이론신서 52. 문화과학사, 490~509쪽을 참조.

35. Habermas, Jürgen, 1992, "오늘날 우리에게 사회주의란 무엇인가 : 만회혁명과 좌파에게 요청되는 새로운 사고," 이병천·박형준(편), 『마르크스주의의 위기와 포스트 마르크스주의 I』(서울 : 의암출판), 183~211쪽.

36. Deleuze, Gilles, 2002, 『시네마 I : 운동-이미지』, 유진상 역(서울 : 시각과 언어).

37. 이탈리아 귀족 가문인 보로메오(Borromeo) 가(家)의 문장으로, 세 개의 고리가 얽혀 있는 형상이어서 삼위일체를 뜻한다. 라캉(J. Lacan)이 이 매듭을 상상계-상징계-실재계라는 3항 관계의 질서가 상호의존하고 있다는 것을 보여 주는 상징으로 사용하기도 했다.

38. 이경진(2014), 259쪽.

39. 프리기아의 수도 고르디움에 놓인 고르디우스의 전차에 달려 있었다는 전설상의 매듭으로 매우 복잡하게 얽혀 있어 아시아를 정복하는 사람만이 풀 수 있다고 알려져 있었다. 그런데 알렉산더가 칼로

잘라 끊었다고 전해지면서, 이 매듭은 '대담한 방법을 사용해야 풀수 있는 문제'의 상징으로 쓰인다.

4장 <국제시장> : 생략된 세대의 정체성과 가부장주의 및 국가의 의미

1. 윤제균, 2015, "국제시장, 소통과 화합의 영화……이념논란 당황,"『JTBC 뉴스룸』01.06, http://news.jtbc.joins.com/article/article. aspx?news_id=NB10712210(검색일 : 2015.05.18). 그 밖에 다른 언론들과의 인터뷰에서도 윤 감독은 <국제시장>을 정치적 의도가 없는 가족영화라고 누차 밝혔다. 탁기형, 2015, " '국제시장' 윤제균 '웃픈 시절' 그랬을 뿐…정치적 해석 제발 그만," 윤제균 감독 인터뷰, 『한겨레』01.06, http://www.hani.co.kr/arti/culture/movie/672316. html?_ns=c1(검색일 : 2015.01.06); <강지원의 뉴스! 정면승부>, 2014, "실은 아버지에게 바치는 전상서였다.. 요즘 세대들 아버지의 위로가 그 어느 때보다 절실," 윤제균 감독 인터뷰, 『YTN 라디오』12.31, http://radio.ytn.co.kr/program/?f=2&id=33539&s_mcd=0263&s_ hcd=01(검색일 : 2015.01.02).

2. 주인공 이름인 윤덕수는 윤제균 감독 아버지의 실제 이름이고 덕수 부인 이름인 오영자도 윤 감독 어머니의 어릴 적 이름이었다고 한다. 이광형, 2015, "윤제균 감독의 어머니 오수덕 여사 등 7명 올해 '예술가의 장한 어머니상' 수상," 『국민일보』05.07, http://news.kmib. co.kr/article/view.asp?arcid=0009417022&code=61171111&cp=nv (검색일 : 2015.06.03).

3. 윤제균 감독은 <국제시장>에서 정치적 사건을 의도적으로 배제한 이유에 대해 다음과 같이 밝혔다 : "사실 두 가지 이유에서 정치적인 시선을 뺐어요. 첫 번째는 사실 이 영화가 고생한 우리 아버님 세대

에 대해서 헌사로 시작했는데, 그러면 당연히 못 살고 가난했던 시절에 고생했던 이야기가 주가 되잖아요. 거기에 어떤 정치적인 사건이나 그런 내용이 들어간다고 하면 아무리 생각을 해도 수박 겉핥기식의…… 또 끼워 넣기 식의 그런 형식적인…… 식으로밖에 들어갈 수 없겠다는 판단을 했었어요. 그렇게 들어갈 바에는 차라리 **빼는** 것이 낫겠다는 게 첫 번째 이유였고요. 두 번째 이유는 이 영화는 가족영화로 만들고 싶었어요. 그래서 요즘 많은 분들이 영화는 젊은이들의 전용적인 소유물이라고 많은 또 말씀들을 하시는데, 그게 아니라 정말로 감독으로서 바랐던 것은 극장 안에…… 자식과 부모 또 할아버지, 할머니 3대가 와서 볼 수 있는 가족 영화로 만들고 싶었어요. 그렇게 가족 영화로 만들고 싶은데 거기에 또 어떤 민감한 정치적인 부분이나 역사 의식적인 부분이 들어가면 좀 부담이 되는 것 같아서." 윤제균(2015).

4. 『씨네21』과의 인터뷰, 조흡, 2014, "〈변호인〉과 저항담론," 『대한토목학회지』 제62권 4호(대한토목학회). 93쪽에서 재인용.

5. 정병기, 2015c, "영화 〈변호인〉의 선택과 누락 그리고 공감의 정치학 : 공감의 보수성과 민주주의의 보수성," 『경제와 사회』 제106호(비판사회학회), 123~147쪽 참조.

6. 김동우, 2014, " '보수·진보 싸움 어부지리 효과?'…… 영화 '국제시장' 관객 500만 눈앞에," 『국민일보』 12.30, http://news.kmib.co.kr/article/view.asp?arcid=0008992298&code=61111111&cp=nv(검색일 : 2015.01.02).

7. 정상근, 2014, " '국제시장'을 이념전쟁터로 만든 TV조선과 대통령," 『미디어 오늘』 12.30, http://www.mediatoday.co.kr/news/articleView.html?idxno=120952(검색일 : 2015.01.02).

8. 정상근(2014).

9. 박하은, 2015a, "〈국제시장〉과 저널리즘의 빈곤," 『슬로우뉴스』 01.15,

http://slownews.kr/35830(검색일 : 2015.05.19).

10. 작가주의는 예술 창작에는 그것을 창작한 사람인 작가의 개성이 반영된다는 이론이다. 영화 이론에서 작가주의는 감독을 작가로 본다.

11. 정병기, 2015a, "영화 분석과 사회과학 글쓰기 : 사회과학적 영화 분석의 요건과 특성," 『사고와 표현』 제8집 2호(한국사고와표현학회), 309~337쪽.

12. Storey, John (ed.), 2000, 『문화연구란 무엇인가』, 백선기 역(서울 : 커뮤니케이션 북스), 23~26쪽; 홍태영, 2008, "문화적 공간의 정치학 : 재현에서 표현으로," 『한국정치학회보』 제42집 1호(한국정치학회), 28~29쪽.

13. 영화진흥위원회 역대 박스오피스(공식통계 기준), 2016년 3월 31일 통계, 영화진흥위원회 홈페이지, http://www.kobis.or.kr/kobis/business/stat/offc/findFormerBoxOfficeList.do?loadEnd=0&searchType=search&sMultiMovieYn=&sRepNationCd=(검색일 : 2016.04.10).

14. 강정석, 2015, "〈명량〉에서 〈국제시장〉까지 : 천만 관객 영화의 감정 구조," 『문화과학』 제81호(문화과학사), 316쪽.

15. 김소연, 2015, "〈국제시장〉, 혹은 어떤 가족 영웅의 뭉클한 도착증에 관한 보고," 『진보평론』 제63호, 135~136쪽.

16. 연기자나 해설자 등이 화면에 보이지 않는 상태에서 대사나 해설 등의 목소리가 들리는 것.

17. 라캉(J. Lacan)식으로 말하면, 상상계적 자아가 상징계에 들면서 분열을 일으킨 것이다. 앞서 말했듯 실재계에 진입하면서 가능해지는, 이 분열의 치유, 곧 통합된 자아의 형성은 영화가 종영되는 시점에 이루어지므로 영화 속 서사는 분열된 자아들을 중심으로 전개된다.

18. 강정석(2015), 329쪽.

19. 화면에 종이, 인쇄물, 사진 따위를 오려 붙이고 일부에 가필하여 작품을 만드는 미술 기법을 영화에 적용하여 허구의 서사 속에 단편적인 역사적 사실을 끼워 넣는 방법.

20. 김소연(2015), 138~139쪽.

21. 강정석(2015), 333쪽.

22. 박하은, 2015b, "아버지를 가져보지 못한 세대 : 〈국제시장〉 리뷰," 『슬로우뉴스』 01.16, http://slownews.kr/35851(검색일 : 2015.05.19). 김지미, 2015, "아버지의 탄생, 부재 그리고 죽음 : 〈허삼관〉, 〈국제시장〉, 〈강남 1970〉," 『황해문화』 통권 제86호(새얼문화재단), 377~390쪽도 유사한 맥락에서 국가주의적 해석을 거부한다.

23. 바로 앞 문장은 "차후도 당분간 공산 압제하에서 계속 고생하지 않으면 안 되게 된 우리들의 동포들에게 우리는 다음과 같이 외친다." 이다. 휴전 조인 후 이승만 대통령 성명서, 1953, 『경향신문』 07.29, http://newslibrary.naver.com/viewer/index.nhn?articleId=1953 072900329201007&edtNo=1&printCount=1&publishDate=1953-07-29&officeId=00032&pageNo=1&printNo=2228&publishType=00020(검색일 : 2015.05.26).

24. 좌세준, 2015, "〈국제시장〉, 누구 편이냐고 묻지 말라 : 영화 〈국제시장〉 논란에 부쳐," 『프레시안』 01.07, http://www.pressian.com/news/article.html?no=122979(검색일 : 2015.01.08).

25. 박하은(2015b).

26. 다른 작가나 감독의 업적과 재능에 대한 존경의 표시로 특정 장면이나 대사를 모방하는 일.

5장 〈암살〉 : 민족주의의 성격과 보수-진보 대결 및 역사 청산

1. 김지연, 2015, " '암살'이 끌어주고 '베테랑'이 밀어주고 …… 경쟁
   보다 협력," 『연합뉴스』 08.29, http://www.yonhapnews.co.kr/
   bulletin/2015/08/28/0200000000AKR20150828186900005.
   HTML?input=1195m(검색일 : 2015.10.08).

2. 〈암살〉은 총 1,519개의 스크린을 장악해(스크린 수 4위) 독점 논란
   도 가능하지만 여기서는 직접 관련이 없으므로 논외로 한다. 영화진
   흥위원회 역대 박스오피스(공식통계 기준), 2016년 3월 31일 통계, 영
   화진흥위원회 홈페이지, http://www.kobis.or.kr/kobis/business/
   stat/offc/findFormerBoxOfficeList.do?loadEnd=0&searchType=s
   earch&sMultiMovieYn=&sRepNationCd=(검색일 : 2016.04.10).

3. 예를 들어 김시무는 "이 영화가 크게 어필할 수 있었던 이유 중 하나
   로 영화의 탄탄한 내러티브 구성을 꼽을 수 있다고 주장하고 싶다.
   근래 개봉했던 한국영화들 가운데 단연 최고다."라고 극찬했다. 김시
   무, 2015, "예술과 프로파간다의 경계 : 〈암살〉과 〈연평해전〉," 『공연과
   리뷰』 통권 제92호(제21집 3호, 현대미학사), 22쪽.

4. 김연지는 세 가지 흥행 요인으로 ① 입소문과 초반 홍보 효과, ② 전
   연령대가 공감하고 좋아할 소재, ③ 믿고 보는 감독과 배우를 꼽았
   다. 특히 연령별 관객층과 관련해 2015년 7월 29일 기준으로 CGV,
   롯데시네마, 인터파크의 예매율을 평균치로 환산해 보면, 20대, 30
   대, 40대가 각각 35.9%, 27.4%, 32.1%로 고르게 분포했다. 김연지,
   2015, "영화 '암살', 흥행 뒤엔 3가지 작전 있었다," 『일간스포츠』
   07.30, http://isplus.live.joins.com/news/article/article.asp?total_
   id=18349994(검색일 : 2015.10.08).

5. 네이버 무비 토크에서 최동훈 감독이 직접 밝힌 바에 따르면, '하
   와이 피스톨'이라는 명칭은 원래 총을 잘 다룬다는 의미에서 '쿠
   바 리볼버'였는데 그 역을 맡은 하정우가 하와이를 좋아해 그의 제
   안에 따라 변경된 것이다. 하와이 피스톨로 변경된 후 그 명칭은 하

와이 피스톨과 영감의 대사로 유추해 볼 때 하와이에서의 유흥을 위해 돈을 추구한다는 의미도 포괄한다. 네이버 영화 무비 토크, 2015, "〈암살〉," http://movie.naver.com/movie/bi/mi/mediaView.nhn?code=121048&mid=27556#tab(검색일 : 2016.01.12).

6. 이 이유를 들어 남다은은 〈암살〉 흥행의 주된 이유가 역사 청산이라는 서사적 측면보다 폭력적 영상이 주는 오락적 쾌감의 측면이 훨씬 더 크다고 진단하기도 한다. 〈암살〉이 주는 오락적 영상과 쾌감이 결코 적지 않은 것은 물론 사실이다. 그러나 이것은 영화의 기술적 장점이라고 볼 수는 있지만 가장 중요한 요소라고 보기는 어렵다. 〈암살〉에서 그러한 오락적 영상과 쾌감이 느와르 영화나 액션 영화 같은 장르 영화에서처럼 특별히 과장되거나 특수하지도 않았으며 영화 전편을 차지하는 요소도 아니기 때문이다. 남다은, 2015, "무참히 소비된 소녀의 죽음…'암살'에 결핍된 솔직함의 미덕 : '암살'에는 없고 '베테랑'에는 있는 것," 『한겨레』 10.07, http://www.hani.co.kr/arti/culture/culture_general/711801.html?dable=30.1.3(검색일 : 2015.10.08) 참조.

7. 주유소(휘발유 가게)에서 시도한 제1차 두 번째 암살 시도에 실패하고 총상을 입은 안옥윤을 병원에 데려간 후 하와이 피스톨이 병실에서 안옥윤과 나눈 대화. '허'라는 탄식을 전후해 말을 잇지 못하는 곳에서 죄책감이 드러나며, 안옥윤에게 질문처럼 던진 말에서 회의주의가 엿보인다.

8. 황진미, 2015a, "염석진의 최후가 의미하는 것은," 『씨네21』 08.04, http://www.cine21.com/news/view/mag_id/80806(검색일 : 2015.11.29).

9. 속사포가 자신을 암살하려 접근한 하와이 피스톨과 나눈 대화 : "불알을 딱 까놓으면 성질도 온순해지고 육질도 아주 부드러워진다는 거야. …… 근데 말이오. 돼지 입장에서는 자기 불알을 지키고 싶어 하

지 않을까? 일본놈들이 조선 사람을 불알 까기하고 있는 것 같아."

10. 황진미(2015a)는 이 장면과 관련해 부르주아 신여성으로서의 삶에
대한 비판을 읽어내고 여성 독립운동가에 대한 재조명도 강조한다.
이 의미도 〈암살〉에서 읽어낼 수 있는 중요한 지점이다. 하지만 역
사 청산 문제에 초점을 두는 이 글의 범위를 넘어선다.

11. 전진성, 2003, "어떻게 부담스런 과거와 대면할 것인가? : '과거극복
(Vergangenheitsbewältigung)' 개념에 대한 이론적 검토," 『독일연
구』 제6호(한국독일사학회), 133~157쪽.

12. 고상두, 2007, "통일 독일의 과거 청산과 한반도에의 함의," 『통일연
구』 제10권 2호(숭실대학교 통일문제연구소), 25~50쪽.

13. 정흥모, 1998, "통일 독일의 동독 역사 (재)정립," 『국제정치논총』 제
38집 3호(한국국제정치학회), 291~308쪽.

14. 청산 개념에 대한 독일 내 논쟁에 대해서는 Großbölting, Thomas,
2013, "Geschichtskonstruktion zwischen Wissenschaft und Popu-
lärkultur," Aus Politik und Zeitgeschichte, Jg.63, H.42/43, S.19~26
참조.

15. 이주현, 2015, "대하드라마를 하고 싶은 마음이 있었다," 최동훈 감
독 인터뷰, 『씨네21』 07.30, http://www.cine21.com/news/view/
mag_id/80713(검색일 : 2015.10.09).

16. 물론 사실과 다른 설정이 없지 않다. 예를 들어, 극 중에서 절친한
것으로 묘사된 김구와 김원봉은 사실 소원한 관계였으며 특히 영화
의 주요 대상 시기인 1933년에 항일 운동 노선을 두고 갈등했다. 김
원봉은 이미 1925년 황포군관학교에 입학해 정규군 활동으로 전환
했고 1930년대부터는 대일전선통일동맹과 조선민족혁명당을 조직
하는 등 공산주의 노선에 따라 활동했다. 또한 〈암살〉은 1933년 만
주 괴뢰정부 건국일(3월 1일)에 요인 암살을 시도했던 독립운동가
남자현을 모델로 한 것으로 알려졌는데, 당시 암살 대상은 일본 장

교 부토 노부요시(武藤信義)였고 친일파 조선인은 포함하지 않았다. 강인국이라는 친일파의 존재와 안옥윤을 그의 쌍둥이 딸로 설정한 것도 허구다. 하지만 안옥윤이 사용한 모신나강 소총, 염석진이 사용한 마우저 권총, 하와이 피스톨 일당이 사용한 PPK과 PM-28, 속사포가 사용한 톰슨 M-1928 기관총 등은 잘 고증된 무기인 것으로 알려졌다. 서유석, 2015, "〈암살〉 ─ '3천불 우리 잊으면 안 돼'," 『통일한국』 9월호(평화문제연구소), 70~71쪽 참조.

17. 일차 시도는 아네모네 카페에서 구상되고 조직된다. 아네모네의 꽃 말이 '배신'과 '속절없는 사랑'이라는 것에 생각이 이르면, 두 번째 암살은 배신에 의해 실패할 것임을 암시하고 실제 그런 결과로 이어진다. 하지만 이 실패를 딛고 그 요인들을 극복한 후 시도된 이차 시도는 성공한다. 배신이 난무하고 희망이 속절없이 보일지라도 끊임없이 노력하면 성공할 수 있다는 메시지로도 읽을 수 있다.

18. 네 번째 암살도 청산의 대상이지만 두 번째 암살과 동시에 진행되고 염석진의 친일 행각에 대한 진상 규명과 처리로 귀결되므로 여기서는 따로 논하지 않는다.

19. 한국학중앙연구원, 2016, 『한국민족문화대백과』, http://terms. naver.com/entry.nhn?docId=556458&cid=46626&categoryId=46 626(검색일 : 2016.01.12).

20. 영화상 재현과 표현의 문제에 대해서는 Deleuze, Gilles, 2004, 『차이와 반복』, 김상환 역(서울 : 민음사); Deleuze, Gilles, 2003, 『스피노자와 표현의 문제』, 이진경·권순모 역(고양 : 인간사랑); Mitry, Jean, 2001, *Esthétique et psychologie du cinéma* (Paris : Editions du Cerf); 문성원, 2004, "이미지와 표현의 문제 : 무한의 거울로서의 영화?," 『시대와 철학』 제15권 1호(한국철학사상연구회), 33~52쪽; 최병학, 2011, " '재현/현시 해체'와 '2차적 실재'의 귀환 : 영화적 상상력을 넘어서," 『철학논총』 제63집 1권(새한철학회), 409~430쪽 참조.

21. 진보와 보수의 구분이 일부 등장인물에서는 출신 성분과도 무관하지 않은 것으로 보인다. 합리적 보수로 분류되는 하와이 피스톨은 대지주 집안 출신으로 살부계 활동 당시까지 조선의 구질서를 지키고자 했으며 살부계 활동 이후에도 영감과 신분적 관계를 유지한다. 반면 진보를 대표하는 안옥윤 등 암살대원들의 신분은 새로운 민주 사회 지향을 암시하듯 다양하면서도 대부분 평민이라 할 수 있다. 안옥윤은 강인국의 딸로 드러나지만 암살대원 조직 당시에는 유모를 엄마로 알고 있었고, 속사포도 신흥무관학교 출신이지만 양반이나 지주의 자식이라는 명시적 언급이 없고 생계에 집착하는 것으로 보아 평민으로 추정된다. 하지만 이 구분은 영화 전체의 서사 구조와 등장인물 일반에 적용될 수 있는 기준은 아니다.

22. 첫 번째 암살 시도가 미수에 그치고 강인국이 총독을 구한다. 그 후 강인국은 자신의 부인 안성심(진경 분)이 독립운동 측 정보 제공자일 뿐 아니라 암살 주모자(염석진)를 탈출시키려 한다는 사실을 알고 집사(김의성 분)를 시켜 쌍둥이 딸만 남기고 부인을 살해한다. 쌍둥이 딸 중 언니인 미치코는 집사가 집으로 데려가지만, 동생인 안옥윤은 유모에 의해 구출되고 안 씨 성을 받아 유모를 엄마로 알고 성장한다.

23. 이새샘, 2015, "염석진은 실존 인물?……900만 돌파 영화 '암살'의 진실과 허구," 『dongA.com』 08.13, http://news.donga.com/Main/3/all/ 20150813/73036271/1(검색일 : 2015.10.08).

24. 이주현(2015).

25. 유선희에 따르면, 〈암살〉은 "광복 70돌을 맞은 시기에 과거사를 인정하지 않고 망언을 일삼는 일본 정부와 전범 기업은 물론 청산되지 않은 친일파와 홀대받는 독립운동가 문제 등으로 답답해하는 국민들에게 카타르시스를 느끼게 한다." 유선희, 2015, " '암살' '베테랑' 여름 평정……영화 속 '정의 실현'에 열광했다," 『한겨레』 08.16,

http://www.hani.co.kr/arti/culture/culture_general/704630.
html(검색일:2015.10.08).

6장 <베테랑> : 가부장주의와 집단주의 및 대중의 불확실성

1. 영화진흥위원회 역대 박스오피스(공식통계 기준), 2016년 3월 31
   일 통계, 영화진흥위원회 홈페이지, http://www.kobis.or.kr/kobis/
   business/stat/offc/findFormerBoxOfficeList.do?loadEnd=0&
   searchType=search&sMultiMovieYn=&sRepNationCd=(검색
   일:2016.04.10).
2. 중앙선관위 선거통계시스템(http://info.nec.go.kr) 참조.
3. 이정우, 2011, 『사건의 철학: 삶, 죽음, 운명』(서울: 그린비) 참조.
4. 주영재, 2015, "영화 베테랑······'막장재벌' 이야기는 진짜다," 『경향
   신문』 08.31, http://news.khan.co.kr/kh_news/art_print.html?artid=
   201508311342491(검색일:2016.01.25).
5. 이하 구체적 내용은 강병한, 2015, " '영화 같은 현실' 베테랑······'막
   장 재벌' 이야기는 진짜다," 『경향비즈』 08.25, http://bizn.khan.
   co.kr/khan_art_view.html?artid=201508251738171&code=920100
   &med=khan(검색일:2016.01.18)을 참조.
6. 이신우, 2015, "영화 '베테랑' 속 재벌과 민노총," 『서울경제』 09.
   03, http://economy.hankooki.com/lpage/opinion/201509/
   e2015090320244448740.htm(검색일: 2016.01.18). 또한 위 글은 이
   영화가 일종의 계급투쟁론적 사회 인식에 기반을 두고 세상사를 모
   조리 '나쁜 너'와 '좋은 나'의 이분법으로 풀어나간다고 덧붙인다. 이
   판단은 계급론의 변증법과 과학적 역사관(선악 논쟁이 아니라 유물
   론)을 제대로 이해하지 못한 결과다.

7. 『표준국어대사전』, http://stdweb2.korean.go.kr/search/List_dic.jsp(검색일 : 2016.03.12).

8. 〈베테랑〉과 관련해 '어이'를 사전적으로 해석하는 것으로는 박봉식의 글도 있다. 하지만 그는 재벌로 연결하지 않고 정치인과 연결했다. 박봉식, 2015, " '어이'들의 어이없는 짓," 『건설경제신문』 12.15, http://www.cnews.co.kr/uhtml/read.jsp?idxno=201512141753472940977(검색일: 2016.02.24).

9. 서도철이 격투 끝에 수갑을 채우자 조태오는 "이거 푸는 데 얼마나 걸릴 것 같애? ……30분? 길어야 1시간이야!"라고 소리치는 순간 봉형사의 일격과 일갈이 가해진다.

10. 영화에서 '베테랑'에 대한 설명은 서도철과 조태오가 드라마(서도철이 형사 역 자문을 하고 조태오 회사가 후원한 드라마) 회식 자리에서 처음 대면할 때 나온다. 서도철이 조태오에게 "재벌은 다르게 놀줄 알았는데"라고 하자, 조태오가 동석한 여배우들에게 옷옷 속에 얼음을 집어넣고 얼굴에 과일을 던지고 케이크를 바르는 등 패악을 저지른 후 "뭐, 이렇게 놀 줄 알았나?"라고 되물은 뒤 탁자 위에 무릎을 꿇고 "이렇게밖에 못 놀아 죄송합니다."라고 표정을 살핀다. 이를 보고 서도철이 '어이없군, 장난이 심하네.'라는 표정으로 헛웃음을 내뱉자 "형사님, 안 속으시네. 역시 베테랑이야"라고 한다.

11. Zupančič, Alenka (알렌카 주판치치), 2004, 『실재의 윤리 : 칸트와 라캉』, 이성민 역(서울 : 도서출판b), 333쪽. 상황을 인지하지 못했다는 점에서 이와 다른 경우이긴 하지만, 오이디푸스의 비극도 인간성이라는 대가의 유무라는 점에서는 동일한 맥락이다. 처음부터 욕망을 강탈당한 — 몰랐다는 것이 아니라 '처음부터 원천적으로 강탈'당했다는 것이 중요하다. 범죄가 된다는 사실을 몰랐다는 것만으로는 무죄가 되지 않는다 — 그가 범한 것(아버지를 살해하고 어머니와 근친상간을 행함)은 자신의 욕망에 따른 것일 수 없었으며, 그렇기 때

문에 인간성의 포기라는 대가를 치를 수 있는 선택의 기회조차 주어지지 않았다. Zupančič(2004), 285쪽.

12. "영화 속에서 황정민이 유아인을 잡지만 그건 어디까지나 경찰 업무까지만 정의가 이뤄지는 셈이다. 현실에서는 그 이후에 검찰로 넘어가고 다시 법원으로 넘어가야 하는데, 영화는 그 과정이 어떻게 되는지, 사법 정의가 올바로 행사되는지 아니면 변질되는지를 보여 주지 않는다." 오동진, 2015, "영화 〈베테랑〉으로 천만 관객 모은 류승완 감독 인터뷰," 류승완 감독 인터뷰, 『ART : MU ─ Digital Magazine of National Museum of Modern and Contemporary Art, Korea』 제89호 (09.01), http://artmu.mmca.go.kr/interview/view.jsp?issueNo=89&articleNo=137(검색일 : 2016.01.18).

13. 남다은, 2015, "무참히 소비된 소녀의 죽음…'암살'에 결핍된 솔직함의 미덕 : '암살'에는 없고 '베테랑'에는 있는 것," 『한겨레』 10.07, http://www.hani.co.kr/arti/culture/culture_general/711801.html?dable=30.1.3(검색일 : 2015.10.08).

14. 강성률, 2015, "영화 '베테랑' 통쾌함 뒤에 오는 씁쓸함," 『컬처투데이』 08.07, http://www.mediatoday.co.kr/news/articleView.html?idxno=124430(검색일 : 2016.01.18).

15. 드라마 회식 자리에서 팔씨름 도중 자신의 예상과 달리 경호원이 우세한 상황이 되자 그의 목 뒷부분을 담뱃불로 지지고, 격투기 연습 도중에는 경호원이 자신을 제압하자 그의 다리를 부러뜨린다.

16. 황진미, 2015b, " '베테랑', 이러면 돈 없어도 '가오' 지키며 살 수 있다," 『엔터미디어』 08.15, http://www.entermedia.co.kr/news/news_view.html?idx=4713(검색일 : 2015.10.03).

17. 양태삼, 2016, "한국 '유리천장' OECD 국가 중 가장 단단해," 『연합뉴스』 03. 06, http://www.yonhapnews.co.kr/bulletin/2015/03/06/0200000000AKR20150306170300086.HTML(검색일 : 2016.03.07).

18. 최악의 영화로는 〈위험한 상견례〉가 선정되었다. 사이버경찰청, 2015, "'베테랑' 2015 최고의 경찰 영화 선정," 사이버 경찰청 보도자료, http://www.police.go.kr/portal/bbs/view.do?bbsId=B0000011&nttId=17929&menuNo=200067(검색일 : 2016.01.18).

19. 관객을 대상으로 실시한 설문 조사에서는 〈베테랑〉의 명대사로 조태오의 대사인 "어이가 없네"가 선정되었다. 앞 절에서는 밝히지 않았지만, 이 결과도 '어이없음'이라는 열쇠어로 이 영화를 분석할 수 있음을 뒷받침하는 근거의 하나가 된다. 사이버 경찰청(2015).

20. 김이삭, 2014, "경찰이 뽑은 최악의 영화는 〈부당거래〉?," 『한국일보』 11.06, http://www.hankookilbo.com/v/f5e268d257e84df6890fc67049b1c2f5(검색일 : 2016.01.20).

21. 노혜경 시인은 이러한 사회상을 〈생의 엣지에서〉라는 시로 읊었다. "김진숙, 그의 100일, 또 100일이 이어질 때/홀연히 잠의 더께를 걷어내고/목매달고 뛰어내린 이름들이 걸어온다/김주익, 이해남, 이용석, 곽재규⋯⋯/숨을 곳이 없었던 태풍 매미의 밤에/죄짓지 말고 살자고 착한 고층 아파트 주민 너와 내가 서로에게 속삭일 때/무죄 증명이 없었던 그들은 엣지에 선다". 노혜경, 2015, 『말하라, 어두워지기 전에』(서울 : 실천문학사), 79쪽.

22. 이재익, 2015, "나 아트박스 사장인데," 『한겨레』 09.03, http://www.hani.co.kr/arti/culture/entertainment/707381.html(검색일 : 2015.09.04).

23. 김영진, 2015, "자의식 없는 메타포의 성취 : 〈베테랑〉, 말하지 않고도 말하는 이상의 것을 만들다," 『씨네21』 08.18, http://www.cine21.com/news/view/mag_id/80955(검색일 : 2015.10.01).

24. '4인칭'이라는 개념은 요코미쓰 리이치가 그의 작품 『기계』(1930)에서 창안한 것으로 알려져 있다. 요코미쓰에 따르면, 4인칭은 "어느 인물의 내면에도 들어가, 각자의 자의식이 보이는 시점, 인물들의 관

계를 보는 눈"을 말한다. 강인숙, 2007, "일본 모더니즘 소설에 대한 고찰," 구보학회, 『박태원과 모더니즘』(서울 : 깊은샘), 41~42쪽.

7장 <포화 속으로>와 <고지전> : 국가관과 전쟁관의 변화

1. 한국영화진흥회 홈페이지, 흥행 성적에 대해서는 영화진흥위원회 역대 박스오피스(공식통계 기준), 2016년 3월 31일 통계, 영화진흥위원회 홈페이지, http://www.kobis.or.kr/kobis/business/stat/offc/find-FormerBoxOfficeList.do?loadEnd=0&searchType=search&sMulti MovieYn=&sRepNationCd=K(검색일 : 2016.04.10) 참조.
2. 조흡, 2008, 『영화가 좋다 : 대중이 평론가인 포스트 시대 문화정치』(서울 : 인물과사상사), 127~128쪽.
3. Faulstich, Werner, 2003, 『영화의 분석』, 이상일 역(서울 : 미진사), 206쪽 참조.
4. 김정룡, 1997, 『우리 영화의 미학 : 한국 영화 감독론』(서울 : 문학과지성사), 16~18쪽; 박종성, 1999, 『정치와 영화 : 영상의 지배전략과 권력의 계산』(고양 : 인간사랑), 32~33쪽. 김정룡과 박종성은 산업 시스템을 언급하면서 산업과 자본의 영향력을 강조하지만, 여기서는 사회라는 공동체 차원 전체의 구조를 강조하기 위해 사회 시스템으로 바꾸었다.
5. 김형주는 전쟁 영화를 "전쟁을 소재로 한 영화이며, 주된 주제는 전쟁의 참상을 폭로함으로써 반전을 강조하는 데 주력하는 영화"로 정의한다. 하지만 이 정의는 스릴러나 서스펜스 형식의 전쟁 영화를 제외하므로 적절치 못하다. 김형주, 2012, "영화 속에 나타난 전쟁의 재현과 의미," 『한국콘텐츠학회논문지』 제12권 11호(한국콘텐츠학회), 102쪽.

6. 김형주(2012), 101쪽.

7. 한국영화데이터베이스, http://www.kmdb.or.kr (검색일: 2016.04.10).

8. 이영일, 2004, 『한국영화전사』(서울: 소도), 280쪽.

9. 김권호, 2006, "한국전쟁영화의 발전과 특징 — 한국전쟁에서 베트남전쟁까지," 『지방사와 지방문화』 제9권 2호(역사문화문학회), 83~84쪽.

10. 김형주(2012), 102쪽.

11. 김권호의 분류에서는 형성기가 1949~1961년이고 양산기가 1962~1969년이며 침체기가 1970~1979년이다. 하지만 이 글에서는 형성기의 시작 연도를 한국전쟁 영화가 처음 제작된 연도인 1954년으로 잡고, 각 시기를 정권의 변화에 맞추어 재분류했다. 그에 따라 각각 양산기는 제3공화국, 침체기는 제4공화국, 과도기는 제5공화국과 일치시키고, 재생기 이후는 민주화를 통해 형성된 제6공화국과 일치시켰다. 김권호(2006) 참조.

12. 시대별 영화 제작 편수에 대해서는 김경욱, 2013, "한국영화에서 한국전쟁이 재현되는 변화과정에 관한 연구: 내러티브를 중심으로 살펴본 사례분석," 『영화연구』 제55호(한국영화학회), 8쪽 참조.

13. 김경욱(2013), 9쪽.

14. 한국영화데이터베이스, http://www.kmdb.or.kr(검색일: 2016.04.10).

15. 2005년까지 역대 흥행작은 1위부터 순위대로 〈태극기 휘날리며〉(2004), 〈실미도〉(2003), 〈친구〉(2001), 〈공동경비구역 JSA〉(2000), 〈쉬리〉(1999)였다.

16. 이 점은 북한의 경우에도 마찬가지로 성립될 수 있지만, 북한의 입장은 〈포화 속으로〉와 〈고지전〉을 분석하는 부분에서 남한 국민들의 시각을 통해 재구성하는 데 만족한다.

17. 흥행 성적에 대해서는 영화진흥위원회 역대 박스오피스(공식통

계 기준), 2016년 3월 31일 통계, 영화진흥위원회 홈페이지, http://www.kobis.or.kr/kobis/business/stat/offc/findFormerBoxOfficeList.do?loadEnd=0&searchType=search&sMultiMovieYn=&sRepNationCd=K(검색일: 2016.04.10.) 참조.

18. 정성일은 공부 잘하는 동생을 집으로 돌려보내 집안을 일으킨다는 가부장적인 부르주아적 사고를 전면에 드러내고 전쟁은 오로지 배경만으로 작용하기 때문에 굳이 그 배경이 한국전쟁이어야 할 필요가 없다고 하며 이 영화는 전쟁 영화지만 한국전쟁 영화는 아니라고 한다. 그 밖에 전투 장면 등 촬영의 미숙을 들어 삼류 영화라고까지 혹평했다. 정성일, "〈태극기 휘날리며〉, 정말 한국전쟁을 다룬 영화인가," 『월간 말』 제213호(2004), 184~187쪽 참조.

19. 김경욱(2013), 21쪽.

20. 김형주(2012), 106쪽.

21. 강성률, "영화로 보는 우리 역사 ⑤ 〈웰컴 투 동막골〉과 한국전쟁: 민족의 이상향과 과도한 민족주의의 함정," 『내일을 여는 역사』 제22호(2005), 285~292쪽 참조.

22. "포항 여중을 지킨 71명의 학도병," 전쟁기념관 홈페이지, http://wmk.kr/ko/424(검색일: 2013.08.07).

23. 이승형, 2009, "포항시, 이우근 학도병의 편지 비(碑) 건립," 『연합뉴스』 08.10, http://www.yonhapnews.co.kr/bulletin/2009/08/10/0200000000AKR2009 0810139400053.HTML(검색일: 2013.08.10).

24. 이 대목에 해당하는 이우근 학도병의 편지 내용은 "아무리 적이지만 그들도 사람이라고 생각하니 더욱이 같은 언어와 같은 피를 나눈 동족이라고 생각하니 가슴이 답답하고 무겁습니다."로 동족상잔에 대한 무거운 심정이 더욱 선명하게 드러난다.

25. 강석대 대위가 낙동강 전선으로 옮겨가면서 학도병들에게 당부하는 연설에서 "너희들의 조국이다. 반드시 지켜낼 거라고 믿는다."라

고 언급하면서 '조국'을 언급한다. 그러나 여기에서 '조국'은 학도병의 입장에서 고민되는 개념이 아니라 애국심을 당부하거나 강요하는 의미로 사용된 개념이다.

26. '비정상적'이라고 할 수 있는 학도병 구갑조와 북한군 정치위원에게 상대방 진영에서 총을 든 사람은 나이와 신분을 불문하고 모두 적으로 인식된다.

27. 강석대 대위가 학도병들에게 포항을 맡기고 떠나면서 "학도병은 군인인가? 군인이 아닌가?"라고 물었을 때, "군인은 명령에 따라 움직인다."라는 말이 전제되었다. 그러므로 이 질문은 조국애를 의미하는 것이 아니라 학도병도 포항을 사수하라는 명령에 따라 목숨을 바쳐 싸워야 한다는 의미의 설의법이다.

28. Hobsbawm, Eric, 2000, 『극단의 시대』, 이용우 역(서울 : 까치).

29. 최근 장사군의 역사 발굴 노력으로 알려지기 시작한 장사상륙작전은 〈포화 속으로〉가 보여 주지 못한 학도병 동원이라는 의미에서 총력전의 실제 비극을 잘 알려준다. 장사상륙작전은 인천상륙작전(1950년 9월 15일) 하루 전에 이 작전의 성공을 위해 북한군의 시선을 돌리려고 실시된 양동 작전의 하나로서 일정하게 성공적이었다고 평가된다. 하지만 각자 탄약 50여 발을 가진 학도병 772명만으로 구성된 부대를 해변으로 노출된 영덕 장사리에 상륙시킨 이 작전은 수많은 희생을 감수한 무리한 작전이었고, 그마저 비밀로 분류되어 오랫동안 역사 속에 묻혀 왔다. "6·25 특별기획 : 잊혀진 상륙작전, 작전명 제174호," 2013년 6월 25일 OBS 방영 다큐멘터리 참조.

30. 서유석, 2011, "〈고지전〉 한국전쟁의 중심 '애록 고지' 그곳에서는…," 『통일한국』 통권 제333호(평화문제연구소), 60~61쪽 참조.

31. 통일한국 편집부, 2007, "12번 고지 주인이 바뀌었던 피의 격전지 - '백마고지전적기념관,'" 『통일한국』 통권 제282호(평화문제연

구소), 97~99쪽 참조.

32. 황인성·태지호, 2012, "영화의 한국전쟁에 대한 기억과 그 재현 방식에 대하여 : 〈태극기 휘날리며〉, 〈웰컴투동막골〉, 〈포화 속으로〉, 그리고 〈고지전〉 사례분석을 중심으로," 2012년 한국언론학회 가을철 정기학술대회 발표 논문, 4쪽; Heath, Stephen, 2003, 『영화에 관한 질문들』, 김소연 역(서울 : 울력), 17~18쪽.

33. 서유석과 황인성·태지호는 〈고지전〉의 박상연 작가가 〈공동경비구역 JSA〉의 원작소설 〈DMZ〉의 작가와 동일 인물이라는 점을 들어 설명하기도 하지만, 이 설정은 비단 박 작가만의 특징은 아니다. 서유석(2011), 61쪽과 황인성·태지호(2012), 13쪽.

34. 김경욱 등 많은 분석가들도 이 점에 동의한다. 김경욱(2013), 26쪽 참조.

35. 강성률, 2011, "장훈 감독의 영화 세계 — 속살 아픈, 강한 남성들의 대결 : '장르 틀' 비틀기," 『공연과 리뷰』 통권 제74호(제17집 3호, 현대미학사), 51쪽.

36. 김형주(2012), 104쪽.

37. Clausewitz, Karl von, 1998, 『전쟁론』, 류재승 역(서울 : 책세상), 33~58쪽.

38. 국제연합(UN) 헌장 제2조 4항은 "모든 회원국은 국제 관계에서 무력에 의한 위협 또는 무력의 행사를 어떠한 국가의 영토적 보전이나 정치적 독립에 대해서도 삼가야 한다."고 규정하면서도 인도적 간섭을 허용한다. 하지만 인도적 간섭은 기본적 인권의 침해가 대규모로 진행 중이거나 현저해야 한다는 실질적 요건과, 평화적 해결 수단을 다한 후여야 하고 국제기구에 의한 적시의 행동에 대한 합리적 기대가 없어야 하며 적절한 국제기구에 대해 즉각적이고 완전한 보고와 제출이 있어야 한다는 절차적 요건, 그리고 피간섭국의 요청이나 동의가 있는 집단적 조치여야 한다는 선택적 요건으로 엄격히 제한되

어 있다. 성재호, 2003, 『국제기구와 국제법』(서울 : 한울아카데미), 187~188쪽.

39. 황병무, 2001, 『전쟁과 평화의 이해』(서울 : 오름), 17~20쪽 참조.

40. 물론 북한에서는 한반도를 '조선반도'로 부르므로 '한반도'를 두만 강 및 압록강 이남의 반도 전체로 단정하는 것은 무리라는 주장도 일리가 있다. 게다가 북한이 '조선민주주의인민공화국(DPRK)'의 국호로 UN에 가입해 있고 국제법이 국내법에 우선하므로, 우리 헌 법에서 지칭하는 '한반도'는 '한국과 조선의 국경선 이남'이라고 해 석하는 것이 현실적이고 실정법에 적합하다는 것이다. 하지만 아직 남한에서는 제헌 헌법의 취지에 따라 '한반도'를 두만강 및 압록강 이남의 반도 전체를 지칭하는 개념으로 사용하는 것이 관례다.

41. 정하제, 2005, "한국전쟁과 역사영화," 『공연과 리뷰』 통권 제51호 (제11집 4호, 현대미학사), 37~38쪽 참조.

42. 정성일, 1997, "영화가 전쟁을 다루는 법," 『월간 말』 8월호, 259쪽 참조.

8장 보론 : 사회과학적 영화 분석의 성격과 방법

1. 1908년 이탈리아에서 발표한 "시네마토그라프의 승리"에서는 영화 를 시, 건축, 조각, 회화, 음악에 이은 여섯 번째 예술로 규정했으나, 1923년에는 무용을 추가해 제7의 예술로 규정했다. 김이석, 2012, "영 화와 모더니티," 김이석·김성욱 외, 『영화와 사회』(서울 : 한나래), 34 쪽.

2. 송태효, 2013, 『영화는 예술인가』(서울 : 새로운사람들), 53쪽.

3. Bellour, Raymond, 1979, "Le texte introuvable," *L'Analyse du film* (Paris : Albatros), Vanoye, Francis and Anne Goliot-Lete, 1997, 『영

화분석입문』, 주미사 역(서울:한나래), 12~13쪽에서 재인용.

4. 사회과학의 특성에 대해서는 정병기, 2008, 『사회과학 논문작성법』
(서울:서울대학교 출판문화원), 1장을 주로 참조.

5. Bernal, John Desmond, 1984, 『사회과학의 역사:사회경제사의 흐
름과 사회과학의 성격』, 박정호 역(서울:한울), 28~31쪽 참조.

6. 부정남의 경우는 특히 구분이 어려운 윤리학, 교육학, 철학, 심리학
을 준사회과학으로 분류하기도 한다. 하지만 준사회과학이라고 하
면 역시 사회과학의 관점에서 분류한 결과가 된다. 따라서 사회과학
과 인문학이라는 두 계열학문의 경계에 위치한 경계학문이라고 보
는 것이 더 적절하다. 이때 '계열학문'은 동일한 범주의 대상을 연구
하고 유사한 범주에서 체계화된 방법론을 사용하는 분과학문들
(disciplines)의 총체를 의미한다. 이 개념은 대학의 행정상 편의에 따
라 분류한 단과대학과는 다른 차원의 개념이다. 곧, '계열학문'은 연구
의 대상과 방법론상의 특징에 따른 개념으로서, 크게 사회과학, 인문
학, 자연과학, 공학으로 구분된다. 부정남, 1998, 『사회와 사회과학』
(서울:나남), 47~52쪽; 정병기(2008) 참조.

7. 한영춘, 1994, 『사회과학연구방법론』(서울:법문사), 3~13쪽 참조.

8. 심광현, 2001, "영화연구의 탈근대적 문화정치적 과제와 전망:정치
적 모더니즘과 비판적 문화연구의 '절합'," 『문화과학』 제28호(겨울),
21~23쪽.

9. 영화 〈변호인〉 텍스트의 정치학적 의미와 사회적 영향에 대한 분석
은 정병기, 2015c, "영화 〈변호인〉의 선택과 누락 그리고 공감의 정치
학:공감의 보수성과 민주주의의 보수성," 『경제와 사회』 제106호(비
판사회학회), 123~147쪽이 대표적이다.

10. 자연을 대상으로 하는 다큐멘터리일지라도 인간을 관객으로 상정
하는 한, 인간의 공동체라는 의미에서 사회를 간접적으로 재현한다
고 할 수 있다. 왜냐하면, 인간의 시각을 통해 재현을 상상하도록 유

도하고 기대하기 때문이다.

11. Storey, John (ed.), 2000, 『문화연구란 무엇인가』, 백선기 역(서울 : 커뮤니케이션 북스), 23~26쪽; 홍태영, 2008, "문화적 공간의 정치학 : 재현에서 표현으로," 『한국정치학회보』 제42집 1호(한국정치학회), 28~29쪽.

12. 넓은 의미에서는 감상을 비평에 포함시키고 비평을 분석 및 비판과 동일한 범주로 볼 수도 있다. 하지만 엄밀하게 보면, 감상은 작품을 비판하기보다 음미하고 즐기는 미적 행위에 가깝다. 감상은 예술가가 상상을 통해 창조한 세계를 다시 체험하면서 공유해보는 과정이므로 분석 및 비판처럼 긴장된 행위가 아니고 예술가의 세계를 이해하고 더 나아가서는 감동을 나눌 수도 있는 이완된 영역이기 때문이다. 그리고 비평은 연구 논문에서도 수행되는 것이 사실이지만 이 글에서는 낮은 차원의 분석 및 비판에 한정해 사용하는 개념이므로 평론에서 수행되는 것만을 의미한다. 서인숙, 1996, 『영화 비평의 이론과 실제』(서울 : 집문당), 84쪽.

13. 사회과학 논문의 요건과 성격에 대해서는 정병기(2008), 2장을 재구성함.

14. 김태영·김정수·조임곤, 2003, 『사회과학 논문 작성과 통계자료 분석』(서울 : 대영문화사), 26~30쪽을 참조.

15. Crosswhite, James, 2001, 『이성의 수사학 : 글쓰기와 논증의 매력』, 오형엽 역(서울 : 고려대학교출판부), 35쪽 참조.

16. '기예와 학술을 통칭하는 의미의 예술이 아니라, '특별한 재료, 기교, 양식 따위로 감상의 대상이 되는 아름다움을 표현하려는 인간의 활동 및 그 작품'을 이르는 예술(art)을 말한다.

17. Vanoye and Goliot-Lete(1997), 19~20쪽.

18. 텍스트 외적 요소들의 사회과학적 성격은 상대적으로 명확하므로 따로 거론하지 않는다. 여기에서 열거하는 텍스트 내적 요소들

은 소르랭(P. Sorlin)이 제시한 영화 분석 요소들을 사회과학적 성격에 맞추어 재구성한 것이다. Sorlin, Pierre, 1977, *Sociologie du cinéma* (Paris: Aubier-Montaigne), Vanoye and Goliot-Lete(1997), 72쪽에서 재인용.

19. 신영헌, 2004, "문학적 영화 읽기와 문화연구적 영화 읽기: 영화 〈장미의 이름〉을 중심으로," 『문학과 영상』 가을/겨울호, 209~233쪽 참조. 다양한 이론적 기반 위에서 구체적으로 영화 분석을 시도하는 접근 방법들에 대한 논의는 매우 광범위하므로 지면상 상세히 거론하기 어렵다. 영화 분석에 자주 원용되는 이론들을 명칭만 언급하면 다음과 같다: 페미니즘, 정신분석학, 맑시즘, 타자 이론, 기호체계론, 제도론, 구조주의, 커뮤니케이션 이론, 영화 수용 일반 이론.

20. Eaglestone, Robert, 2002, *Doing English*, 2nd ed. (London and New York: Routledge), p.23.

21. Easthope, Anthony, 1991, *Literary into Cultural Studies* (London and New York: Routledge), p.165.

22. Easthope(1991), pp. 166~174.

23. Eaglestone(2002), pp. 130~138.

24. 한국사고와표현학회 영화와의사소통연구회, 2015, 『영화로 읽기 영화로 쓰기』(서울: 푸른사상).

"6·25 특별기획 : 잊혀진 상륙작전, 작전명 제174호," 2013년 6월 25일 OBS 방영 다큐멘터리.

강내희, 2000, "재현체계와 근대성 : 재현의 탈근대적 배치를 위하여,"『문화 과학』제24호(문화과학사), 15~38쪽.

강병한, 2015, "'영화 같은 현실' 베테랑 …… '막장 재벌' 이야기는 진짜다," 『경향비즈』08.25, http://bizn.khan.co.kr/khan_art_view.html?artid= 201508251738171&code=920100&med=khan(검색일 : 2016.01.18).

강성률, 2005, "영화로 보는 우리 역사 ⑤ 〈웰컴 투 동막골〉과 한국전쟁 : 민족 의 이상향과 과도한 민족주의의 함정,"『내일을 여는 역사』제22호(내 일을여는역사재단·민족문제연구소), 285~292쪽.

_____. 2011, "장훈 감독의 영화 세계 ─ 속살 아픈, 강한 남성들의 대결 : '장 르 틀' 비틀기,"『공연과 리뷰』통권 제74호(제17집 3호, 현대미학사), 43~52쪽.

_____. 2014,〈변호인〉, 우리 시대에 던지는 질문,"『플랫폼』제43호(인천문 화재단). 56~59쪽.

_____. 2015, "영화 '베테랑' 통쾌함 뒤에 오는 씁쓸함,"『컬처투데이』08. 07, http://www.mediatoday.co.kr/news/articleView.html?idxno=124 430(검색일 : 2016.01.18).

강인숙, 2007, "일본 모더니즘 소설에 대한 고찰," 구보학회,『박태원과 모더니 즘』, 서울 : 깊은샘, 37~65쪽.

강정석, 2015, "〈명량〉에서 〈국제시장〉까지 : 천만 관객 영화의 감정 구조,"『문 화과학』제81호(문화과학사), 312~336쪽.

〈강지원의 뉴스! 정면승부〉, 2014, "실은 아버지에게 바치는 전상서였다······ 요즘 세대들 아버지의 위로가 그 어느 때보다 절실," 윤제균 감독 인터뷰, 『YTN 라디오』 12.31, http://radio.ytn.co.kr/program/ ?f=2&id=33539&s_mcd=0263&s_hcd=01(검색일 : 2015.01.02).

고상두, 2007, "통일 독일의 과거 청산과 한반도에의 함의," 『통일연구』 제10 권 2호(숭실대학교 통일문제연구소), 25~50쪽.

권태일, 2006, "들뢰즈의 '재현'과 '표현' 개념으로 본 현대 예술의 다양성 문 제 : 현대 회화와 건축의 다양성을 중심으로," 『동서철학연구』 제40호 (한국동서철학회), 283~307쪽.

김경욱, 2013, "한국영화에서 한국전쟁이 재현되는 변화과정에 관한 연 구 : 내러티브를 중심으로 살펴본 사례분석," 『영화연구』 제55호(한국영 화학회), 7~34쪽.

김권호, 2006, "한국전쟁영화의 발전과 특징 ― 한국전쟁에서 베트남전쟁까 지," 『지방사와 지방문화』 제9권 2호(역사문화문학회), 77~108쪽.

김동우, 2014, "'보수 · 진보 싸움 어부지리 효과?'······ 영화 '국제시장' 관 객 500만 눈앞에," 『국민일보』 12.30, http://news.kmib.co.kr/ar- ticle/view.asp?arcid=0008992298&code=61111111&cp=nv(검색 일 : 2015.01.02).

김소연, 2015, "〈국제시장〉, 혹은 어떤 가족 영웅의 뭉클한 도착증에 관한 보 고," 『진보평론』 제63호, 126~142쪽.

김시무, 2015, "예술과 프로파간다의 경계 : 〈암살〉과 〈연평해전〉," 『공연과 리 뷰』 통권 제92호(제21집 3호, 현대미학사), 22~30쪽.

김연지, 2015, "영화 '암살', 흥행 뒤엔 3가지 작전 있었다," 『일간스포츠』 07.30, http://isplus.live.joins.com/news/article/article.asp?total_ id=18349994(검색일 : 2015.10.08).

김영진, 2015, "자의식 없는 메타포의 성취 : 〈베테랑〉, 말하지 않고도 말하는 이상의 것을 만들다," 『씨네21』 08.18, http://www.cine21.com/news/ view/mag_id/80955(검색일 : 2015.10.01).

김용규, 2006, "시뮬라크르의 물질성과 탈재현의 정치학 : 보드리야르, 데리 다, 들뢰즈," 『영어영문학』 제52권 2호(한국영어영문학회), 307~337쪽.

김이삭, 2014, "경찰이 뽑은 최악의 영화는 〈부당거래〉?,"『한국일보』 11.06, http://www.hankookilbo.com/v/f5e268d257e84df6890fc67049b1c2f 5(검색일:2016.01.20).

김이석, 2012, "영화와 모더니티," 김이석·김성욱 외,『영화와 사회』, 서울:한 나래, 13~45쪽.

김재희, 2012, "들뢰즈의 표현적 유물론,"『철학사상』 제45권(서울대학교 철 학사상연구소), 131~162쪽.

김정룡, 1997,『우리 영화의 미학:한국 영화 감독론』서울:문학과 지성사.

김지미, 2014, "영화는 시대를 어떻게 '변호'하는가:〈변호인〉과 함께 도래한 문학 정치의 몇 가지 키워드들,"『황해문화』 통권 제82호(새얼문화재 단), 364~371쪽.

_____. 2015, "아버지의 탄생, 부재 그리고 죽음:〈허삼관〉, 〈국제시장〉, 〈강 남 1970〉,"『황해문화』 통권 제86호(새얼문화재단), 377~390쪽.

김지연, 2015, "'암살'이 끌어주고 '베테랑'이 밀어주고……경쟁보다 협력," 『연합뉴스』 08.29, http://www.yonhapnews.co.kr/bulletin/2015/08/2 8/0200000000AKR20150828186900005.HTML?input=1195m(검색 일:2015.10.08).

김태영·김정수·조임곤, 2003,『사회과학 논문 작성과 통계자료 분석』, 서 울:대영문화사.

김형주, 2012, "영화 속에 나타난 전쟁의 재현과 의미,"『한국콘텐츠학회논문 지』 제12권 11호(한국콘텐츠학회), 100~109쪽.

김호영, 2014,『영화이미지학』, 파주:문학동네.

남다은, 2014, "국가 대신 국민을 위해,"『씨네21』 제938호, http://www. cine21.com/news/view/mag_id/75685(검색일:2014.08.07).

_____. 2015, "무참히 소비된 소녀의 죽음……'암살'에 결핍된 솔직함의 미덕: '암살'에는 없고 '베테랑'에는 있는 것,"『한겨레』 10.07, http:// www.hani. co.kr/arti/culture/culture_general/711801.html?dable=30.1.3(검색 일:2015.10.08).

네이버 영화 무비 토크, 2015, "〈암살〉," http://movie.naver.com/movie/

bi/mi/mediaView.nhn?code=121048&mid=27556#tab(검색
일 : 2016.01.12).

노혜경, 2015, 『말하라, 어두워지기 전에』, 서울 : 실천문학사.

다이진화, 2014, "역사와 기억 그리고 재현의 정치," 김정수 역, 『문화과학』 통
권 제79호(문화과학사), 286~305쪽.

문관규, 2014, "역사와 선비 정신의 소환 그리고 진실의 힘 : 양우석의 〈 변
호인 〉(2013)," 『현대영화연구』 제17권(한양대학교 현대영화연구소),
69~93쪽.

문성원, 2004, "이미지와 표현의 문제 : 무한의 거울로서의 영화?," 『시대와 철
학』 제15권 1호(한국철학사상연구회), 33~52쪽.

박대준, 2014, "그 사람의 '에피파니'(Epiphany), 진리와 마주하는 순간," 『기
독교사상』 제662호(대한기독교서회), 120~123쪽.

박대한 · 한지훈, 2014, "영화 '변호인' 소재 '부림 사건' 재심서 무죄 확정," 『연
합뉴스』 09.25, http://www.yonhapnews.co.kr/bulletin/2014/09/25
/0200000000AKR20140925098500004.HTML?from=search(검색
일 : 2014.09.25).

박봉식, 2015, " '어이'들의 어이없는 짓," 『건설경제신문』 12.15, http://www.
cnews.co.kr/uhtml/read.jsp?idxno=20151214175347294097(검색
일 : 2016.02.24).

박성수, 2000, "재현, 시뮬라크르, 배치," 『문화과학』 제24호(문화과학사),
39~51쪽.

박은경, 2014, "영화 '변호인' 1000만 관객 돌파 …… '법정물 · 실존인물 · 정치
소재' 세 가지 금기로 '흥행 공식' 깼다," 『경향신문』 01.19, http://news.
khan.co.kr/kh_news/khan_art_view.html?artid=201401192135565&c
ode=960401(검색일 : 2014.08.13).

박종성, 1999, 『정치와 영화 : 영상의 지배전략과 권력의 계산』, 고양 : 인간사
랑.

_____. 2008, 『씨네폴리틱스 : 영화는 다 정치적이다』, 고양 : 인간사랑.

박태순, 2008, "디지털 뉴미디어와 정치 공론장의 구조변동 : 재현 공론장에

서 표현 공론장으로의 이행," 『정치 · 정보연구』 제11권 2호(한국정치정
보학회), 119~140쪽.

박하은, 2015a, "〈국제시장〉과 저널리즘의 빈곤," 『슬로우뉴스』 01.15, http://
slownews.kr/35830(검색일 : 2015.05.19).

_____. 2015b, "아버지를 가져보지 못한 세대 : 〈국제시장〉 리뷰," 『슬로우뉴
스』 01.16, http://slownews.kr/35851(검색일 : 2015.05.19).

백민정, 2005, " '노마드'인가 '주체'인가? : 들뢰즈의 정치철학에 대한 비판적
검토," 역자 후기, Paul Patten, 『들뢰즈와 정치 : 「앙티외디푸스」와 「천
의 고원들」의 정치철학』, 백민정 역, 서울 : 태학사, 345~366쪽.

부정남, 1998, 『사회와 사회과학』, 서울 : 나남

사공일, 2011, "들뢰즈의 권력과 정치," 『인문과학』 제23집(경북대학교 인문
학술원), 33~53쪽.

사이버경찰청, 2015, " '베테랑' 2015 최고의 경찰 영화 선정," 사이버 경찰청
보도자료, http://www.police.go.kr/portal/bbs/view.do?bbsId=B000
0011&nttId=17929&menuNo=200067(검색일 : 2016.01.18).

서석구, 2014, "영화 변호인의 허구와 진실 : 영화 변호인 재판장이 말한다,"
『한국논단』 제292권(한국논단사), 24~31쪽.

서유석, 2011, "〈고지전〉 한국전쟁의 중심 '애록 고지' 그 곳에서는…" 『통일
한국』 통권 제333호(평화문제연구소), 60~61쪽.

_____. 2015, "〈암살〉 ─ '3천불 우리 잊으면 안 돼'," 『통일한국』 9월호(평화
문제연구소), 70~71쪽.

서인숙, 1996, 『영화 비평의 이론과 실제』, 서울 : 집문당.

성재호, 2003, 『국제기구와 국제법』 서울 : 한울아카데미.

성현석, 2014, "〈변호인〉 천만 관객, 좋아할 일만은 아니다 : '위험한 노동'
과 '진짜 정의'," 『프레시안』 02.12, http://www.pressian.com/news/
article.html?no=114047(검색일 : 2014.02.12).

손호철, 2006, 『해방 60년의 한국정치 : 1945~2005』, 서울 : 이매진.

송경원, 2014, "보편타당하게 소통한다 : 잘 만든 상업 영화와 정치적 논란 사
이, 변호인은 어떻게 흥행했나," 『씨네21』 제938호, http://www.cine21.

com/news/view/mag_id/75683(검색일 : 2014.08.07).

송태효, 2013, 『영화는 예술인가』, 서울 : 새로운사람들.

신승환, 2004, "근대성의 내재적 원리에 대한 존재해석학적 연구 : 실체와 재현의 사고를 중심으로," 『하이데거 연구』 제9집(한국하이데거학회), 93~117쪽.

신영헌, 2004, "문학적 영화 읽기와 문화연구적 영화 읽기 : 영화 〈장미의 이름〉을 중심으로," 『문학과 영상』 가을/겨울호, 209~233쪽.

신진욱, 2009, "근대 서양정치사상과 소프트 파워 : 베버와 그람시," 김상배(편), 『소프트 파워와 21세기 권력 : 네트워크 권력론의 모색』, 서울 : 그린비, 59~111쪽.

심광현, 2001, "영화연구의 탈근대적 문화정치적 과제와 전망 : 정치적 모더니즘과 비판적 문화연구의 '절합'," 『문화과학』 제28호(겨울), 17~39쪽.

안상원, 2010, "영화 이미지의 투명성을 둘러싼 논쟁 : 장 미트리를 중심으로," 『미학』 제64집(한국미학회), 35~72쪽.

양민정, 2013, "굿맨의 재현 이론에 대한 재고찰," 『미학』 제75집(한국미학회), 67~96쪽.

양태삼, 2016, "한국 '유리천장' OECD 국가 중 가장 단단해," 『연합뉴스』 03.06, http://www.yonhapnews.co.kr/bulletin/2015/03/06/0200000000AKR20150306170300086.HTML(검색일 : 2016.03.07.).

영화진흥위원회 역대 박스오피스(공식통계 기준), 2016년 3월 31일 통계, 영화진흥위원회 홈페이지, http://www.kobis.or.kr/kobis/business/stat/offc/findFormerBoxOfficeList.do?loadEnd=0&searchType=search&sMultiMovieYn=&sRepNationCd=(검색일 : 2016.04.10).

영화진흥위원회 역대 박스오피스(공식통계 기준), 2016년 3월 31일 통계, 영화진흥위원회 홈페이지, http://www.kobis.or.kr/kobis/business/stat/offc/findFormerBoxOfficeList.do?loadEnd=0&searchType=search&sMultiMovieYn=&sRepNationCd=K(검색일 : 2016.04.10).

오동진, 2015, "영화 〈베테랑〉으로 천만 관객 모은 류승완 감독 인터뷰," 류승완 감독 인터뷰, 『ART : MU - Digital Magazine of National Museum of

Modern and Contemporary Art, Korea』 제89호 (09.01), http://artmu.
mmca.go.kr/interview/view.jsp?issueNo=89&articleNo=137(검색
일 : 2016.01.18).

유석진, 2001, "민주주의와 시장경제 : 제도주의적 관점," 한국정치학회(편).
『한국 정치경제의 위기와 대응』, 서울 : 오름, 64~88쪽.

유선희, 2015, "'암살' '베테랑' 여름 평정…영화 속 '정의 실현'에 열광했다,"
『한겨레』 08.16, http://www.hani.co.kr/arti/culture/culture_gen-
eral/704630.html(검색일 : 2015.10.08).

윤성우, 2004, "미메시스, 재현 그리고 해석," 『해석학연구』 제14권(한국해석
학회), 207~234쪽.

윤제균, 2015, "국제시장, 소통과 화합의 영화……이념논란 당황," 『JTBC 뉴
스룸』 01.06, http://news.jtbc.joins.com/article/article.aspx?news_
id=NB10712210(검색일 : 2015.05.18).

이경진, 2014, "앨리스씨를 위한 동정론," 『문학동네』 제78호, 255~272쪽.

이광일, 2009, "민주주의, 재현, 정체성 정치들과 그 미래," 『황해문화』 제65
호(새얼문화재단), 12~34쪽.

이광형, 2015, "윤제균 감독의 어머니 오수덕 여사 등 7명 올해 '예술가
의 장한 어머니상' 수상," 『국민일보』 05.07, http://news.kmib.co.kr/
article/view.asp?arcid=0009417022&code=61171111&cp=nv(검색
일 : 2015.06.03).

이동성, 2006, "후기 구조주의에서의 의미의 문제 : 들뢰즈의 사건을 중심으
로," 『동서언론』 제10집(동서언론학회), 263~289쪽.

이상흔, 2014, "'영화 〈변호인〉 엉터리다' 부림사건 당시 수사검사 고영주 변
호사," 『조선일보』 01.12, http://news.chosun.com/site/data/html_
dir/2014/01/12/2014011200637.html(검색일 : 2014.08.13).

이새샘, 2015, "염석진은 실존 인물?…900만 돌파 영화 '암살'의 진실
과 허구," 『dongA.com』 08.13, http://news.donga.com/Main/3/
all/20150813/73036271/1(검색일 : 2015.10.08).

이수영, 2009, 『권력이란 무엇인가』, 서울 : 그린비.

이승형, 2009, "포항시, 이우근 학도병의 편지 비(碑) 건립," 『연합뉴스』 08.10, http://www.yonhapnews.co.kr/bulletin/2009/08/10/0200000000A KR20090810139400053.HTML(검색일 : 2013.08.10).

이신우, 2015, "영화 '베테랑' 속 재벌과 민노총," 『서울경제』 09.03, http:// economy.hankooki.com/lpage/opinion/201509/e201509032024444 8740.htm(검색일 : 2016.01.18).

이영일, 2004, 『한국영화전사』, 서울 : 소도.

이재익, 2015, "나 아트박스 사장인데," 『한겨레』 09.03, http://www.hani. co.kr/arti/culture/entertainment/707381.html(검색일 : 2015.09.04).

이정우, 2011, 『사건의 철학 : 삶, 죽음, 운명』, 서울 : 그린비.

이주현, 2015, "대하드라마를 하고 싶은 마음이 있었다," 최동훈 감독 인터뷰, 『씨네21』 07.30, http://www.cine21.com/news/view/mag_id/80713(검 색일 : 2015.10.09).

장덕진, 2009, "정치권력의 사회학적 분해 : 자원권력과 네트워크 권력," 김 상배(편), 『소프트 파워와 21세기 권력 : 네트워크 권력론의 모색』, 서 울 : 그린비, 197~241쪽.

전진성, 2003, "어떻게 부담스런 과거와 대면할 것인가? : '과거극복(Vergan-genheitsbewältigung)' 개념에 대한 이론적 검토," 『독일연구』 제6호(한 국독일사학회), 133~157쪽.

정병기, 2007, "21세기 자본주의 사회의 혁명과 반혁명 : 68혁명운동의 의미 와 교훈," 『21세기 자본주의와 대안적 세계화』, 제3회 맑스코뮤날레 발 표논문집, 문화과학 이론신서 52. 문화과학사, 490~509쪽.

_____. 2008, 『사회과학 논문작성법』, 서울 : 서울대학교 출판문화원.

_____. 2013, "한국전쟁 영화에 나타난 국가관과 전쟁관 : 〈포화 속으로〉와 〈고지전〉을 중심으로," 『국제정치논총』 제53집 4호(한국국제정치학 회), 433~461쪽.

_____. 2015a, "영화 분석과 사회과학 글쓰기 : 사회과학적 영화 분석의 요건과 특성," 『사고와 표현』 제8집 2호(한국사고와표현학회), 309~337쪽.

_____. 2015b, "표준의 권력성과 조정 기능 및 표준화 거버넌스," 『대한정치

학회보』 제23집 2호(대한정치학회), 257~274쪽.

_____. 2015c, "영화 〈변호인〉의 선택과 누락 그리고 공감의 정치학 : 공감의 보수성과 민주주의의 보수성," 『경제와 사회』 제106호(비판사회학회), 123~147쪽.

_____. 2015d, "생략된 세대의 정체성과 가부장주의 및 국가의 의미 : 영화 〈국제시장〉의 재현과 표현," 『동향과 전망』 통권 제95호(한국사회과학 연구소, 2015), 127~156쪽.

_____. 2016a, "정치적인 것의 영화적 재현과 표현, 그리고 재현과 표현의 정 치학," 『사고와 표현』 제9집 1호(한국사고와표현학회), 263~291쪽.

_____. 2016b, "영화 〈암살〉에 나타난 민족주의의 성격과 보수-진보 대 결 및 역사 청산," 『동향과 전망』 통권 제97호(한국사회과학연구소), 136~164쪽.

정병기 · 김찬우, 2013, "산업표준 보유 및 표준화 활동 추이로 본 한국 산업 표준 정책의 특징과 변화," 『한국과 국제정치』 제29권 제3호(한국국제 정치학회), 155~188쪽.

정상근, 2014, " '국제시장'을 이념전쟁터로 만든 TV조선과 대통령," 『미디 어 오늘』 12.30, http://www.mediatoday.co.kr/news/articleView. html?idxno=120952(검색일 : 2015.01.02).

정성일, 1997, "영화가 전쟁을 다루는 법," 『월간 말』 8월호, 258~259쪽.

_____. 2004, "〈태극기 휘날리며〉, 정말 한국전쟁을 다룬 영화인가," 『월간 말』 제213호, 184~187쪽.

정윤수, 2014, "영화 '변호인'과 재현의 한계," 『녹색평론』 제135호, 89~99쪽.

정하제, 2005, "한국전쟁과 역사영화," 『공연과 리뷰』 통권 제51호(제11집 4 호, 현대미학사), 35~49쪽.

정한석, 2014, "똑바로 쳐다보라," 『씨네21』 12.17, http://www.cine21.com/ news/view/mag_id/75276(검색일 : 2014.08.07).

정흥모, 1998, "통일 독일의 동독 역사 (재)정립," 『국제정치논총』 제38집 3호 (한국국제정치학회), 291~308쪽.

조흡, 2008, 『영화가 좋다 : 대중이 평론가인 포스트 시대 문화정치』, 서

울 : 인물과사상사.

_____, 2014, "〈변호인〉과 저항담론," 『대한토목학회지』 제62권 4호(대한토목학회). 92~95쪽.

좌세준, 2015, "〈국제시장〉, 누구 편이냐고 묻지 말라 : 영화 〈국제시장〉 논란에 부쳐," 『프레시안』 01.07, http://www.pressian.com/news/article.html?no=122979(검색일 : 2015.01.08).

주영재, 2015, "영화 베테랑 …… '막장재벌' 이야기는 진짜다," 『경향신문』 08.31, http://news.khan.co.kr/kh_news/art_print.html?artid=201508311342491(검색일 : 2016.01.25).

중앙선거관리위원회 선거통계시스템(http://info.nec.go.kr).

지주형, 2011, 『한국 신자유주의의 기원과 형성』, 서울 : 책세상.

천정환, 2014, "〈변호인〉, 천만 관객의 '눈물'에 부쳐," 『한국일보』 01.21, http://news.naver.com/main/read.nhn?mode=LSD&mid=sec&sid1=110&oid=038&aid=0002459274(검색일 : 2014.08.13).

최병두, 2007, "발전주의에서 신자유주의로의 이행과 공간정책의 변화," 『한국지역지리학회지』 제13권 제1호(한국지역지리학회), 82~103쪽.

최병학, 2011, "'재현/현시 해체'와 '2차적 실재'의 귀환 : 영화적 상상력을 넘어서," 『철학논총』 제63집 1권(새한철학회), 409~430쪽.

탁기형, 2015, "'국제시장' 윤제균 '웃픈 시절' 그렸을 뿐…정치적 해석 제발 그만," 윤제균 감독 인터뷰, 『한겨레』 01.06, http://www.hani.co.kr/arti/culture/movie/672316.html?_ns=c1(검색일 : 2015.01.06).

통일한국 편집부, 2007, "12번 고지 주인이 바뀌었던 피의 격전지 ─ '백마고지 전적기념관.'" 『통일한국』 통권 제282호(평화문제연구소), 97~99쪽.

"포항 여중을 지킨 71명의 학도병," 전쟁기념관 홈페이지, http://wmk.kr/ko/424(검색일 : 2013.08.07).

『표준국어대사전』, http://stdweb2.korean.go.kr/search/List_dic.jsp(검색일 : 2016.03.12).

하상복, 2009, "광화문의 정치학 : 예술과 권력의 재현," 『한국정치학회보』 제43집 3호(한국정치학회), 77~98쪽.

한국사고와표현학회 영화와의사소통연구회, 2015, 『영화로 읽기 영화로 쓰기』, 서울 : 푸른사상.

한국영화데이터베이스, http://www.kmdb.or.kr (검색일 : 2016.04.10).

한국학중앙연구원, 2016, 『한국민족문화대백과』, http://terms.naver.com/entry.nhn?docId=556458&cid=46626&categoryId=46626(검색일 : 2016.01.12).

한병철, 2011, 『권력이란 무엇인가』, 김남시 역, 서울 : 문학과지성사.

한영인, 2014, "영화 〈변호인〉이 불편한 이유," 『역사문제연구』 통권 제31호(역사문제연구소), 451~463쪽.

한영춘, 1994, 『사회과학연구방법론』, 서울 : 법문사.

허문영, 2014, "그를 전설의 서사로 추어올리지 마라," http://www.cine21.com/news/view/mag_id/75919(검색일 : 2014.08.07).

허재현, 2013, "'변호인' 실제 인물 '노무현, 정말로 판사와 싸웠어요.'," 『한겨레신문』 12.27, http://www.hani.co.kr/arti/society/society_general/617377.html(검색일 : 2014.08.13).

홍태영, 2008, "문화적 공간의 정치학 : 재현에서 표현으로," 『한국정치학회보』 제42집 1호(한국정치학회), 27~47쪽.

황병무, 2001, 『전쟁과 평화의 이해』, 서울 : 오름.

황인성·태지호, 2012, "영화의 한국전쟁에 대한 기억과 그 재현 방식에 대하여 : 〈태극기 휘날리며〉, 〈웰컴투동막골〉, 〈포화 속으로〉, 그리고 〈고지전〉 사례분석을 중심으로," 2012년 한국언론학회 가을철 정기학술대회 발표 논문.

황진미, 2015a, "염석진의 최후가 의미하는 것은," 『씨네21』 08.04, http://www.cine21.com/news/view/mag_id/80806(검색일 : 2015.11.29).

_____. 2015b, "'베테랑', 이러면 돈 없어도 '가오' 지키며 살 수 있다," 『엔터미디어』 08.15, http://www.entermedia.co.kr/news/news_view.html?idx=4713(검색일 : 2015.10.03).

휴전 조인 후 이승만 대통령 성명서, 1953, 『경향신문』 07.29, http://news-library.naver.com/viewer/index.nhn?articleId=195307290032920

1007&edtNo=1&printCount=1&publishDate=1953-07-29&office
Id=00032&pageNo=1&printNo=2228&publishType=00020(검색
일 : 2015.05.26).

Arendt, Hannah, 1970, *Macht und Gewalt*, München : Piper.

Baudrillard, Jean, 1992, 『시뮬라시옹』, 하태환 역, 서울 : 민음사.

Baudry, Jean-Louis, 2011, "기본적 영화 장치가 만들어낸 이데올로기
적 효과"(1970), 이윤영(편역), 『사유 속의 영화』, 서울 : 문학과지성사,
265~286쪽.

Bazin, André, 2013, 『영화란 무엇인가?』, 박상규 역, 서울 : 사문난적.

Beardsley, Monroe C., 1998, 『미학사』, 이성훈·안원현 역, 서울 : 이론과 실
천.

Beetham, David, 1991, *The Legitimation of Power*, London : Macmillan.

Bellour, Raymond, 1979, "Le texte introuvable," *L'Analyse du film*, Paris : Al-
batros, pp.35~41.

Bernal, John Desmond, 1984, 『사회과학의 역사 : 사회경제사의 흐름과 사
회과학의 성격』, 박정호 역, 서울 : 한울.

Bourdieu, Pierre, 2005, 『실천이성』, 김웅권 역, 서울 : 동문선.

Buydens, Mireille, 1990, *Sahara : L'esthétique de Gilles Deleuze*, Paris : Li-
brairie Philosophique J. Vrin.

Cavell, Stanley, 2014, 『눈에 비치는 세계 : 영화의 존재론에 대한 성찰』, 이
두희·박진희 역, 서울 : 이모션북스.

Clausewitz, Karl von, 1998, 『전쟁론』, 류재승 역, 서울 : 책세상.

Crosswhite, James, 2001, 『이성의 수사학 : 글쓰기와 논증의 매력』, 오형엽
역, 서울 : 고려대학교출판부.

Deleuze, Gilles, 2002, 『시네마 I : 운동-이미지』, 유진상 역, 서울 : 시각과 언
어.

_____. 2003, 『스피노자와 표현의 문제』, 이진경·권순모 역, 고양 : 인간사랑.

_____. 2004, 『차이와 반복』, 김상환 역, 서울 : 민음사.

Deleuze, Gilles and Félix Guattari, 2001, 『천 개의 고원 : 자본주의와 분열증

2』, 이진경 역, 서울:새물결.

Eaglestone, Robert, 2002, *Doing English*, 2nd ed., London and New York: Routledge.

Easthope, Anthony, 1991, *Literary into Cultural Studies*, London and New York: Routledge.

Faulstich, Werner, 2003, 『영화의 분석』, 이상일 역, 서울:미진사.

Foucault, Michel, 1978, *Dispositive der Macht. Über Sexualität, Wissen und Wahrheit*, Berlin: Merve Verlag.

Goodman, Nelson, 1976, *Languages of Art: An Approach to a Theory of Symbols*, 2nd ed., Indianapolis, Ind.: Hackett Publishing.

Großbölting, Thomas, 2013, "Geschichtskonstruktion zwischen Wissenschaft und Populärkultur," *Aus Politik und Zeitgeschichte*, Jg.63, H.42/43, S.19~26.

Guzzini, Stefano, 2005, "The Concept of Power: a Constructivist Analysis," *Millennium: Journal of International Studies*, vol.33, no.3, pp.495~521.

Habermas, Jürgen, 1992, "오늘날 우리에게 사회주의란 무엇인가: 만회혁명과 좌파에게 요청되는 새로운 사고," 이병천·박형준(편), 『마르크스주의의 위기와 포스트 마르크스주의 I』, 서울:의암출판, 183~211쪽.

Heath, Stephen, 2003, 『영화에 관한 질문들』, 김소연 역, 서울:울력.

Hobsbawm, Eric, 2000, 『극단의 시대』, 이용우 역, 서울:까치.

Kristeva, Julia, 1972, "Bachtin, Das Wort, der Dialog und der Roman," Jens Ihwe (Hg.), *Literaturwissenschaft und Linguistik: Ergebnisse und Perspektiven, Bd. 3: Zur linguistischen Basis der Literaturwissenschaft, II*, Frankfurt am Main: Athenäum, S.345~375.

Lukes, Steven, 2005, *Power: A Radical View*, 2nd ed. with two major new chapters, London: MacMillan.

Mitry, Jean, 2001, *Esthétique et psychologie du cinéma*, Paris: Editions du Cerf.

Olsen, Marvin E., 1993, "Forms and Levels of Power Exertion," Marvin E.

Olsen and Martin N. Marger (eds.), *Power in Modern Societies*, Boulder, CO : Westview Press, pp.29~36.

Pasolini, Pier Paolo, 2008, *Ecrits sur cinéma*, ed. de Cahiers du Cinema, Paris : Cahiers du Cinema.

Poggi, Gianfranco, 2001, *Forms of Power*, Cambridge, UK : Polity.

Russell, Bertrand, 2003, 『권력』, 안정효 역, 서울 : 열린책들.

Sorlin, Pierre, 1977, *Sociologie du cinéma*, Paris : Aubier-Montaigne.

Stacey, Jackie. 1994. *Star Gazing : Hollywood Cinema and Female Spectatorship*. New York : Routledge.

Storey, John (ed.), 2000, 『문화연구란 무엇인가』, 백선기 역, 서울 : 커뮤니케이션 북스.

Storey, John, 2000, "서문 : 문화 연구," John Storey (ed.), 『문화연구란 무엇인가』, 백선기 역, 서울 : 커뮤니케이션북스, 22~48쪽.

Vanoye, Francis and Anne Goliot-Lete, 1997, 『영화분석입문』, 주미사 역, 서울 : 한나래.

Weber, Max, 1972, *Wirtschaft und Gesellschaft : Grundriss der verstehenden Soziologie*, fünfte, revidierte Auflage, besorgt von Johannes Winckelmann, Tübingen : J. C. B. Mohr.

Wrong, Dennis H., 1995, *Power : Its Forms, Bases, and Uses*, New Brunswick, NJ : Transaction Publishers.

Žižek, Slavoj, 1995, 『삐딱하게 보기』, 김소연 · 유재희 역, 서울 : 시각과언어.

Zupančič, Alenka, 2004, 『실재의 윤리 : 칸트와 라캉』, 이성민 역, 서울 : 도서출판b.

:: 인명 찾아보기

ㄷ

들뢰즈, 질(Deleuze, Gilles) 22, 29, 35,
38, 40, 41, 43~45, 48, 92, 302~305,
334, 335, 337, 339

ㄹ

러셀, 버트란드(Russell, Bertrand) 31,
301, 346
롱, 데니스 H.(Wrong, Dennis H.) 31,
301, 346
룩스, 스티븐(Lukes, Steven) 32, 301,
345

ㅁ

미트리, 장(Mitry, Jean) 29, 42, 304,
305, 318, 338, 345

ㅂ

바쟁, 앙드레(Bazin, André) 42, 43,
304, 344
박종성 28, 30, 301, 324, 336
베버, 막스(Weber, Max) 31, 301, 338,
346
보드리야르, 장(Baudrillard, Jean) 37,
38, 303, 334, 344
보드리, 장-루이(Baudry, Jean-Louis)
60, 307, 344

ㅅ

서정주 167, 168
스테이시, 재키(Stacey, Jackie) 60, 61,
307, 346

ㅇ

아렌트, 한나(Arendt, Hannah) 33,
302, 344
올슨, 마빈 E.(Olsen, Marvin E.) 31,
301, 346

ㅈ

지젝, 슬라보예(Žižek, Slavoj) 46, 268

ㅋ

카누도, 리초토(Canudo, Ricciotto)
267
카, 에드워드 H.(Carr, Edward H.)
263, 309
크리스테바, 줄리아(Kristeva, Julia)
46, 305, 345
클라우제비츠, 칼 폰(Clausewitz, Karl
von) 260, 263, 328, 344

ㅍ

파울슈티히, 베르너(Faulstich, Werner)
222, 324, 345
포기, 지앙프랑코(Poggi, Gianfranco)

32, 301, 346

푸코, 미셸(Foucault, Michel) 20, 33, 302, 345

ㅎ

하버마스, 유르겐(Habermas, Jürgen) 91, 310, 345

홍태영 28, 301, 303, 313, 331, 343

:: 용어 찾아보기

ㄱ

가부장주의 9, 71, 97, 101, 104, 105,
    121~123, 126~128, 134, 136, 138,
    179, 181, 185, 200, 202~206, 216,
    311, 320, 341
가족애 150, 202, 227, 228, 235, 242
가족주의 200, 201, 234, 237
객관성 267, 268, 277, 279, 283, 285,
    286, 297
검증성 279, 283, 285, 297
계열학문 270, 274, 276, 297, 330
계열화 17, 20, 182
고르디우스(Gordius)의 매듭 96, 310
공감의 권력 83, 89
공감의 이반 66, 77, 83, 84, 89
공감의 재편 83, 84, 90, 93
국가 9, 22, 30, 33, 36, 63, 76, 77, 83,
    84, 86, 87, 97, 101, 104, 105, 121,
    128~132, 134, 136~138, 151, 156,
    169, 181, 206, 224, 225, 228~234,
    236~238, 240, 242~244, 246~248,
    250~255, 260~263, 307, 311, 322,
    328, 335, 338, 341
권력 17, 20, 21, 28, 30~33, 35, 36, 38,
    49, 50, 51, 73, 77, 83, 84, 88, 89,
    130, 150, 154, 158, 159, 161, 165,
    168, 169, 173, 177, 188, 192, 195,
    206, 210, 215, 218, 301~303, 324,
    336~340, 342, 343, 346

권위주의 70, 71, 73, 75, 91, 206, 217,
    218
기술(description) 277, 278, 286
기억 38, 99, 112, 120, 145, 156, 158,
    162, 163, 173, 178, 223, 233, 235,
    236, 254, 255, 259, 263, 303, 328,
    336, 343

ㄴ

노동자 개인 189
능동적 공감 59, 62, 66, 72, 78

ㄷ

대의 민주주의 36, 38, 50
대중의 불확실성 179, 185, 200, 206,
    320
도덕적 실패 195
독창성 275, 276, 279, 280, 282, 285,
    297

ㄹ

리좀(rhyzome) 44~46, 50, 52, 305

ㅁ

만회하는 근대화 91
맥거핀(macguffin) 57, 58, 211
무산계급 189
문화 연구(Cultural Studies) 268, 300,
    346

문화적 사건 19, 21, 27, 102, 103, 182, 273, 274
미국식 민주주의 75, 76
미메시스(mimesis) 34, 302, 339
민족자결주의 165, 175
민족주의 139, 142, 145, 146, 148, 150, 151, 153, 164, 165, 169~178, 181, 314, 326, 333, 341
민족주의 진보 164, 171~173, 175~178

ㅂ

방화(邦畫) 15
반공 이데올로기 영화 228~230, 232, 233, 237, 263
반증 가능성 283
범죄 74, 79, 192~194, 196, 214, 215, 217, 321
베테랑 192, 215, 321
보로메오(Borromeo)의 매듭 94, 95, 310
보수 연합 171, 172, 176, 177
보수주의 126, 132~134, 137
보통사람들 183~185, 189~194, 199, 215~218
부르주아 63, 75, 76, 88, 171, 173, 317, 326
부림 사건 40, 55, 56, 61, 62, 71, 78, 79, 81, 273, 308, 336
부성애 202, 203
분리된 자아 115, 119~121, 127, 136, 138
분열된 자아 105, 113, 313
비교 가능성 222, 280, 281

ㅅ

사건(event, événement) 19~22, 27, 39, 40, 43~45, 47, 49, 50, 52, 55~58, 61, 62, 64, 71, 73, 75, 78~81, 84, 88, 89, 95, 102~104, 108, 119, 128, 143, 148, 159, 162, 163, 171, 174, 176, 178, 182, 183, 185~188, 193, 197, 201, 205, 208, 218, 221, 222, 251, 273, 274, 290~292, 294, 297, 298, 300, 304, 308, 311, 312, 320, 336, 339, 340
사회경제적 민주주의 90, 92, 94
사회과학 6, 7, 9, 156, 267~270, 272, 274, 276~279, 282~284, 290, 296~298, 300, 313, 330, 331, 335, 337, 340, 344
사회과학적 영화 분석 7, 9, 102, 265, 267, 272, 274, 283~285, 289, 291, 293~297, 300, 313, 329, 340
상식 57, 183~185, 190~192, 194, 198, 199, 210, 215, 216, 218, 281, 282
생략된 세대 9, 97, 105, 108, 112~114, 121, 124, 135, 311, 341
생비자(prosumer) 18
생산의 민주주의 91, 92, 94
설명(explanation) 22, 43~45, 67, 102, 103, 120, 144, 153, 154, 165, 190~192, 225, 237, 277~279, 281, 286, 294, 295, 300, 302, 303, 321, 328
설명 지향적 논문 278
소극적 공감 59, 64, 66, 69, 71, 73, 77, 83, 93
소시민 183, 189
소영웅 185, 191, 200, 209, 216

소영웅주의 185, 191, 206
〈소피의 선택〉(Sophie's Choice) 194
수동적 공감 10, 59, 62, 65, 66, 83, 93
숙명 244, 247, 248, 257~259
시뮬라시옹(simulation) 27, 37, 303, 344
시장형 관리자 정부 75
신자유주의 63, 76, 307, 308, 342
신제국주의 76

ㅇ

양민 이데올로기 81, 82
어이 183~185, 190~192, 218, 308, 321, 323, 336
에피파니 64, 65, 83, 94, 307
에피파니(Epiphany) 62, 64, 307, 336
역사 청산 9, 139, 141, 142, 144~146, 156~158, 160, 161, 163, 164, 169, 173, 174, 177, 178, 181, 314, 316, 317, 341
열망의 공감 61, 66, 69, 77, 78, 92
영향력 31, 324
영향력(influence) 31
예측(prediction) 277~279, 286
오마주(hommage) 133, 134
욕망 20, 21, 39, 40, 195, 196, 229, 321
원자아 115, 119~121, 127, 136, 138
유럽식 민주주의 76
유리천장 204, 322, 338
유훈 인생 105, 107, 112, 113, 115, 118, 119, 135
인간성 195, 196, 227, 321, 322
인간주의(humanism) 145, 148, 151, 153, 165, 169~172, 174, 175

인간주의 연합 172
일상성의 민주주의 91, 92, 94

ㅈ

자본주의 62, 63, 91, 92, 94, 95, 126, 127, 136, 224, 235, 272, 285, 310, 313, 340
작가주의 101, 236, 257, 284, 292, 293, 298
잠재태 22, 42
재벌 22, 63, 72, 76, 141, 183~192, 195, 196, 201, 208~210, 216, 217, 320, 321, 333, 340
재현(representation) 7, 9, 18, 19, 21, 25, 27~29, 34~41, 43~45, 47~52, 56, 58, 61, 62, 64, 66, 69, 72, 77, 81~83, 90, 96, 101~103, 108, 128, 137, 162, 163, 178, 196, 215, 223, 233, 236, 254, 263, 264, 274, 290~293, 298, 300~303, 305, 308, 313, 318, 324, 325, 328, 330, 331, 333~336, 338, 339, 341~343
재현의 정치학 29, 34, 37, 39, 52
적극적 공감 59, 61, 72, 73, 75, 77, 78, 80, 83, 93
전문성 279, 285, 297
전시 사회극 영화 228
전쟁 스릴러나 서스펜스 영화 228, 230
전쟁 영화 9, 23, 221, 223~233, 237, 254, 260~263, 324~326, 340
전쟁 휴머니즘 영화 228, 229, 236, 248, 251
정부 63, 75, 129, 132, 137, 143, 144, 151, 152, 162, 163, 229, 230, 248,

261~263, 319

정치권력 27, 30, 33, 224, 302, 340

정치 영화 25, 27, 29, 30, 34, 39, 44, 45, 49, 51, 300

정치적인 것 7, 9, 27, 29, 30, 33, 39, 44, 341

정확성 279, 283~285, 297

제국주의 142, 145, 146, 149, 151, 174, 176

조국 233, 239, 240, 243~247, 251, 326, 327

조직 노동자 189, 211

죄 86, 149, 151, 153, 184, 190, 192~196, 207, 210, 211, 215, 216

집단주의 179, 181, 185, 200, 206, 209, 320

ㅊ

처방 지향적 논문 279, 286

체제 이데올로기 237, 245, 246, 261

초월적 공감 61, 78, 81, 82, 93

총력전 247, 327

친일파 143~152, 154, 161, 162, 165, 166, 174, 175, 250, 318, 319

ㅋ

콜라주(collage) 128, 131

ㅍ

파시즘 79, 146, 164, 165, 169~173, 175, 177

파시즘적 보수 165, 169~173, 177

페티시 59

페티시(fetish) 59

페티시적 공감 61, 78, 79, 90, 93

평이성 279, 283~285, 297

폭력 124, 183, 191, 192, 197~199, 201, 205, 206, 210, 214, 260, 316

표현(expression) 7, 9, 18~21, 25, 27~29, 39~45, 48, 49, 51, 52, 61, 78, 100, 102~104, 132, 137, 138, 151, 162, 163, 169, 172~175, 185, 189, 190, 193, 196, 204, 206~208, 215, 218, 222, 224, 246, 263, 268, 273, 274, 278, 295, 300~302, 304, 305, 313, 318, 331, 334, 336, 337, 340, 341, 343, 344

표현의 정치학 7, 9, 25, 28, 29, 39, 44, 45, 52, 300, 341

ㅎ

한국전쟁 영화 9, 221, 225~233, 237, 260~262, 325, 326, 340

합리적 보수 165, 170~173, 175~177, 319